WESTEND

WOLFGANG HETZER

Politiker, Patrioten, Profiteure

WER FÜHRT UNS EUROPÄER AN DEN ABGRUND?

WESTEND

Mehr über unsere Autoren und Bücher:
www.westendverlag.de

Die Deutsche Nationalbibliothek verzeichnet diese Publikation in
der Deutschen Nationalbibliografie; detaillierte bibliografische Daten
sind im Internet über http://dnb.d-nb.de abrufbar.

ISBN 978-3-86489-098-7
© Westend Verlag GmbH, Frankfurt/Main 2015
Satz: Publikations Atelier, Dreieich
Druck und Bindung: CPI – Clausen & Bosse, Leck
Printed in Germany

Inhalt

»Die Bewegung (Pegida, Anm. d. Verf.) ist ... aus dem Erleben der Wirtschafts- und Finanzkrise erwachsen. Die Leute haben die Demokratie als schwach wahrgenommen ..., weil sie die Finanzmärkte anscheinend nicht kontrollieren kann ... Keine Partei hat es geschafft, den Bürgern Europa als demokratische und soziale Identität zu vermitteln. Fast überall stand die Wirtschafts- und Währungsunion im Vordergrund.«
(Andreas Zick, Adorno hätte seine Freude,
in: Der Spiegel, 10. Januar 2015)

»Mir war aber bereits klar geworden, dass sich der seit Jahren verbreiternde, inzwischen bodenlose Graben zwischen dem Volk und jenen, die in seinem Namen sprachen – also Politiker und Journalisten –, notwendigerweise zu etwas Chaotischem, Gewalttätigem und Unvorhersehbarem führen musste. Frankreich bewegte sich, wie die anderen Länder Westeuropas auch, auf einen Bürgerkrieg zu, das lag auf der Hand.«
(Michel Houellebecq, Unterwerfung, 2015, S. 101)

Vorwort

Spätestens seit Jean-Jacques Rousseau (1712–1778) könnte jedermann wissen, dass die Legitimation von Autorität die Kernfrage der Politik ist. Sie stellte sich schon vor zweihundert Jahren mit besonderer Dringlichkeit. Der Wiener Kongress hat seinerzeit nicht nur getanzt. Er stiftete in Europa eine Ordnung, die den gesamten Kontinent bis zum Ausbruch des Ersten Weltkriegs immerhin fast hundert Jahre lang prägen sollte. Die damaligen Großmächte Russland, Preußen, Österreich und Großbritannien hatten sich nach dem Sieg über Napoleon zusammengefunden, um die Verheerungen der französischen Feldzüge durch eine neue Ordnung zu ersetzen. Dabei kam es jedoch zur Restauration alter Strukturen. Ihr Ziel war die Herstellung eines Gleichgewichts zwischen den Staaten Europas, das eine möglichst dauerhafte Stabilität sichern sollte. Das ist trotz mancher militärischer Scharmützel zwar gelungen.[1] Die damals (wieder)geborene Welt ist aber im Inferno der Schlachten zwischen 1914 und 1918 untergegangen.

Mit den Verhandlungen des Versailler Vertrags wurde im Unterschied zur Schlussakte des Wiener Kongresses kein lang anhaltender Frieden zwischen den Völkern Europas geschaffen. Der Zweite Weltkrieg führte Europa in eine jahrzehntelange Agonie. Der Wiederaufbau des »Hauses Europa« konnte nicht in kurzer Zeit nach einigen durchtanzten Ballnächten gelingen. Die Milderung und teilweise Aufhebung der Spaltung eines ganzen Kontinents erforderten das ständige Bemühen von verantwortlichen Politikern und die Versöhnungsbereitschaft der europäischen Völker.

Der Umbruch von 1989 eröffnete neue ungeahnte Chancen für eine europäische Einigung, die über das Format des Wiener Kongresses hinausgeht. Die Europäische Union (EU) wird die gegebenen historischen Möglichkeiten jedoch weitaus entschlossener als bisher nutzen müssen. Es hat sich zwar noch nicht die allgemeine Angst verbreitet, dass wir am Vorabend eines dritten Weltkriegs stehen. Man kann aber seit einiger Zeit eine Besorgnis beobachten, die sich aus mehreren Quellen speist. In Europa hat eine Debatte über angebliche hegemoniale Bestrebungen Deutschlands begonnen. Die europakritische Haltung der Briten wird 2017 womöglich im Austritt aus der EU kulminieren. Die Entwicklung in der Russischen Föderation und die gewaltsame Politik ihres Präsidenten Wladimir Putin gegenüber manchen seiner Nachbarstaaten sowie die Einschätzung des amerikanischen Präsidenten Barack Obama, dass Russland nur eine »Regionalmacht« sei, deuten zudem an, dass wir heute allesamt von der staatspolitischen Klugheit der Teilnehmer am Wiener Kongress vor zweihundert Jahren noch weit entfernt sind. Tödliche terroristische Angriffe im Herzen Europas fordern die Solidarität aller Europäer heraus.

Hundert Jahre nach dem Ausbruch des Ersten Weltkriegs scheint in Europa wieder einmal eine Zeit anzubrechen, in der immer mehr Menschen den Atem anhalten. Manche sehnen sich vielleicht sogar in paradoxer Weise nach der »Sicherheit« des Kalten Kriegs zurück. In mehr oder minder abgeschotteten Sphären konnten sich in West wie Ost damals politische, militärische und wirtschaftliche Strukturen bilden, die über Jahrzehnte die jeweiligen Bedürfnisse in einer geteilten Welt befriedigten. Sie haben aber nach dem Ende des Zweiten Weltkriegs die Chancen für den Aufbau einer neuen und freiheitlichen prosperierenden Weltordnung versperrt und einen wahnwitzigen Rüstungswettlauf provoziert.

Erst die 1989 einsetzende Neuorientierung der russischen Politik (»Glasnost«, »Perestroika«) erweckte in Europa die Hoffnung auf den Bau eines »Hauses Europa«, das genügend Zimmer hat, in denen jeder nach seiner Façon wohnen könnte.

Was für die einen Aufbruch zu neuen Lebenschancen und wirtschaftlich liberalen Betätigungsmöglichkeiten war, ist aber für andere eine der größten Katastrophen der neueren Geschichte. Teile der russischen Nomenklatura scheinen bis heute an einer Art narzisstischen Kränkung zu leiden. Andere Mitglieder der damals herrschenden Machtcliquen haben die Zeichen der Zeit rechtzeitig erkannt. Sie nutzten die neuen Freiheiten, um eine ganz spezifische Art des Kapitalismus in Russland aufzubauen. In der damaligen Aufbruchsstimmung war das Legalitätsprinzip nicht immer handlungsleitend.

Im Gegenteil: Vieles war von der Fähigkeit zum raschen und häufig brutalen und in jedem Fall eigensüchtigen Zugriff bestimmt. Insbesondere im Bereich der Wirtschaft fanden Umstrukturierungen statt, die mit revolutionären Prozessen vergleichbar waren. In ihnen »bewährten« sich häufig die Mitglieder der alten Nomenklatura, die immer wieder zu den ersten Mitgliedern der neuen Nomenklatura avancierten. Es entstand ein kaum durchdringbares Geflecht aus Absprachen, Konzessionen und korrupten Vereinbarungen, das auch zu einer Neugestaltung der Beziehungen zwischen politischen Machthabern und Wirtschaftspotentaten führte.

In den Interaktionen der Systeme und Subsysteme in Politik, Wirtschaft, Verwaltung, Militär, Sicherheitsbehörden und Organisierter Kriminalität sind Opportunität, Machtgier und Eigennutz immer wieder wirkungsmächtiger als das Gesetzlichkeitsprinzip.

Die Herstellung von Legalität degenerierte zum Reparaturbetrieb, der häufig zu spät begann und selten zuverlässig funktionierte. An der Tagesordnung war zunächst das paradoxe System einer unvollständig gesteuerten Anarchie. In dieser Zeit schien selbst der Ausbruch eines Bürgerkriegs nicht mehr ausgeschlossen. Der Machtübergang von Jelzin auf Putin war ein Deal besonderer Art, der nicht immer und nicht in allen Teilen von einer korrupten Konspiration zu trennen war. Die Sorge um die Aufrechterhaltung der inneren Sicherheit verdrängte rechtsstaatliches Denken – soweit überhaupt vorhanden – und erforderte ein sich ständig erneuerndes »Power Play«. Im Windschatten politischer Ambitionen konnte sich ein Wirtschaftssystem entfalten, in dem die Akteure zunächst kaum einer Kontrolle unterlagen und sich im Rahmen einer allgemeinen Bereicherungseuphorie hemmungslos aus dem Volksvermögen bedienten, bis sich eine in Teilen obszöne Schicht von Neureichen herauskristallisierte.

In der russischen Zivilgesellschaft gab es zunächst keine Mechanismen, mit denen man die asozialen Selbstbedienungsorgien rechtzeitig hätte beenden oder zumindest moderieren können. Der lange Zeit unbefriedigte Lebenshunger, das Schwelgen in Saus und Braus bedingte andere Prioritäten. Gemeinsinn wurde zum Müll der Geschichte gekehrt. Mit Normtreue und Anstand war nicht mehr zu reüssieren. Moralische Verkommenheit, Brutalität und Gewaltsamkeit waren erfolgversprechender. Die staatliche Autorität geriet immer mehr ins Hintertreffen. Korruption, Kapitalflucht und Steuerhinterziehung wurden endemisch.

Die entsprechenden Erfahrungen führten zu einer Sehnsucht nach dem »großen und starken Führer«, der den Stall ausmisten würde. Sozialpsychologisch hat Putin manche der damit einhergehenden Erwartungen und Bedürfnisse zwar erfüllt. Es ist ihm aber nicht gelungen, in wichtigen Bereichen der Wirtschaft Strukturen zu schaffen und zu fördern, die sich an weltweiten und konkurrenzstarken Produktionsprozessen beteiligen und international wettbewerbsfähige Dienstleistungsbetriebe schaffen. Die vorhandenen Bodenschätze wirkten wie ein süßes Gift.

In dieser anhaltenden Situation ist die Sanktionspolitik des Westens von besonderer Bedeutung. Sollte sie darauf abzielen oder auch nur die objektive Folgewirkung haben, dass Russland noch weiter wirtschaftlich in die Knie gezwungen wird, wäre das alles andere als ein Beitrag zur europäischen Sicherheit, schon gar nicht zur Stabilisierung der Ukraine. Auch wenn man den Gedanken an den Ausbruch eines großen Krieges immer noch von sich weist, wird man anerkennen müssen, dass die Schwächung Russlands über ein bestimmtes Maß hinaus zur großen Gefahr für das östliche und mittlere Europa werden könnte.

Michail Gorbatschow warnte zur Jahreswende 2014/2015 sogar schon vor der Möglichkeit größerer direkter militärischer Auseinandersetzungen. Ein hochrangiger russischer Soldat drückt es unverhohlener aus: Russland wird eine Vernichtung der Bevölkerung im Donbass nicht zulassen. Bei einer drohenden Niederlage wird sich das Land richtig einmischen und muss dann Kiew einnehmen. Die Nato wäre in einer schwierigen Lage, weil man dann einen Dritten Weltkrieg beginnen müsste.[2]

Gegen Ende des Jahres 2014 belief sich der Schaden für die russische Wirtschaft durch Sanktionen, Kapitalflucht, einbrechende Investitionen, den Verfall des Rubels und den niedrigen Ölpreis schon auf mindestens 140 Milliarden Dollar. Geht das so weiter, wird der Weg zu einer neuen verlässlichen und friedlichen Weltordnung nach dem Kalten Krieg jedenfalls immer länger werden.

Die vom Westen ausgehende Weltfinanzkrise erhöht die Spannung. In dem dadurch entstandenen Klima hemmungsloser Selbstbereicherung und angesichts der Korrumpierung der angeblichen Leistungseliten im Finanzkapitalismus wächst die Neigung zu politischer Radikalität, aber auch zu krimineller Kompensation.

Es ist derzeit nicht zu beurteilen, ob sich in Russland ein revolutionärer Elan entwickeln wird, der mit der Französischen Revolution und der napoleonischen Konsequenz kriegerischer Angriffe auf die europäische Staatengemeinschaft vergleichbar ist. Die Einigkeit Europas wird derzeit eher durch interne Faktoren in Frage gestellt. Dazu gehört auch die jüngste Entwicklung in Griechenland.

Nach jüngsten Umfragen des Marktforschungsnetzwerks WIN/ Gallup unter 12 750 Personen in 13 Ländern wächst in vielen Staaten Europas die Europa-Skepsis und immer mehr Europäer gehen auf Distanz zur Europäischen Union. Der Grund für das zunehmende Misstrauen ist die Wirtschaftskrise. Die Hauptverantwortung für die Krise liegt nach Ansicht von 29 Prozent der Befragten bei den Banken. In Deutschland sind sogar 33 Prozent dieser Auffassung. Rund 20 Prozent nennen die Schwächen einzelner Länder wie Griechenland oder Portugal. Lediglich 11 Prozent gaben dem Euro die Hauptverantwortung für die Krise.[3]

In Großbritannien würden derzeit 51 Prozent der Befragten die europäische Staatengemeinschaft am liebsten verlassen. Dieses Land ist allerdings das einzige, in dem sich mehr Menschen den Austritt aus der EU wünschen als den Verbleib. Diese Haltung nehmen ansonsten 30 Prozent aller Befragten in 13 europäischen Staaten ein, zu denen auch die Nicht-EU-Mitglieder Island und Schweiz gerechnet wurden. In Deutschland haben immerhin 27 Prozent der Befragten für einen Austritt aus der EU votiert. 26 Prozent aller befragten Menschen fühlen sich derzeit »weniger europäisch« als noch vor zwölf Monaten. Nur 14 Prozent gaben an, sich »Europa näher« zu fühlen. In Deutschland sehen sich 21 Prozent weiter von Europa entfernt. In Griechenland besteht die größte Distanz. Dort erklärten 52 Prozent, sich weniger europäisch zu fühlen. In Großbritannien waren es 43 Prozent (Frankreich: 35 Prozent, Belgien: 27 Prozent, Irland: 26 Prozent). Nur in Dänemark, Island und Finnland überwog die Zahl der Menschen, die sich Europa stärker verbunden fühlen, die Zahl derjenigen, die sich weniger europäisch fühlen. Übrigens haben auch 26 Prozent der Schweizer ein distanziertes Verhältnis zu Europa.

Die folgenden Überlegungen skizzieren Voraussetzungen, Entwicklungen und mögliche Folgen der besorgniserregenden Lage, die sich nach den griechischen Wahlen vom 25. Januar 2015 weiter verschärfen könnte. Die hierzu unter hohem Zeitdruck erforderlichen Anstrengungen hätten ohne Susanne überhaupt nicht erbracht werden können und wären ohne Beate und Markus so und jetzt nicht möglich gewesen. Dafür sei ihnen allen mehr gedankt, als hier sagbar ist.

Einleitung

Europa war immer mehr als ein geographischer Ort. Der Kontinent ist mittlerweile Lebensraum für mehr als 500 Millionen Menschen. Dort besteht ein Wirtschaftsverbund mit einem Wohlstandsniveau, das zu den höchsten dieser Erde zählt. In Europa hat sich ein politisches System etabliert – die EU –, das unter anderem durch den Aufbau eines gemeinsamen Binnenmarkts seit vielen Jahrzehnten erfolgreiche Beiträge zur Gewährleistung des Friedens zwischen Staaten geleistet hat, die sich zuvor über Jahrhunderte immer wieder in verheerenden Kriegen bekämpften. Mittlerweile ist Europa zum »Sehnsuchtsort« für unzählige Menschen auch aus anderen Kontinenten geworden. Sie riskieren sogar ihr Leben, um dort zu landen. Die europäische Kulturgeschichte hat zu Höhepunkten in der geistigen Entwicklung der Menschheit geführt. Dazu zählen vor allem der »Ausgang aus selbstverschuldeter Unmündigkeit« (Immanuel Kant), also die Aufklärung, und die Idee der Menschenrechte. Gleichwohl stößt Europa heutzutage bei immer mehr Menschen auf Skepsis.

Vor der politischen Konstitution einer europäischen Gemeinschaft war es den Nationalstaaten gelungen, eine »Meistererzählung« zu schaffen. Die »Volksgemeinschaft« war nicht nur eine Organisationsform, sondern geriet zum Kollektiv mit fast transzendenter Zielsetzung. Jedermann wusste, wo er hingehört. Heimatgefühl und Identität waren wesentliche Teile gesellschaftlicher Praxis. Sie vermittelten fast schon eine philosophische Orientierung. Im nationalstaatlichen Rahmen gelang es sogar, die Ideen der Liberalität zu verwirklichen und Freiheitssicherung auf die Agenda der Politik zu setzen. Manche halten die identitätsstiftende Wirkung von Nationalstaaten aber für eine optische Täuschung und behaupten, dass das Regionale insoweit stärker sei.[1]

Nach den Ergebnissen der Europa-Wahlen 2014 scheint das Nationale eine reaktionäre Kraft zu entwickeln. In Frankreich, Großbritannien, Deutschland, Ungarn, Österreich, den Niederlanden, Finnland und in anderen Mitgliedstaaten der EU gewannen Parteien erheblich an Stimmen, die sich europakritisch bis europafeindlich äußern und eine stärkere Verfolgung nationaler Interessen fordern. Das ist nicht nur verwunderlich. Wir haben zwar europäische Institutionen, aber keine europäischen Emotionen. Die EU gilt nach wie vor als elitäres und pragmatisches Projekt ohne jeden ideologischen Anspruch. Es ist ihr bis heute nicht gelungen, eine europäische Identität zu schaffen. Das ist beunruhigend, wenn es denn stimmte, dass das Angebot eines entsprechenden neuen »Narrativs« und eine stärkere politische Integration notwendig sind, weil kein einzelner Staat in Europa die globalen Herausforderungen allein zu meistern vermag. Diese Einsicht ändert nichts daran, dass das Missvergnügen an der EU auch deshalb wächst, weil die politischen Prozesse dort bei weitem noch nicht so transparent sind, wie sie sein müssten. Die geringe Beteiligung an europäischen Wahlen ist Indiz und Warnung zugleich. Solange die Bürger nicht erkennen, dass es auf ihre Stimme tatsächlich ankommt, wird sich nichts ändern. Erst wenn ihre Stimmabgabe in den »Vereinigten Staaten von Europa« einen demokratischen Mehrwert ermöglicht, mag die Akzeptanz eines politisch geeinten Europas steigen.

Gegenwärtig stehen wir aber noch vor einem Dilemma zwischen Eliten- und Basisdemokratie.[2] Eliten sind zwar nötig, um bestimmte Prozesse voranzutreiben. Sie dürfen aber nicht verabsäumen, zumindest im Nachhinein die demokratische Zustimmung des aus mehreren Staaten kommenden Souveräns einzuholen, der sich zu einem »europäischen Staatsvolk« verbinden soll.

Die mangelnde Beteiligung der Bürger in der EU ist sehr bedauerlich. Sie ist ein Ergebnis des Handelns und der Unterlassungen der Mächtigen, die sich vor kaum etwas mehr fürchten als vor Kontrollverlust. Im schlimmsten Fall wird demokratische Teilhabe nach Maßgabe aktueller Bedürfnisse der etablierten Politik moderiert oder gar lizenziert. Damit wird das demokratische Prinzip auf den Kopf gestellt. Das Projekt einer europäischen Verfassung im Jahre 2005 war nicht das Werk einer frei gewählten verfassungsgebenden Versammlung, sondern ein bürokratisch erarbeitetes Dokument unter der redaktionellen Oberherrschaft eines französischen »Mandarins« (Valéry Giscard d'Estaing).

Die Krise der Staatsfinanzen in den Mitgliedstaaten der EU und der Währungsunion, die fälschlicherweise als »Euro-Krise« bezeichnet wird, führt zu einer dramatischen Bedrohung des europäischen Integrationsprojekts. Sie ist zu einer Nagelprobe für Solidarität geworden. In etlichen Mitgliedsländern der Euro-Zone ist die Ablehnung der EU auch gewachsen, weil harte Reformprogramme als Gegenleistung für finanzielle Unterstützung gefordert werden. Dabei wird verkannt, dass der Begriff Euro-Krise kurzschlüssig ist. Der Euro beziehungsweise die Europäische Wirtschafts- und Währungsunion sind nicht schuld daran, dass fast alle Staaten der westlichen Welt seit Jahrzehnten über ihre Verhältnisse leben und gigantische Schuldenberge angehäuft haben. Er besitzt dennoch einen gewissen Erklärungswert. Die gemeinsame Währung hat doch in fast dramatischer Weise die Unterschiede zwischen der Leistungsfähigkeit der nationalen Volkswirtschaften und der unterschiedlichen Seriosität der staatlichen Fiskalpolitiken ans Licht gebracht. Die Illusion einer gleichgerichteten Entwicklung in der Euro-Zone ist spätestens 2008 geplatzt. Es kam zu einer Krise mit politischer Dimension, die mit internen Abwertungen (»Austerität«) bewältigt werden soll. »Sparen« und »Strukturreform« gerieten zu Leitmotiven.

Es folgten die »Rettungsschirme«, eine Bankenunion und vor allem eine »unkonventionelle« Geldpolitik der Europäischen Zentralbank (EZB). Mit ihrer Gründung sollte das vermeintlich »strenge« Regiment der Deutschen Bundesbank abgeschüttelt werden. Sie hatte sich faktisch zur europäischen Zentralbank entwickelt und bestimmte die Geldpolitik der anderen europäischen Zentralbanken.[3] Die mittlerweile aufgekommene Kritik, insbesondere aus französischer Sicht, ähnelt einer Neuauflage der alten Kritik an der Bundesbank. Auch das ist nicht überraschend, glaubten französische Politiker doch anfangs, sie könnten auf die EZB mehr Einfluss nehmen, um ihre nationalen Interessen zu fördern.

Viele Franzosen denken mittlerweile, dass sie mit dem Euro und der EZB vom Regen in die Traufe gekommen sind. Die deutsch-französische Zusammenarbeit ist seit der deutschen Wiedervereinigung im »Krisenmodus«. Das ist deshalb besonders beunruhigend, weil die EU quasi um Deutschland und Frankreich herumgebaut ist. Der europäische Motor läuft auf der Achse Paris–Berlin. Ein Ausscheiden Großbritanniens wäre zwar verkraftbar. Fiele der deutsch-französische Motor aus, wäre dies aber möglicherweise das Ende der EU.[4] Deutschland hat geradezu feindselige Reaktionen provoziert, weil sich die Bundesregierung besonders nachhaltig für eine Politik der »Austerität« einsetzt und Sparanstrengungen fordert. Eine Fortsetzung dieser Politik könnte zum Ruin der EU führen.

Kurz nach der Europa-Wahl 2014 war der deutsche Vizekanzler Sigmar Gabriel auf einmal zu dem Ergebnis gekommen, dass die reine Sparpolitik gescheitert sei. Möglicherweise gehen auch die Zeiten zu Ende, in denen derjenige das Sagen hatte, der auf der größten Kasse saß. Das würde allerdings bedeuten, dass Bundeskanzlerin Angela Merkel in absehbarer Zeit auch nicht mehr den Takt in Europa weiterhin so ungestört vorgeben kann, wie das in den bisherigen Krisenjahren möglich war. In Frankreich und Italien mehren sich die Anzeichen, dass Merkel den Regierungen und den Bürgern zu dominant ist und Europa in die falsche Richtung schob. Immer weniger scheint man bereit zu sein, den vereinbarten Stabilitätspakt zu respektieren. Im Interesse der Wachstumsförderung wächst im linken politischen Spektrum die Entschlossenheit, präzise Vorgaben (Prozentgrenzen für Staatsschulden und Haushaltsdefizite) »flexibel« auszulegen.

Einerseits ist die EU eine einzige ständige »Grenzüberschreitung«. Das Spannungsfeld zwischen den Kompetenzanmaßungen der Zentrale und den Fliehkräften prägt das politische und exekutive Alltagsgeschäft. Der »Stabilitäts- und Wachstumspakt« ist ein beeindruckendes Musterbeispiel. Seine Missachtung könnte in Gestalt eines Abrisses der Fundamente der Währungsunion die gesamte Union ins Wanken bringen. Schon jetzt sind in der Euro-Krise die nationalistischen Geister putzmunter geworden. Andererseits war die EU immer ein Verbund von Nationalstaaten. Das ändert natürlich nichts an der Verbindlichkeit der gemeinsam verabredeten Stabilitätskriterien. Ohne Haushaltsdisziplin in den beteiligten Staaten sind sie jedoch nutzlos. Die ständige Berufung auf Ausnahmen führt zu einem permanenten Notstandsregime. Seine Ratio erschöpft sich im »Herauspauken« notleidender Länder. Damit wird aber keine Solidarität geübt, sondern ein uneuropäischer Weg beschritten. Die insbesondere von sozialdemokratischer Seite erhobenen Forderungen nach einer weiteren Lockerung des Pakts könnten früher oder später zu einem Abschied von den darin enthaltenen Vereinbarungen führen und unabsehbare wirtschaftliche und politische Folgen nach sich ziehen.

Man scheint noch nicht ganz verstanden zu haben, welche Signale von den Europa-Wahlen 2014 ausgegangen sind. Sie zeigen, dass die EU an eine Grenze gestoßen ist und die Besinnung auf ihren Kern erforderlich ist. Die europäischen Bürger haben sich jedenfalls nicht für eine unbegrenzte Schuldenmacherei ausgesprochen.[5] Ihre Hilfsbereitschaft wird drastisch abnehmen, wenn sie das Gefühl haben müssen, dass die verantwortlichen Politiker die gegenwärtige Existenz und die Zukunft ihrer Kinder mit untragbaren Hypotheken belasten. Europa darf jedoch nicht zum Wunschkonzert degenerieren. Das Gerangel um die Besetzung des Amts des Präsidenten der Europäischen Kommission und die Verfassungsbeschwerden vieler tausend Bürger in Deutschland im Zusammenhang mit dem Beschluss der EZB über den unbegrenzten Ankauf von Staatsanleihen und die Entscheidung des Bundesverfassungsgerichts zur Vorlage einiger Streitfragen an den Europäischen Gerichtshof sind »Zeichen an der Wand«.

Es geht um die Zukunft Europas. Die Bürger der EU empfinden mittlerweile mindestens »Missvergnügen«. Die kommenden Herausforderungen sind nur zu bewältigen, wenn der Demokratisierungsprozess in allen Bereichen der Union konsequent fortgesetzt wird. Die wirtschaftlichen und finanzpolitischen Probleme müssen nach Maßgabe sozialer Gerechtigkeit in allen Mitgliedstaaten und von den europäischen Institutionen angepackt werden. Das sollte im Bewusstsein der existentiellen Bedeutung der politischen Einigung auf dem Kontinent entschlossen und sachverständig geschehen. Das vorliegende Buch bietet zwar entsprechende Anregungen. Es zeigt aber auch, dass der folgende Satz nicht ganz falsch ist: »Je länger man Europa vernünftig anschaut, desto unvernünftiger schaut es zurück.«[6]

Spaltpilze

Es greift ein diffuses »Unwohlsein« um sich. Immer mehr Menschen bekommen das Gefühl, dass heute etwas mit der Welt im Ganzen auf eine sehr unheimliche Weise schiefgeht. Die Färbung und Massivität dieser Empfindung treten bei einem Blick auf Europa besonders deutlich zutage. Diesem »Projekt« wird attestiert, dass es dabei sei, an Missmanagement zu scheitern und in einem »Sumpf« zu versinken. So nennt Peter Sloterdijk das »Heillose« und »Überkomplexe«. Darunter fallen nach seinem Empfinden »Bürokratismus, Ökonomismus, Monetarismus und Prozeduralismus«. Sie werden von Jahr zu Jahr wegloser und verwickelter. Es findet eine ständig fortschreitende Entfremdung zwischen denen statt, die oben etwas konstruieren, und denen, die es unten nicht mehr mitvollziehen. Die »Titanic Europa« steuert womöglich einen Eisberg an.[1] Der Befund ist fatal: Das »europäische Aggregat« befindet sich in einem Zustand, den niemand so gewollt haben kann. Abhilfe ist nicht erkennbar, ein inspirierendes gemeinsames Projekt, das einen Neustart bewirken könnte, auch nicht. Als durchweg ökonomisch ausgerichtete Wohlstandsgemeinschaft scheint Europa an seinen Grenzen angelangt zu sein. Jenseits davon deutet sich an, dass wir gegenwärtig nicht nur eine kleine Krise des Kapitals erleben, die auf dem Weg zu »blühenden Landschaften« der Vollbeschäftigung und der sozialen Gerechtigkeit überwunden sein wird. Wir stehen allem Anschein nach vor einem strukturimmanenten Problem, das sich weiter verschärfen dürfte.[2] In der Euro- und Schuldenkrise verstärkt sich bereits die Klage darüber, dass der Einheit Europas ein belastbarer »Mythos« fehlt.[3]

Der Kontinent kommt dem »Pol der lose gekoppelten Unterhaltungsgemeinschaft nahe, mit all seiner amüsanten Diversität, seiner konstitutiven Uneinigkeit, seiner sympathischen Entschlussschwäche, seiner prekären Symbiose zwischen Norden und Süden«.[4] Erkennbar ist das auch an der »herrlichen Beliebigkeit der Themen, am Vorrang der Urlaubsweltansichten und an einer alles durchdringenden Ernstfallferne«. Europa ist angeblich Lichtjahre von der »zusammengescheuchten und zusammengeballten Kampfgemeinschaft« entfernt, die unter dem Stress eines akuten Sich-angegriffen-Fühlens zielbewusst kooperieren könnte, um das Eine, das nottut, zu erreichen. Dem Begriff »Unterhaltungsgemeinschaft« kommt dabei keine alltägliche Bedeutung zu. Er deutet vielmehr auf den »Zusammenhang zwischen Polythematik und Agenturschwäche« hin. Gemeint sind Systemzustände, in denen man über tausenderlei Dinge reden kann, weil man ja praktisch gar nichts tun wird.

Zur weiteren Verdeutlichung macht Sloterdijk einen beeindruckenden Vorschlag: Man möge sich Europa wie einen Campingplatz am Rande der österreichischen Alpen vorstellen. Wir haben August, und es regnet seit fünf Wochen ohne Unterbrechung. Der ganze Urlaub wurde in eine Tiefdruckzone investiert. Jetzt ist ein Punkt erreicht, von dem an schlechtes Wetter persönlich genommen wird. Und auf einmal tritt der Europäer von heute in seiner wahren Natur hervor: Der verbitterte Urlauber, der unter dem triefenden Vordach sitzt und sich den Schilling oder die D-Mark oder die Pesete oder die Lira zurückwünscht, jeder für sich in seinem durchnässten Anhänger isoliert. Genau dieses »Ensemble von Frustrierten« wird vom Begriff der Unterhaltungsgemeinschaft erfasst.

Politiker, die in dieser Lage fortgesetzt von »Schicksalsgemeinschaft« reden, zeigen nur, in welchem Maß sie hinter »autohypnotischen Floskeln in einer diplomatischen Parallelgesellschaft« verschwunden sind. Europa gilt deshalb als ein Ort, wo die Dinge schon seit einer ganzen Weile schrecklich schieflaufen. Der Kontinent sei in seiner »psychopolitischen Verfasstheit« dem unterhaltungsgemeinschaftlichen Pol immer zu nahe geblieben. Die mediale Organisation von gemeinsamer Unwirklichkeit war wohl doch zu erfolgreich. Diese Nähe zum lockeren Pol werde naturgemäß mit »Agenturschwäche, Diskonkordanz und Selbstverachtung« bezahlt, glaubt Sloterdijk.

Der wiedergewählte Präsident des Europäischen Parlaments, Martin Schulz, erscheint einem anderen Beobachter als »sogenannter Buchhändler aus Würselen«, der den Karlspreis wahrscheinlich lange für ein historisches Dokument gehalten habe, genauso wie der endlich amtierende Präsident der Europäischen Kommission Jean-Claude Juncker. Beide gelten als »provinzielle Figuren«, die aus einer »karolingischen Landschaft« gekommen seien, wo man keine Idee davon gehabt habe, was ein Nationalstaat ist. Karl Heinz Bohrer leitet daraus die Faszination der Genannten für die Idee eines vereinigten Europas ab. Er hält das für eine Utopie, der der Anspruch auf Verwirklichung innewohne. Utopien seien auch durchweg Antworten auf Krisen. Die »Utopie Europa« ist für ihn die Antwort auf die Krise des 20. Jahrhunderts: die beiden Weltkriege. Die Appelle an eine spezifische emphatische Idee von Europas geistiger und politischer Größe nach dem Ersten Weltkrieg haben sich aus seiner Perspektive von Anfang an durch ein Defizit ausgezeichnet. Ihnen fehlte jede Andeutung von politischen Strukturen, also Institutionen, die eine solche behauptete Einheit haben könnten.

Bohrer erinnert an mehrere Denker, die die Idee einer gemeinsamen europäischen Zivilisation hatten, die auf einer Allianz zwischen Frankreich, Deutschland und England begründet war. Sie hätten aber keinen Gedanken darauf verschwendet, in welcher politischen Form sich diese zivilisatorische Gemeinsamkeit ausdrücken sollte. Das empfindet er als umso erstaunlicher, als die radikale Differenz zwischen der französischen und der deutschen politischen Tradition nach der Französischen Revolution noch unübersehbarer geworden sei. Eine Erklärung für dieses erstaunliche Fehlurteil liege womöglich in der Faszination des Begriffs »Vereinigung«. In der ökonomischen Krise vor allem der südeuropäischen Nationen liege womöglich nichts anderes als der Reflex jener unterschiedlichen politischen Institutionen und kulturellen Mentalitäten, die im Utopiebegriff fälschlicherweise aufgehoben wurden. Anstelle der Differenz habe man Identität (nur) behauptet. Nichtsdestotrotz fragen deutsche Wirtschaftsblätter danach, ob etwa die Franzosen lange genug arbeiten. Vor allem deutsche Publikationen haben möglicherweise die falsche Einebnung des Unterschieds erleichtert, indem sie eine »postnationale« Situation erkannten oder forderten. Nach dem Eindruck von Karl Heinz Bohrer handelte es sich dabei um Autoren, die keine individuellanschauliche Kenntnis von den europäischen Nachbarn hatten, sieht man von der obligatorischen Bildungs- und Ferienreise einmal ab. Neben der Beschwörung der kulturellen Gemeinsamkeit sei die Beschwörung der Kriegsgefahr die Ultima Ratio der von politischen und ökonomischen Argumenten bedrängten »Europasprecher«.

Es mag einige Ironie darin liegen, dass seit dem Zweiten Weltkrieg die Affinität zwischen den beiden für die Krise entscheidenden Kontrahenten, also Deutschland und Frankreich, mehr oder weniger verschwunden ist. Das französische Interesse am »deutschen Geist« hat zwar auch nach 1945 nicht aufgehört. Die Pointe ist aber vielleicht, dass es sich nicht (mehr) mit einem Interesse oder gar Sympathie für deutsche Dinge, geschweige für die Bundesrepublik Deutschland, verbindet. Das Ende des ein halbes Jahrhundert währenden deutsch-französischen Kriegsepos hat vielleicht auch die Emphatisierung der Beziehung beider Nationen beendet. Nun wird das Gegenteil beobachtet: eine gewisse Gelangweiltheit, sogar eine gegenseitige Abgeneigtheit, die sich auch auf die Jugend übertragen habe.

In diesem Zusammenhang ist von einer »psychointellektuellen Erschlaffung« die Rede, die auch mit der Banalisierung des kulturellen Faktors in ganz Europa zusammenhänge. Dazu gehöre auch die »Entintellektualisierung« der Universitäten, von der die sogenannte europäische Jugend seit der Jahrhundertwende besonders betroffen sei.

Dennoch ist die Gleichgültigkeit gegenüber dem »europäischen Gedanken« in Deutschland am wenigsten ausgeprägt. Den Grund für die »Umarmung« des Gedankens einer europäischen Union mag in der sattsam bekannten, nach dem Zweiten Weltkrieg gänzlich abhanden gekommenen nationalen Identität liegen, besonders des Geschichtsbewusstseins, das bis heute bei der französischen und englischen politisch-gesellschaftlichen Führungsschicht, trotz aufkommender Selbstzweifel, in der Tat noch immer handlungsprägend ist. Die heftige deutsche Reaktion gegen englische Europa-Feindschaft und die französische Distanz gegenüber Deutschland werden mit der Unkenntnis oder dem Unverständnis erklärt, dass ein solches Selbstbewusstsein bei den führenden Nationen Westeuropas nach wie vor besteht. Die Wähler der Marine Le Pen gelten nicht mehrheitlich als »Faschisten«. In der antideutschen Polemik unter ihren Anhängern höre man vielmehr die genuine Stimme der »France profonde«.

Es ist offensichtlich vergessen, dass schon dem frühmittelalterlichen Staatenverband »Heiliges Römisches Reich« die modernen Rechtsstatuten gefehlt haben, die Frankreich und England zu Nationalstaaten machten. Für Bohrer war Europa jedenfalls kein *politischer* Gedanke. Es sei ein suggestives, seit 150 Jahren etabliertes »Phantasma«, dessen Wortlaut allein schon für Enthusiasmus gesorgt habe. Aus seiner Sicht ist auch die Unbekümmertheit, mit der man den möglichen Abschied Englands – wie falsch das bisherige Verhalten David Camerons auch sein mag – angeblich akzeptiert und die tiefe Entfremdung Frankreichs missversteht, Ausdruck dafür, wie unpolitisch der alte Europa-Gedanke noch immer nachwirkt. Das scheint selbst die ansonsten nicht zu verblüffende Bundeskanzlerin ebenso erstaunt zu haben. Es habe sich inzwischen aber gezeigt, dass das »Phantasma namens Vereinigung Europas« weder wünschenswert noch realisierbar ist. Notwendig sei, dass etwas Machbares an seine Stelle tritt, und zwar aus dem ökonomischen und militärpolitischen Überlebensinteresse aller europäischen Nationen.[5]

Auf die Forderung Bohrers, den »Wahn von der europäischen Vereinigung« endlich aufzugeben und stattdessen in diesem Überlebensinteresse aller europäischen Nationen ein Bündnis zu schaffen, das neben dem ökonomischen auch das militärpolitische Interesse des Kontinents in Rechnung stellt, entgegnet Paul Michael Lützeler, dass es zur Vertretung dieser beiden Interessen bereits zwei Institutionen gibt: die EU und die Nato. Auch aus der zitierten nationalen Perspektive existiere kein Grund für die Zerstörung der EU. Brüssel sei von dem unterstellten utopischen Einigungswahn denkbar weit entfernt. Es handele sich um eine föderal strukturierte Organisation, in der im Machtdreieck von Kommission, Europäischem Rat und EU-Parlament die nationalen und die gemeinschaftlichen Ziele verhandelt werden. Die EU erscheint manchen deshalb schon jetzt als jenes von Karl Heinz Bohrer geforderte Bündnis, das die wirtschaftliche Integration befördert. Der Wunsch nach militärischen Kompetenzen der EU werde nicht dadurch erfüllt, dass man Deutschland auffordert, den »Willen zur Macht« innerhalb einer neuen Europa-Allianz von Wirtschaft und Militär herauszukehren. Frankreich, England, Italien und Spanien dürften dem auch kaum wohlwollend gegenüberstehen.

Lützeler erinnert an zahllose Essays, in denen die Intellektuellen des Kontinents schon seit langem immer wieder einen politischen, wirtschaftlichen Rahmen forderten, der die Gemeinsamkeit zum Ausdruck bringt. Insofern gilt die europäische Gemeinschaft mit all ihren Schwächen durchaus als ein Ergebnis europäischer Rationalität und Pragmatik. Als solche bedürfe sie zwar permanenter Kritik. Man brauche aber keine leichtfertigen Plädoyers für ihre Auflösung und Vorschläge, die so vage sind, dass sie in der Praxis nicht berücksichtigt werden können.[6]

Vielleicht wird Europa sich aber demnächst mit Hilfe Großbritanniens doch wieder politisch-praktisch in eine »zusammengeballte Kampfgemeinschaft« verwandeln. Es ist allerdings unklar, in welche Richtung diese Gemeinschaft marschieren wollte. Unter der entschlossenen Führung des amtierenden britischen Premierministers David Cameron könnte sich der jetzige Abstand der EU zu einer derartigen Konfiguration aber schon einmal um ein, zwei oder mehr Lichtjahre verringern. Immerhin ist es ihm vor nicht allzu langer Zeit schon gelungen, in seinem Land eine Leitkulturdebatte zu entfachen. Er fordert, in den Schulen »British values« stärker zu vermitteln. Dem Aufruf zur Pflege eigener Werte folgte sogleich ein gewaltiges Echo.

Es überrascht kaum, dass als erstes die Frage gestellt wurde, was denn britische Werte überhaupt sind. Die eine Seite fragt, ob Großbritannien das Recht hat, hergebrachte Werte in einem Land für verbindlich zu erklären, das von immer mehr Einwohnern fremder Kulturen bevölkert wird. Die andere Seite hat eine entschiedene Antwort: Dazu habe man »alles Recht«. Erst der Verzicht auf das selbstbewusste Vertreten von Traditionen hätte die Friktionen in der britischen Einwanderungsgesellschaft heraufbeschworen.

Manch einer will sich indessen gar nicht mehr daran erinnern, dass sich vor der Europa-Wahl 2014 die Diskussion der einwanderungsmüden Briten noch auf den Zustrom von Menschen aus Osteuropa konzentrierte. Das ist kein Wunder. Die Lage war doch recht komfortabel. Man konnte alles wunderbar »Brüssel« in die Schuhe schieben. Dort waren vermeintlich wieder einmal schädliche Entscheidungen fernab des Volkes getroffen worden. Nun firmiert aber auch der Zuzug muslimischer Einwanderer aus den Commonwealth-Staaten unter dem Etikett »Affäre Trojanisches Pferd«. Es handelt sich allerdings um ein hausgemachtes Problem und nicht um eines, das »Brüssel« dem »Empire« aufgenötigt hat. Die Briten haben anscheinend immer noch nicht verstanden, dass die Sympathien der Abkömmlinge der ehemaligen »Underlinge« Ihrer Majestät der Königin sie vor weitaus größere Herausforderungen stellen als die Arbeitnehmerfreizügigkeit in der EU.

Es ist nicht mehr zu übersehen, dass sich in vielen Vierteln britischer Städte islamische Parallelgesellschaften entwickelt haben. Die Feindschaft gegenüber den Werten der neuen und oftmals auch gar nicht mehr so neuen Heimat blüht, wächst und gedeiht dort immer besser. Allein in Birmingham hatte man Mitte 2014 sechs Schulen offiziell bescheinigt, dass sie ihre Schüler nicht ausreichend vor extremistischem Gedankengut schützen. Als »unislamisch« geltende Traditionen (unter anderem Weihnachtstombola) wurden abgeschafft. Das Klassenzimmer ist kein Korrektiv mehr zu einer religiös-konservativen Erziehung zu Hause. Selbst Muslime, die sich gegen eine Islamisierung ihrer Schule wenden, finden sich in einem Klima der Angst und Einschüchterung wieder. 40 Prozent der von ihnen im Vereinigten Königreich Lebenden bekannten allerdings schon vor Jahren, dass sie lieber unter der Scharia leben wollten. Sie vertreten die Meinung, dass Konvertiten den Tod verdienen. Das ist angesichts der Tatsache, dass fast 3 Millionen Muslime – in Folge der glorreichen kolonialen Vergangenheit meist mit pakistanischem Hintergrund – im »Mutterland« leben, keine Kleinigkeit mehr.

Der Bundespräsident a. D., Christian Wulff, hat auch schon vor einiger Zeit herausgefunden, dass auf der Erde rund 1,6 Milliarden Muslime leben und der Islam jetzt angeblich auch zu Deutschland gehört, eine Erkenntnis, der sich die immer noch amtierende Bundeskanzlerin Merkel Anfang 2015 ausdrücklich angeschlossen hat. Wulff sieht folgende Alternative: Entweder die Angehörigen der verschiedenen Religionsgemeinschaften und Glaubensbekenntnisse finden zu einem friedlichen Miteinander, oder es droht jener »Clash of Civilizations«, den der amerikanische Politikwissenschaftler Samuel Huntington schon vor zwanzig Jahren vorausgesagt hat.[7]

Cameron hingegen stellt sich der Lage in seinem Land nun mit Verweisen auf die »Magna Charta« entgegen. Hier soll eine Diskussion darüber unterbleiben, ob Demokratie, Freiheit und Rechtsstaat »britische Werte« oder universale Errungenschaften sind. Wie bereits angedeutet, fordert der britische Premierminister jetzt, an Schulen britische Werte »kraftvoller« zu lehren.

Inzwischen haben die Gegner der britischen Offenheit und Toleranz den Bezug auf diese Eigenschaften aber flugs für ihre eigenen Zwecke uminterpretiert. Für sie ist die verstärkte Kontrolle muslimisch dominierter Schulen »islamophob« und »rassistisch«. Man scheint vergessen zu haben, dass der radikalen Islamorganisation »Hizb ut-Tahrir« gleichzeitig erlaubt wurde, eigene Schulen zu gründen. Mehr als 150 islamische »Glaubensschulen« in Großbritannien werden inzwischen öffentlich unterstützt und dienen manch staatlicher Schule als Vorbild. Eine britische Journalistin (Melanie Phillips, Autorin von *Londonistan*) sagt dem Vereinigten Königreich eine »balkanisierte Zukunft« voraus, sollte der »Sumpf« nicht trockengelegt werden. In einer anderen Presseveröffentlichung (*Spectator*) wird jedoch behauptet, dass man einer »entschlossenen und unbeirrbaren Ideologie« nicht mehr viel entgegenzusetzen habe, seit »Britishness« nichts mehr mit christlichem Glauben zu tun habe, sondern mit abstrakten Ideen wie »Toleranz und Vielfalt«.[8]

Vor diesem Hintergrund stellt sich unter anderem die Frage, mit welcher Kompetenz und Qualität britische Politiker die angeblichen nationalen Eigenheiten ihres Herkunftslandes bemühen, um ihre Interventionen in wichtigen Personalentscheidungen und Sachfragen auf europäischer Ebene zu begründen. Glücklicherweise ist die Europäische Kommission (Kommission) auch ohne Unterstützung der englischen Eliten[9] schon jetzt in der Lage, viele Entscheidungen unter Einsatz eigenen Sachverstandes zu treffen. Dennoch scheint die Stimmung mittlerweile gekippt zu sein. 50 Prozent der Bevölkerung in der EU hatten 2002 noch ein positives Bild von ihr. Im Herbst 2013 war dieser Anteil auf 31 Prozent geschrumpft. Im Gegenzug stieg der Anteil der Bürger mit negativem EU-Bild von 13 auf 28 Prozent. Auch die Zustimmung zur Währungsunion ist rückläufig, wenn auch nicht so stark wie zur EU allgemein. Im Herbst 2006, als die Schuldenkrise im Euro-Raum noch unvorstellbar erschien, waren 60 Prozent aller Befragten für und 33 Prozent gegen die Währungsunion. Ende 2013 war der Anteil der Befürworter auf 52 Prozent gesunken, der Anteil der Kritiker auf 41 Prozent gestiegen. Diese Entwicklung mag auch darauf zurückzuführen sein, dass das regulatorische Kuriositätenkabinett immer wieder gerne nachgefüllt wird, notfalls auch durch die verlangte Entfernung offener Karaffen mit Speiseöl von Europas Restauranttischen. Sie ist aber nicht zwingend.

Die Gemeinschaft braucht nämlich dort nicht tätig zu werden, wo sie keine ausschließliche Zuständigkeit hat. Ihre Bediensteten müssen sich nur regen, wenn die Ziele der in Betracht gezogenen Maßnahmen auf der Ebene der Mitgliedstaaten nicht in genügender Weise erreicht werden können (Subsidiaritätsprinzip – Artikel 5 Absatz 3 AEUV/Vertrag über die Arbeitsweise der Europäischen Union). Die Theorie des »fiskalischen Föderalismus« zeigt, wie man diese Generalklausel ökonomisch interpretieren kann. Danach kommt es für die optimale Aufgabenteilung zwischen verschiedenen Regierungsebenen darauf an, eine möglichst große Übereinstimmung zwischen dem Nutznießer- und dem Zahlerkreis der betreffenden öffentlichen Leistung herzustellen. Im Prinzip der »fiskalischen Äquivalenz« steckt die Ausprägung des Rechtsbegriffs der Subsidiarität.

Es verbreitet sich indessen seit geraumer Zeit der Eindruck, dass das Subsidiaritätsprinzip auf den Kopf gestellt wurde. So verschlingt die Agrarpolitik in der EU immer noch circa 40 Prozent des EU-Haushalts, obschon keinerlei Zentralisierungsvorteile erkennbar sind. In der Außen- und Verteidigungspolitik hingegen, wo die europäische Ebene klare Vorteile gegenüber der nationalen Ebene hätte, gibt es eine Gemeinschaftspolitik vor allem auf dem Papier. Die Details der Kompetenzverteilung innerhalb der EU werden den meisten Bürgern zwar unbekannt, vermutlich aber auch herzlich gleichgültig sein. Sie dürften gleichwohl ein Grundgefühl für die Angemessenheit der Aufgabenverteilung haben. Auf die Frage, was die EU persönlich für sie bedeutet, wurde die Freiheit, überall innerhalb der Union zu reisen, zu studieren und zu arbeiten als am wichtigsten eingeschätzt (43 Prozent). Unter den positiv belegten Werten folgte der Euro auf Rang zwei (32 Prozent). »Friede« belegte den dritten Platz (25 Prozent). Unter den negativen Begriffen ragten »Geldverschwendung« (27 Prozent) und »Bürokratie« (24 Prozent) hervor.[10]

Auch jenseits der zitierten Umfragen steht schon seit längerem fest, dass Deutschland mit der Aufgabe der D-Mark nicht nur

Freunde gewonnen hat. Das Land sieht sich jetzt in Europa Feindseligkeit und Misstrauen gegenüber, wie zu keinem Zeitpunkt seit dem Ende des Zweiten Weltkriegs.[11] Kohls Zustimmung zur Währungsunion hat das deutsche Dilemma nicht gelöst, sondern verschlimmert. Merkels »Politik der kleinen Schritte« potenzierte das Problem. Die idealistische Überhöhung der Währungsunion wurde fortgesetzt, indem sie Europa mit dem Euro identifiziert. Ihre Sichtweise gilt manchen jedoch sowohl als unlogisch als auch als unhistorisch. Europa wird es natürlich auch nach einem Scheitern des Euro – oder dem Austritt einzelner Länder aus dem Währungsverbund – geben.

Die Position der Bundeskanzlerin könnte eher kontraproduktiv sein, weil sie die deutsche Politik um jeden Preis an den Erhalt der Einheitswährung in ihrer jetzigen Zusammensetzung kettet. Dessen ungeachtet halten etliche Zeitgenossen die von der Bundesregierung verordnete »Austeritätspolitik« mancherorts für eine »Kriegserklärung« Deutschlands an die Euro-Zone. In den betroffenen Ländern wurden Gefühle des Grolls und der Demütigung erzeugt, vergleichbar mit den Reaktionen, die man in Deutschland durch die von den Siegermächten des Ersten Weltkriegs diktierte Wirtschaftsordnung hervorrief.

Manche Schlussfolgerungen sind auch aktuell beunruhigend: Die europäische Integration schleift die Nationalismen zurzeit nicht ab, sondern spitzt sie zu. Rechtsstaatliche Verfahren und demokratische Entscheidungen werden nicht gesichert, sondern gefährdet. Die Sicherheit wird so jedenfalls nicht erhöht. Man produziert Unsicherheit. Der Kontinent wird nicht geeinigt, sondern gespalten: in Länder mit und ohne Euro, in Gläubiger- und Schuldnerstaaten. Aus deutscher Sicht hat die Währungsunion genau jene Gefahren heraufbeschworen, die man mit Hilfe der europäischen Einigung hinter sich lassen wollte: Isolation und jene halbe Hegemonie, in der sich das Deutsche Reich zu seinem und zu Europas Unglück vor 1945 immer wieder befunden hat.[12] Gleichwohl spielte das Thema »Europa« vor der Bundestagswahl 2013 kaum eine Rolle. Und in den Monaten vor der Europa-Wahl 2014 wurde allzu häufig über die jeweilige nationale Politik geurteilt, auch wenn von der EU die Rede war. Ein genuin europäischer Wahlkampf blieb Wunschtraum, da es kein einheitliches europäisches Wahlrecht gibt und keine darauf aufbauenden EU-weiten Listen der Parteien und ihrer Kandidaten. Das ändert dennoch nichts an der mittlerweile eingetretenen Verschränkung der nationalen und der europäischen Politik.

Im Laufe der »Euro-Rettungspolitik« wurde auch der Begriff »politische Union« neu definiert. Man versteht darunter eine genuine Wirtschafts- und Währungsunion. Die EU hat sich infolge der bisherigen Euro-Rettungspolitik transformiert, da ohne Änderungen der europäischen Verträge neue Ziele in der Euro-Zone etabliert wurden, teilweise auf der Basis des seit dem 1. Dezember 2009 in Kraft befindlichen Lissabon-Vertrages, teilweise aber auch auf dem traditionell völkerrechtlichen, also zwischenstaatlichen Weg. Jetzt ist ein Spielraum zwischen sanfter Koordination und härterer Steuerung eröffnet. Daraus sind neue Formen des Selbstverständnisses der EU erwachsen. Es gibt eine exekutive Dominanz des Geschehens durch den Europäischen Rat und die EZB.

Eine derartige Entwicklung der Euro-Zone zu einer politischen Union wirft in der Tat die Frage nach der demokratischen Legitimität und nach dem Ort der Macht in der EU auf. Während der Europäische Rat in der Anfangszeit des Krisenmanagements als die Ausprägung der europäischen Wirtschaftsregierung erschien, begann die EZB gleichzeitig – ungeachtet aller öffentlichen Widerreden gegen angeblich EU-vertragswidrige Bail-out-Praktiken – Anleihen zu kaufen und mauserte sich so zu einem immer stärkeren politischen Akteur. Sie trug zunächst entscheidend zur Beruhigung der Märkte bei, stieß aber gleichzeitig vor allem unter Ökonomen auf Kritik. Dabei wurde die politische Sprache der Ordnungspolitik durch die technische Sprache der Finanzmärkte weitgehend verdrängt. Zugleich fand ein exekutiv gestalteter Souveränitätstransfer in Fragen des Haushaltsrechts statt. Eine Vielzahl von EU-Rechtsakten läuft seither darauf hinaus, nationale Haushaltspolitik stärker zu regulieren als je zuvor.

Es ist mittlerweile von einer geteilten Budgetsouveränität zwischen der EU-Kommission und den Parlamenten beziehungsweise Regierungen der Mitgliedstaaten die Rede. Die nationale Budgetautonomie gilt als »Mär«.

Der in der zweiten Phase der Euro-Rettungspolitik ausgebrochene Streit mit Großbritannien und der Tschechischen Republik und nicht die vielfach beschworenen fiskalischen und wirtschaftlichen Unterschiede zwischen Nord und Süd in der Euro-Zone haben die eigentliche Bruchstelle des europäischen Institutionengefüges offengelegt. Es mussten zwischenstaatliche Notmaßnahmen ergriffen werden, die das EU-Gemeinschaftssystem schwächten. Der »European Stability Mechanism« (ESM/Europäischer Stabilitätsmechanismus) und der Fiskalpakt sollten deshalb in den nächsten fünf Jahren in den EU-Vertrag integriert werden. Immerhin hat man schon erkannt, dass die Unausgewogenheit zwischen der vergemeinschafteten Geldpolitik und der bisher nicht vergemeinschafteten Wirtschafts- und Fiskalpolitik zu den systemischen Ursachen der Staatsschuldenkrise gehört. Gleichzeitig erfuhr die EZB eine Stärkung. Nach dem Anleihekaufprogramm kündigte ihr Chef Mario Draghi am 2. August 2012 weitere Ankaufprogramme (»Outright Monetary Transactions« – OMT) an, um den Euro unter allen Umständen zu sichern. Zwar wurden die Märkte schon durch die entsprechende Ankündigung beruhigt. Aber die Debatte über die Vertragsmäßigkeit der Maßnahmen hält bis heute an.

Unterdessen ging in der dritten Phase auch die Diskussion über die »Bankenunion« weiter, deren erster Pfeiler (Bankenaufsicht) am 12. September 2012 beschlossen wurde. Ab September 2014 wurden circa 130 Banken der Euro-Zone der Aufsicht der EU unterstellt. Viele Politiker scheinen der Auffassung zu sein, dass mit der Bankenunion das entscheidende regulatorische Werk vollbracht ist und eine Wiederkehr der Krisen um Staatsschulden, Wettbewerbsschwächen und Haftungsfragen ausgeschlossen sei. Aber die jeweiligen Verfahren sind noch nicht erprobt. Die bisherige technokratische Exekutivlastigkeit hat die europäischen

Machtfragen nur verschleiert und die eigentlichen Politikinhalte entleert. Die Frage nach Macht und Politik in der EU ist nicht philosophischer Natur. Sie kann nur durch Kooperation zwischen den europäischen Institutionen und Organen legitimitätsstiftend behandelt werden. Dabei sollte man sich daran erinnern, dass eine exzessive »Flexibilität« im Umgang mit gemeinschaftlich verabredeten Regeln die Entstehung der Krise mindestens begünstigt hat. Intransparenz und Entparlamentarisierung durch die exekutive Methode kommen hinzu.

Erstrebenswert wäre dagegen der konstitutionelle Akt einer demokratisch legitimierten und transparenten Etablierung der genuinen Wirtschafts- und Währungsunion als eines Elements einer politischen Union. Damit eröffnete sich wieder die Perspektive einer europäischen Verfassung. Inzwischen geht aber die Verschränkung zwischen der nationalen und der europäischen Ebene zu einem Gefüge europäischer Innenpolitik praktisch weiter, wie bereits angedeutet. Das ruft Widerstände hervor, die zu einer Rückkehr autonomer nationaler Politik führen könnten. Damit wäre möglicherweise der Weg zur Selbstzerstörung aller Beteiligten eröffnet. Das Irrationale (Euro-Skeptizismus und Anti-EU-Populismus) hat schon jetzt Konjunktur. Das ist aber nichts wirklich Neues. Politik war und ist nur höchst selten rational. Umso mehr muss es spätestens nach dem Jahr 2017 zu einem institutionellen Sprung nach vorne kommen. Ein neuer Konvent über die europäische Verfassung wird das bis dahin Erreichte dann hoffentlich konsolidieren können.[13]

Marsch durch die Institutionen

Die Wahlen zum Europäischen Parlament im Mai 2014 haben vor allem bei Europa-Kritikern und Euro-Gegnern Jubel ausgelöst und zu einer Polarisierung geführt. Die Jubelnden wähnen sich anscheinend am Beginn eines »Marsches durch die Institutionen«. Gleichwohl ließ das nicht überall die Alarmglocken schrillen. Die Finanzmärkte gaben sich zunächst keineswegs schockiert.[1] Ihre Teilnehmer schienen jedenfalls noch unmittelbar nach den Wahlen ausweislich der Aktienkurse voller Zukunftsvertrauen gewesen zu sein. Das ist auch nicht allzu verwunderlich, hat sich doch eine klare Mehrheit zum europäischen Einigungswerk bekannt, wenn auch auf der Basis einer Wahlbeteiligung, die mit circa 43 Prozent noch nie so gering war. Das ändert aber nichts daran, dass man sich unverzüglich einigen wichtigen Debatten in aller Öffentlichkeit stellen muss. Das Wahlergebnis zeigt, dass man dies in der Vergangenheit sträflich versäumt hat. Die Einführung des Euro ist als »Eliten-Projekt« durchgepeitscht worden, obschon es sich um eine derart komplexe Materie handelt, dass sie in einem breiten gesellschaftlichen Diskurs hätte behandelt werden müssen.

Immerhin begann schon nach dem Zusammenbruch des währungspolitischen Bretton-Woods-Systems Anfang der 1970er Jahre eine Diskussion über eine neue Weltwährungsordnung. Im Rahmen der damaligen Debatten in Europa über die Möglichkeiten einer Koordinierung bis hin zum Fernziel einer gemeinsamen europäischen Währung gab es schon zu Beginn den einen oder anderen »originellen« Vorschlag. So forderte etwa Friedrich August von Hayek den freien Wettbewerb der Währungen und plädierte

dafür, dass private Angebote neben das staatliche Währungsmo-
nopol treten dürften. Als Konzession an die praktische Politik
sprach er sich dafür aus, dass die europäischen Staaten anstelle
einer langfristig anzustrebenden Währungsunion wechselseitig
ihre Währungen als Zahlungsmittel überall anerkennen. Nach seiner Auffassung können optimale Währungsräume nicht staatlich
verordnet werden, sondern müssten sich aus einem Wettbewerb
der Währungen herausbilden und zur Sicherung ihrer Anpas-
sungsfähigkeit dauerhaft solch einem Wettbewerb ausgesetzt werden. Er würde insbesondere den Regierungen die Möglichkeit rau-
ben, zugunsten wirtschafts- und sozialpolitischer Interventionen
eine stabilitätswidrige Währungspolitik zu betreiben.[2]

Hier kann dahingestellt bleiben, ob diese Sichtweise auch aus
der Einschätzung resultiert, dass die ganze sozialistische Idee eine
zivilisatorische Sackgasse ist, ein Menschenexperiment, das die
Grundlage der Zivilisation und von Millionen menschlichen Existenzen in Frage stellte und eher früher als später zum Scheitern
verurteilt ist.[3] Selbst Hayek würde aber vielleicht mittlerweile
noch einmal über das angebliche Wesen des Sozialismus nachdenken wollen, wenn er sich damit beschäftigte, wer letztlich für die
auf den deregulierten globalen Finanzmärkten verursachten Schä-
den herangezogen wird. Die Inanspruchnahme wehrloser Steuerzahler ist jedenfalls eine Art der Sozialisierung, die weder in den
Voraussetzungen noch in den Folgen etwas mit »Sozialismus« zu
tun hat! Jenseits derartiger ideologisch befrachteter Einordnungs-
und Orientierungsversuche sollte man zunächst einmal darum bemüht sein, in zumutbarer Knappheit einige der Folgen und Probleme europäischer Währungspolitik anzudeuten. Dies ist auch mit
den folgenden Zuspitzungen leider nur teilweise möglich:[4]

1. Die Gründung der Europäischen Währungsunion ist das Ergebnis einer umstrittenen politischen Willensentscheidung,
   die ohne Beachtung wirtschaftlicher Gesetzmäßigkeiten und
   in einem besonders von Frankreich geprägten Milieu strategi-
   scher Nötigung dazu diente, den Beitritt der Deutschen Demo-

kratischen Republik zum Geltungsbereich des Grundgesetzes der Bundesrepublik Deutschland zu ermöglichen (»Wiedervereinigung«), ihre weitere Bestimmung (Erzielung von Fortschritten auf dem Weg in eine politische Union) bis jetzt aber verfehlte.

2. Die wirtschaftliche Vorteilhaftigkeit der Mitgliedschaft in der Euro-Zone ist umstritten und kann trotz gegenteiliger Behauptungen von Politikern und aus den Wirtschaftswissenschaften jedenfalls für Deutschland nicht zweifelsfrei belegt werden.

3. Die Behauptung, dass Deutschland vom Euro profitiere, weil die Gemeinschaftswährung schwächer sei als eine eigene Landeswährung (D-Mark), ist falsch; eine schwache Währung liegt in keinem Fall im Interesse Deutschland, so dass sich bei einer zu starken Schwächung des Euro die Frage des Verlassens der Währungsunion stellt, weil dies, ungeachtet der zunächst anfallenden hohen Kosten, langfristig wirtschaftlich vorteilhafter wäre.

4. Der Nutzen des Euro ist im Hinblick auf Europa allenfalls politischer Natur, hinsichtlich der Steigerung des Wohlstandsniveaus in der Euro-Zone jedoch nicht objektiv überzeugend dargelegt.

5. Nach einer Vielzahl fragwürdiger Kompromisse auf europäischer Ebene hat der Vertrauensverlust der Bürger in den Mitgliedstaaten der EU und der Finanzmarktakteure in eine Existenzkrise der Euro-Zone geführt, die angesichts der Bedenken gegen Deutschland als vermeintlicher »Hegemonialmacht« und wegen der durch die inhärente Wirtschaftsschwäche Frankreichs ausgelösten Besorgnisse über die eigene Rolle in Europa kaum ernster sein könnte.

6. Die Diskussionen über die Rettung des Euro werden in eine Grundsatzdebatte vor allem zwischen Deutschland und Frankreich über Sinn und Zweck des europäischen Projekts übergehen, in der die Frage der Übertragung nationaler Souveränität im Rahmen einer Verlagerung finanzieller Verantwortlichkeit zentrale Bedeutung hat.

7. Die Bemühungen um die Aufrechterhaltung der Währungsunion dürfen sich nicht in einer »Solidarität des Geldes« erschöpfen, sondern müssen vorrangig der Existenzsicherung aller Menschen in der EU nach Maßgabe sozialstaatlicher Standards verpflichtet sein.

8. Es muss insbesondere wegen der Unabhängigkeit der EZB gewährleistet bleiben, dass sie sich bei all ihren Maßnahmen nur innerhalb des ihr erteilen Mandats bewegt, also vor allem die Preisstabilität sichert und bei allen Bemühungen für eine bessere und korrektere Übertragung der Geldpolitik das Verbot monetärer Staatsfinanzierung beachtet.

9. Der hinter der Währungsunion stehende Grundgedanke, dass die Mitgliedsländer miteinander in wirtschaftlichen Wettbewerb treten und bleiben, ohne auf die Instrumente der Geldpolitik zurückgreifen zu dürfen, ist im Lichte der bisherigen Erfahrungen überprüfungsbedürftig.

10. Überlegungen, die auf einen »Austritt« aus der Euro-Zone hinauslaufen, ist mit einer präzisen Folgenabschätzung zu begegnen, die weit über die Grenzen Griechenlands hinausreichen muss, da auch im Hinblick auf andere verschuldete Staaten ein »Infektionsrisiko« besteht und es zu einem Kapitaltransfer in vermeintlich sichere Staaten kommen könnte, mit unabsehbaren Konsequenzen für die politische und wirtschaftliche Stabilität des gesamten Kontinents.

Es rächt sich jetzt, dass man die Bürger der EU nicht mitgenommen hat, da die Geschichte nur so lange gut gehen konnte, wie die Zahlen gut waren. Dieses »Geschäftsmodell« konnte mit der Euro-Schuldenkrise nicht mehr funktionieren. Es waren die Ausgrenzungsversuche gegenüber den Kritikern, die genau deren Erfolg bewirkt haben. Umso hilfreicher wäre es, wenn man allmählich begreifen würde, dass die Staaten nicht von einer gestaltungswütigen Bürokratie mit Reglementierungen überzogen werden und eine angeblich »größenwahnsinnige« Kommission nicht um jeden Preis nationales Recht schleifen will. Es sind im Gegenteil häufig nationale Regierungen, die sich auf einen vermeintlichen Volkswillen beziehen und manche verhängnisvolle Entscheidung treffen und für vielerlei Unsinn verantwortlich sind. Sie sollten sehr bald begreifen, dass die offensichtlichen Probleme der Gemeinschaftswährung in einem disparaten Wirtschaftsraum nicht dadurch zu lösen sind, dass man mal eben den Klub verkleinert oder gar auflöst oder einen »Nord-Euro« und einen »Süd-Euro« bastelt. Das funktioniert wirtschaftlich nicht. Und schon gar nicht beantwortet es die überragend wichtige Frage nach »Krieg und Frieden«.

Europa wird aber auch noch andere grundsätzlich wichtige Fragen zu beantworten haben, etwa zum Verhältnis zwischen gesteigerter Wettbewerbsfähigkeit und verbesserter sozialer Sicherung. Gleichzeitig stellt sich das Problem der Haushaltskonsolidierung, das angepackt werden muss, um Europa für Investivkapital attraktiver zu machen. Statt einer lockeren Haushaltspolitik und gemeinschaftsweiten Schuldenpapieren (Euro-Bonds) sollte man eher eine Priorisierung der industriellen Wettbewerbsfähigkeit ins Auge fassen und in Forschung und Innovation investieren. Verfolgte man auf diese Weise eine »angebotsorientierte« Politik, könnte sich Europa am Ende in einen derart großen und starken Wirtschaftsraum verwandeln, wie es angemessen wäre. Dann würde auch jeder Radikalisierungsprozess früher oder später enden.[5] Dies ist sogar ein immer dringlicher werdendes Desiderat, nehmen doch die Warnungen vor einer Aushöhlung der parlamentarischen Demokratie in Europa weiter zu.[6]

Zumutung und Zutrauen

In den fünf Jahren vor den Wahlen zum Europäischen Parlament des Jahres 2014 hat sich der Eindruck verfestigt, dass sich die EU in der tiefsten Krise seit ihrer Gründung befindet. Die Befürchtungen, dass insbesondere die gemeinsame Währung scheitern könnte, stiegen ständig. Mit brutalen Sparmaßnahmen bemühte man sich darum, den vermeintlich drohenden Kollaps in Italien abzuwenden und die Errichtung einer Militärdiktatur in Griechenland zu verhindern. Die Mitgliedsländer wurden in eine widerwillige Solidarität hineingezwungen. Deutschland ruft als »neu/alter Hegemon« Misstrauen immer wieder hervor. Circa 75 Prozent der tatsächlichen Wähler haben im Mai 2014 dennoch für europafreundliche, zivile und demokratische Parteien gestimmt. In Italien wurde der reformerische Elan des jungen Ministerpräsidenten Matteo Renzi zunächst belohnt. In den Niederlanden erreichten die rechtsextremen Protagonisten doch nicht die befürchteten Quoten, Deutschland blieb »vernünftig«, und Spanien orientierte sich zur »Mitte«.

Manch einer konnte es nicht fassen, dass die Mehrheit der (Wahl-)Europäer Zumutungen mit Zutrauen beantwortete, wurde die Debatte über Europa in den letzten Jahren doch fast nur von Kräften dominiert, die mit der EU extrem unzufrieden sind. Zudem hatten hochrangige »Diplomaten« wie Victoria Nuland aus den USA ihren Beitrag zur Diffamierung geleistet (»Fuck the EU«). Aber auch Russland kommt mit der Pluralität und Liberalität der europäischen Lebensweise nicht gut zurecht. Sie wird dort als »Dekadenz« verspottet. Dessen ungeachtet beobachtet manch einer das Auftreten eines »Gespenstes« in Europa. Es ist die Rede von einem »Systemkonflikt« zwischen der liberalen Demokratie und dem »nationalen Autoritatismus[1]«. Auch innerhalb der großen westlichen Demokratien werden (wieder einmal) »starke Männer« gesichtet. Hält man die »Alternative für Deutschland« (AfD) in Deutschland noch für relativ harmlos, gilt die britische »United Kingdom Independence Party« (Ukip) als eine Partei, die nicht nur aus der EU austreten will, sondern auch die Zumutungen der multikulturellen, sexuell liberalen Gesellschaft loswerden möchte.

In Frankreich hat sich der »Front National« (FN) in einer »riesigen Legitimationslücke« eingenistet, die zwischen der politischen Elite und den »normalen Leuten« klafft. Der Kern des Systemkonflikts wird so deutlich: »Ist das Autoritäre stärker und effektiver als das Liberale und Partizipatorische?«[2]

Ganze Länder haben sich anscheinend für eine Art »Euro-Autoritarismus« entschieden, wie etwa auch Ungarn mit einer »reaktionären Zweidrittelmehrheit« und Bulgarien, wo die politische Einflussnahme Moskaus beständig wächst. Gleichwohl ist der Glaube verbreitet, dass die EU allmählich aus der ökonomischen Krise herauskomme. Die Wähler hätten sich einigermaßen vernünftig und überraschend »EU-loyal« verhalten. Die EU scheint nach den Wahlen des Jahres 2014 auf den ersten Blick alles in allem also ganz ordentlich dazustehen.

Allerdings war es Bundeskanzlerin Angela Merkel schon zuvor gelungen, im Laufe der Finanzkrise den Eindruck zu erwecken, dass sie in Brüssel deutsche Interessen erfolgreich vertreten hat. Ihre Reputation gründet sich auf der Annahme, dass sie Milliardenlasten von der Bundesrepublik Deutschland ferngehalten habe. Die Fortsetzung dieser »Erfolgsgeschichte« erscheint nunmehr jedoch zweifelhaft. Die Wahlergebnisse der »Populisten« in etlichen Mitgliedstaaten der EU dürften es schwer machen, in altbekannter Manier fortzufahren. Nicht nur die französische und die griechische Regierung werden zukünftig mit ganz anderer Härte als bisher für Kursänderungen in der europäischen Politik kämpfen, um von Wählern des rechten europakritischen Spektrums bei nationalen Wahlen nicht einfach hinweggefegt zu werden. Erste Prognosen sagten seinerzeit voraus, dass auch der Druck auf den Präsidenten der EZB »gewaltig« steigen würde, damit durch eine weitere Lockerung der Geldpolitik wirtschaftliches Wachstum ermöglicht wird. Von Anfang an war Skepsis darüber zu spüren, ob die Bundeskanzlerin sich diesem Druck weiter erfolgreich wird entgegensetzen können. Ihre Reputation dürfte also nicht zuletzt durch die Erfolge der AfD gefährdet werden, die vermutlich jedes Zugeständnis Merkels gegenüber anderen Mitgliedstaaten schonungslos nutzen wird. Für die Bundeskanzlerin liegen die Themen schon auf dem Tisch. Die neue Kommission werde sich ihrer Auffassung nach um die Wettbewerbsfähigkeit der EU, die hohe Arbeitslosigkeit und um Wachstum kümmern müssen. In der Behauptung, dass es jetzt vor allem um eine Politik gehe, die bei den Menschen ankommt, wird vielleicht der »neue Sound der Europa-Politik« erkennbar.[3]

Im politischen Umfeld des damaligen Kandidaten für das Präsidentenamt der Kommission, Martin Schulz, verbreitete sich nach einem anfänglichen Zögern doch die Einsicht, dass die Sozialdemokratie die Wahlen trotz überschaubarer Verbesserungen auf der Basis eines geringen Ausgangs- und Vergleichswertes nicht gewonnen hat. Obschon man die Zuständigkeit und die Bedeutung des neugewählten Europäischen Parlaments bei der Wahl des Kommissionspräsidenten schließlich doch noch erkannte, war die deutsche Sozialdemokratie sogleich sehr bemüht, mit »Zehn Punkten für ein besseres Europa« zur Entscheidungsfindung beizutragen. Natürlich gehörten die Bekämpfung der Jugendarbeitslosigkeit, ein faires Steuersystem, die Regulierung und Besteuerung der Finanzmärkte und der europäische Emissionshandel als Instrument des Klimaschutzes ebenso dazu wie eine neue Flüchtlings- und Einwanderungspolitik, alles Themen, für die man sich schon im Wahlkampf eingesetzt hatte. In diesen inhaltlichen Festlegungen sahen aber manche auch schon so etwas wie das Eingeständnis der Niederlage, da derjenige, der inhaltliche Bedingungen formuliert, in der Regel akzeptiere, dass er am Ende nicht den Chef stellen wird, aber zugleich klar mache, dass er noch viel herausholen will, bevor er sich in die Rolle des kleineren Partners fügt.[4]

Gleichwohl hat manch ein Beobachter des ersten Gipfeltreffens der Staats- und Regierungschefs nach den Wahlen in deren Verhalten den Beweis dafür gesehen, dass kein einziger Politiker und keine einzige Politikerin bereit und in der Lage sind, sich aus den Routinen des täglichen Machtpokers lösen, um sich einer Situation zu stellen, die neue Antworten verlangt. Der Widerstand von David Cameron und Viktor Orbán gegen die Nominierung von Jean-Claude Juncker war für andere Regierungschefs vermutlich nur ein willkommener Vorwand. Auch der Philosoph Jürgen Habermas erinnerte daran, dass sich die deutsche Bundeskanzlerin monatelang gegen die Nominierung von Spitzenkandidaten gesträubt hatte. Deren Aufstellung habe nun tatsächlich den von ihr befürchteten »Demokratisierungsschub« ausgelöst. So sei das bisher abgehobene institutionelle Europa in den Strom der polarisierten Willensbildung seiner Bürger hineingeraten. Zum ersten Mal habe das Europäische Parlament eine tatsächliche Legitimation erfahren – gerade dadurch, dass die Europa-Gegner nach scharfem Meinungsstreit Sitz und Stimme erlangt haben. Zum ersten Mal habe eine Europa-Wahl stattgefunden, die den Namen einer politischen Wahl halbwegs verdient. Die Regierungschefs hätten gleichwohl »die Schotten dicht gemacht« gegenüber einer unmissverständlichen Absichtserklärung des Parlaments, die auf die Bestimmung des nächsten Kommissionspräsidenten abzielte und deren Ergebnis der Europäische Rat zu berücksichtigen hat. Damit wollten sie eine »übergriffige exekutive Macht« absichern, die sie in den Jahren der Krise auf dem Wege »undemokratischer Selbstermächtigung« ausgebaut hätten, um dieselbe gegen die Flut vermeintlich irrationaler Volkswut abzusichern.

Diese Sichtweise hält ein anderer allerdings für unangebrachten »pathetischen Alarmismus«, weil noch gar nichts passiert sei.[5]

Nach der Auffassung von Habermas hätten die Regierungschefs das europäische Projekt ins Herz getroffen, wenn sie einen anderen als einen der beiden Spitzenkandidaten vorgeschlagen hätten. Keinem Bürger wäre dann die Beteiligung an einer Europa-Wahl mehr zuzumuten. Der Vertrag von Lissabon habe dem »schäbigen Klüngel« einen Riegel vorgeschoben. Mit der Wahl von José Manuel Barroso und Herman Van Rompuy habe man seinerzeit vermeintlich »willfährige Handlanger« durchgepaukt. Nach Lage der Dinge durfte jetzt aber nur derjenige der beiden Spitzenkandidaten vorgeschlagen werden, der die begründete Aussicht hat, eine Mehrheit der parlamentarischen Stimmen auf sich zu vereinigen. Wollte ein Regierungschef auf seinem Vetorecht bestehen, müsste man ihm den Austritt seines Landes aus der EU nahelegen oder deren Neugründung in Angriff nehmen. Für Habermas ist der hohe Stimmenanteil des Front National jedenfalls ein neuralgischer Punkt, da das europäische Projekt sogar kurzfristig an den innenpolitischen Folgen einer Destabilisierung Frankreichs scheitern könnte, das sich immer stärker von der Bundesrepublik Deutschland in den Schatten gestellt sehe. Er hat den Eindruck gewonnen, dass sich die Bundesregierung seit dem Beginn der Krise im Oktober 2008 unkooperativ verhält und ihren bei weitem wichtigsten Partner nicht mehr auf Augenhöhe behandelt. Ein Politikwechsel sei aber vonnöten, der das Gleichgewicht wiederherstellt, das für den erforderlichen Ausbau der Währungsgemeinschaft zu einer politischen Euro-Union auf demokratisch legitimiertem Wege unverzichtbar sei. Statt den schwächsten, nur scheinsouveränen Gliedern der Europäischen Währungsgemeinschaft einen Kurs aufzunötigen, der Opfer nur von anderen verlangt, hätte die deutsche Regierung unter Inkaufnahme eigener Vorleistungen die Politik von Konrad Adenauer, Helmut Schmidt und Helmut Kohl fortsetzen müssen. Deutschland habe von der Krise aber sogar noch profitiert, ungerührt von den »obszön ungleichen Krisenschicksalen«. Jürgen Habermas warnt davor, die »halbhegemoniale« Stellung, in die die Bundesrepublik Deutschland wieder hineingerutscht sei, in alter deutscher Manier rücksichtslos auszuspielen.[6]

Gegen die Behauptung dieses Philosophen, das Europa-Parlament habe nun erstmals eine tatsächliche Legitimation erfahren, wird vorgebracht, dass sie auf zwei sich widersprechenden Befunden beruhe. Wer die Auftritte der Spitzenkandidaten verfolgt hat, habe einerseits von der von Habermas behaupteten Polarisierung nichts mitbekommen. Zum anderen waren die Stimmen für die Europa-Gegner auch Proteststimmen gegen das jeweilige nationale Establishment. Das stehe der These von Habermas über die Trennung der Böcke von Schafen gegenüber. Sie sei dadurch erfolgt, dass die Europa-Gegner stärker als bisher Sitz und Stimme im Parlament erlangten. So oder so ließe sich aus dem Wahlergebnis nicht ableiten, dass die Bürger die Legitimation des Europa-Parlaments gestärkt hätten. Soweit es die Europa-Gegner beflügelt hat, werde das Ergebnis vor allem die Regierungen der Mitgliedstaaten beschäftigen. Diese sind über nationale Wahlen ohnehin nicht weniger demokratisch legitimiert als das Europa-Parlament selbst. Es sei daher nur folgerichtig, dass sie im Rat bei der Auswahl des EU-Führungspersonals mitzureden haben. Die Behauptung von Habermas über eine »übergriffige exekutive Macht« ginge jedoch über die Bestellung des Kommissionspräsidenten hinaus. Sie sei nur verständlich, wenn man um die Habermas'sche Beobachtung weiß, dass sich die EU in einem fortgeschrittenen Prozess der Umwandlung der sozialstaatlichen Bürgerdemokratie in eine marktkonforme Fassadendemokratie befinde – und dass sich dieser Prozess nur über ein politisch geeintes Kerneuropa umkehren lasse. Es bleibe das Geheimnis von Habermas, wie sich das Wahlergebnis mit diesen steilen Thesen erklären lässt. Als entscheidend wird indessen der Mangel einer europaweiten öffentlichen Debatte über die Inhalte eines Gesetzgebungsverfahrens empfunden. Sie finde nicht statt, weil es keine europäische Öffentlichkeit gebe. Daher stoße die Legitimation der EU-Gesetzgebung und damit des Europa-Parlaments an ihre Grenzen.

Im Hinblick auf den Kommissionspräsidenten gilt in der Tat: Er wird vom Parlament gewählt – auf Vorschlag des Rats. Richtig dürfte auch sein: Die Zukunft der EU hängt nicht davon ab, ob er Jean-Claude Juncker, Martin Schulz oder anders heißt.[7] Wichtiger ist in der Tat, dass manche die Stunde nutzen wollen, um die Londoner City mitsamt dem angloamerikanischen »Finanzkapitalismus« aus der EU hinauszuwerfen und eine staatlich reglementierte Produktionswirtschaft jenseits des globalen Kapitalismus zu etablieren: »Festung Europa«. Damit würde man aber nach dem Empfinden des ehemaligen Richters am Bundesverfassungsgericht, Udo Di Fabio, die Wirklichkeit auf den Kopf stellen, die europäische Krise verschärfen und das europäische Projekt gefährden. Aus seiner Sicht entzündete sich die vor allem mediale Aufregung an einer Frage, die den meisten Menschen vermutlich nicht auf den Nägeln brannte: Wer sollte neuer Kommissionspräsident werden?

Tatsächlich hatte der Auftritt der Spitzenkandidaten für das Präsidentenamt einer supranationalen Behörde nicht den von Jürgen Habermas konstatierten »Strom der polarisierten Willensbildung« ausgelöst. Für Di Fabio waren die Europa-Wahlen 2014 kein demokratischer Staatsgründungsakt. Aus ihren Ergebnissen und aus dem Schweigen der Nichtwähler könne zwar ein Alarmzeichen, aber kein Scheitern des europäischen Projekts gefolgert werden. Wollte man diese Wahl als die »erste halbwegs demokratische« Wahl stilisieren, käme das einer Fiktion gleich, die sich gerade nicht auf die Tatsache des Wählerwillens stützen ließe. Dies gilt insbesondere dann, wenn man daraus ein neues politisches Entscheidungsverfahren zur Kommissionsbesetzung über das geltende Recht hinaus ableiten wollte, wie das bei Habermas unüberhörbar anklingt. Di Fabio geht von einer »Entscheidungsparität« zwischen Regierungen und gewähltem Parlament aus. Die »verhandelnde Kultur der Regierungen« im Rat ist für ihn kein Skandalon, sondern diejenige Errungenschaft, die die EU zu dem gemacht habe, was sie als supranationales Erfolgsmodell allen Anfechtungen zum Trotz verkörpere.

Wer es dem englischen Premier im Rat übelnimmt, eine eigene Meinung in Personalfragen zu haben, habe das System nicht verstanden. Wer den englischen Austritt fordert oder billigend in Kauf nimmt, weil das Vereinigte Königreich nicht den Spielregeln folgen will, die so im Vertrag gar nicht zu finden seien, wolle ein anderes Europa als das, was heute verbindlich in den Verträgen verfasst sei. Die Aufstellung von Spitzenkandidaten für das Amt des Kommissionspräsidenten konnte nach der Auffassung von Di Fabio den Ratsvorschlag weder rechtlich noch politisch binden. Bei der Wahl zum Europa-Parlament handele es sich nicht um eine personalisierte Richtungswahl. Der Bundeskanzlerin Merkel bescheinigt Di Fabio, dass sie sich im Vorfeld der Entscheidung in dem vertragsrechtlich so vorgesehenen offenen Verhandlungsprozess den Buchstaben und dem Geist der Europäischen Verträge entsprechend verhalten hat. Wer dabei die »älteste Demokratie der Welt« (United Kingdom/UK) im Verbund halten will, handele konstruktiv und politisch klug. Di Fabio vermutet, dass hinter der Kritik an der Kanzlerin und hinter dem »Konzept der gezielten Rechtsüberschreitung« der Versuch stehe, den Vertragsverbund der EU unter der Hand zu verstaatlichen, indem die Kommission zur Regierung Europas hochgeschrieben wird. Di Fabio erkennt im ordentlichen Gesetzgebungsverfahren hingegen einen »Trilog«[8], der dem Parlament ein entscheidendes Gewicht einräume, während die Kommission mit ihren Vorschlägen und Plänen zwar als ein wichtiger Indikator für Gesetzesvorhaben auftrete, aber vor allem eine »rechtsgehorsame Verwaltung« sein solle, die für die Durchsetzung der Verträge unter der Kontrolle des Gerichtshofs stehe.

Hinter den Kulissen des Verfahrens zur Kommissionsbildung wähnt Di Fabio ohnehin noch etwas anderes. Es gehe um eine politische Richtungsentscheidung, die ebenfalls etwas mit dem Verhältnis der Unionsgewalt zum Recht und zur pluralisierten Demokratie zu tun habe, also um die Fortgeltung eines Europas der Grundfreiheiten, des Binnenmarktes und der offenen, sozialen Marktwirtschaft. Di Fabio will die Krise des Westens jedenfalls nicht allein als eine Krise des Kapitalismus begreifen. Aus seiner

Sicht gehören Demokratie und Markt als Institutionen zusammen, allerdings mit einem wohldefinierten Abstand voneinander. Er behauptet, dass die Demokratien des Westens nicht einfach Opfer globalisierter Giganten seien. Sie gestalteten ihrerseits die Wirtschaft so tief, dass Krisen »ganz selbstredend« auch auf das Konto politischer Entscheidungen gingen. Udo Di Fabio erkennt zwar, dass das Zusammenwirken einer für die Interessen der USA affinen transatlantischen »Finanzindustrie« mitursächlich am Ausbruch der Weltfinanzkrise war, die dann zum »Stresstest« für die Europäische Währungsunion wurde. Aber das ist für ihn längst nicht das ganze Bild. Die mächtigen Wirtschaftsnationen des Westens hätten seit den späten 1960er Jahren in ihrem Streben, Wirtschaft global zu steuern, ihre fiskalischen Handlungsmöglichkeiten überspannt. Sie haben angeblich versucht, dauerhaftes Wirtschaftswachstum durch eine monetäre Übergewichtung der gewählten Instrumente zu erreichen: durch deregulierte Finanz- und Devisenmärkte, durch Staatsverschuldung, Investitionsprogramme, Steuerpolitik, Kreditlenkung und durch die zunehmende wirtschaftspolitische Indienststellung der Geldpolitik unabhängiger Notenbanken.

Udo Di Fabio ist der Überzeugung, dass diese »Party« eigentlich schon 2008 vorbei war. Sie gehe dennoch weiter, weil die Angst vor Rezession, Deflation oder Inflation und Instabilität der Finanzsysteme nicht vorbei sei. Nach seiner Meinung hat aber nicht allein der EZB-Präsident Mario Draghi die Währungsunion stabilisiert, sondern auch die deutsche Bundeskanzlerin mit ihren »umsichtigen« Reaktionen der Rettungsschirme, der Härtung der Stabilitätskriterien im Fiskalpakt und mit der Bankenunion. Damit sei der Weg zurück zu einer soliden europäischen Marktwirtschaft gewiesen, die nicht von einer Politik in der Schuldenfalle deformiert werde. Dessen ungeachtet hält er die europäische Integration für ein historisches Experiment, das an einem Scheidepunkt angelangt sei. Seinen immensen (bisherigen) Erfolg führt Di Fabio auf eine rationale Wirtschaftsverfassung zurück, die den Protektionismus in Europa erfolgreich zurückgedrängt habe. Die politische Union, der gemeinsame Währungsraum, der Ruf nach zentraler Wirtschaftspolitik, eigentlich auch nach einem föderalen Finanzausgleich machten aber zugleich klar, dass die immer engere Union auf schlichte Funktionsgrenzen und deshalb Grenzen der Akzeptanz stoße. Keine Brüsseler Zentrale werde den Verfall Europas aufhalten, wenn seine Staaten als Demokratien, Rechtsstaaten und wettbewerbsfähige soziale Marktwirtschaften in ihrer Gestaltungskraft erlahmen. In manchen Handlungsfeldern sei zwar mehr Zentralität möglich. Im Arbeits- und Sozialrecht müsse aber über die Rückverlagerung oder die bessere Abgrenzung »nüchtern« diskutiert werden.

Der ehemalige Bundesverfassungsrichter wendet sich dagegen, entsprechende Vorschläge aus den Niederlanden oder dem Vereinigten Königreich als »Re-Nationalisierungsprogramm« zu beargwöhnen. Für ihn ist ein Wechsel der politischen Kultur nötig, aber nicht wieder zurück in die monetären und fiskalischen Irrwege der Vergangenheit. Die neue Kommission werde die Einhaltung des Rechts konsequenter beobachten und zugleich Hilfen zur Erhöhung der Wettbewerbsfähigkeit in jedem Mitgliedstaat im Rahmen heterogener Wirtschafts- und Lebensverhältnisse leisten müssen, ohne »Strohfeuer« abzubrennen oder Investitionsmittel versickern zu lassen. Es sei zu befürchten, dass am Ende von »Selbstexpansionen« vertraglich verliehener Macht womöglich nur die »graue Bürokratisierung des Kontinents« steht.

Udo Di Fabio sieht Angela Merkel in der Mitte Europas. Sie habe Sinn für den politischen Kompromiss, für wirtschaftliche Funktionsbedingungen und für die Einhaltung des Rechts. Angeblich richten sich auf die Bundeskanzlerin Hoffnungen und Erwartungen des Augenmaßes und der ausgleichenden Verantwortung – nicht nur der Deutschen, sondern vieler weitsichtiger Europäer.[9]

Man wüsste dann aber nur allzu gern, wie die EU in die Situation hineingeraten ist, in der sie sich nun einmal befindet. Ungeachtet der jetzt von Di Fabio gepriesenen Eigenschaften, würde man dann vielleicht erfahren, wie der wundersame Prozess der

Verwandlung von der Mutter der Nation (»Mutti«) zur »Beschützerin Europas« vonstatten gegangen ist und warum er nicht schon vor etlichen Jahren begonnen hat. Vermutlich wird erst einer der nächsten Zeitungskommentare des Richters a. D. Di Fabio Aufschluss bringen.

Erdbeben und Abschied

FRANZÖSISCHER ALBTRAUM

Der beeindruckende Wahlerfolg des europafeindlichen Front National (FN) in Frankreich wurde dort als »Erdbeben« empfunden. Er ist wohl ein Beleg dafür, dass die Franzosen sich gegen eine »neue deutsche Hegemonie« wenden wollen. Der Vorsitzenden des FN, Marine Le Pen, ist es gelungen, ein Viertel der Wählerschaft davon zu überzeugen, dass sich die Pfeile gegen Brüssel, den Euro und Berlin richten müssen, also gegen die »Sparwut« der Deutschen, die Frankreich zum Darben bringe.[1] Es ist auch die Frage aufgekommen, ob das Wahlergebnis die Institutionen der Fünften Republik erschüttern oder die nationale Politik von Grund auf ändern wird. In jedem Fall ist dadurch eine europapolitische Schwächung Frankreichs eingetreten.

Dieser Effekt ist in seinen mittel- und langfristigen Auswirkungen noch gar nicht abzuschätzen, denkt man an die schon erwähnte zentrale Bedeutung der deutsch-französischen Zusammenarbeit für das Gelingen der europäischen Integration. Größte und akute Sorge wäre angebracht, wenn es denn stimmte, dass die Rede der Wahlsiegerin Le Pen am Wahlabend wie bei allen ihren Reden wirklich nur die Variation des Hasses als einzigem Gefühl, gepaart vielleicht noch mit Verachtung, war. Der amtierende Staatspräsident gilt ihr als »Verräter«. Das französische Volk sei nun erwacht und werde die nationale Größe zurückerobern.

Der Weg für Marine Le Pen ist möglicherweise auch dadurch frei geworden, weil die Politiker aller Parteien in Frankreich so handelten, also ob sie gewettet hätten, wie die Demokratie am schnellsten zu ruinieren ist. Für die Reaktion der französischen Zivilgesellschaft gilt es als fatal, dass Frankreich die eigene rechtsextreme Vergangenheit kaum oder nur unzureichend aufgearbeitet hat. Die Résistance werde in ein so gleißendes Licht getaucht, dass der Rest – also die Geschichte all jener Eliten, die lieber mit den Nazis gemeinsame Sache machen wollten als mit den französischen Kommunisten – im Dunkeln bleibt. Ähnliches gilt für die Kolonialzeit, den Algerien-Krieg oder die Umtriebe gaullistischer Geheimpolizisten im Kalten Krieg. Die historisch-politische Selbstdarstellung Frankreichs beruht auf einer systematischen Beschönigung. Eine entsprechende Gesamtnostalgie begünstigt den FN. Gegenstand der Verachtung ist gleichermaßen die amerikanische Kultur wie »der Brüsseler Bürokrat«. Letzterer hat allerdings in den vergangenen Jahrzehnten dafür gesorgt, dass Landwirtschaft in Frankreich überhaupt noch stattfinden kann. Diese Haltung wird in der öffentlichen Diskussion hin und wieder als »Camembert-Faschismus« bezeichnet.

Hinter der Stimmabgabe für den FN als rechtsextreme, verzweifelt hassende Partei vermutet ein Journalist eine besondere Mentalität, in der man, von der eigenen Überlegenheit überzeugt, bösartig, hasserfüllt und ohne jede langfristige Perspektive ist. Solche Wähler wollen die »Größe« Frankreichs wiederherstellen, die Schmach der Globalisierung rächen und alle Fremden und alles Fremde zurückdrängen.[2] Aber vielleicht wäre es in der Tat auch eine gute Idee, erst einmal zu Hause aufzuräumen, sind doch nicht nur die Sozialisten in Frankreich bei der Europa-Wahl desaströs gescheitert. Auch die bürgerlich-konservative »Union pour un mouvement populaire« (UMP), die insbesondere eine Ausbreitung des FN stoppen sollte, hat schlecht abgeschnitten. Sie muss sich schwerwiegenden Vorwürfen wegen illegaler Wahlkampffinanzierung stellen, derentwegen der bisherige Parteichef Jean-François Copé unmittelbar nach der Wahl zum Rücktritt gezwungen wurde.[3]

Auch jenseits solcher und anderer persönlicher Konsequenzen ist nicht mehr zu übersehen, dass sich Frankreich in einer tiefen

Identitätskrise befindet. Für Empörung gegen den Wahlerfolg des FN scheint man keine Kraft mehr zu haben. Es gibt auch keine Anzeichen für Angst vor der »braunen Gefahr«. In einer kollektiven Depression kann Marine Le Pen offensichtlich mit ihren Pfunden wuchern. Dem amtierenden Staatspräsidenten scheint man hingegen nicht mehr viel zuzutrauen. Ministerpräsident Valls wirkte schon zwei Monate nach seinem Amtsantritt verbraucht. Die sozialistischen Abgeordneten konnten sich im Mai 2014 zwischen Resignation und Rebellion (noch) nicht entscheiden. Die Mechanik eines geordneten Machtwechsels in der Fünften Republik funktioniert anscheinend nicht mehr. Die Warnungen vor einer politischen Krise historischen Ausmaßes nahmen nach den europäischen Wahlen 2014 zu. Die Wahlergebnisse in Frankreich werden auch auf das zerrissene Verhältnis des Landes zur EU zurückgeführt. Es ist die Rede von einer »Entfremdung«, die viel mit der Wahrnehmung Deutschlands zu tun habe.

Zunächst ist aber daran zu erinnern, dass die Franzosen anders als die Deutschen in der politischen Einigung Europas nie das Versprechen einer Rehabilitierung gesehen haben. Dankbarkeit ist in Frankreich also kein Fundament. Das Land rechnete sich nicht nur unter General de Gaulle zu den Siegermächten des Zweiten Weltkriegs. Zu seinen Zeiten war man dementsprechend sehr darum bemüht, den eigenen politischen Führungsanspruch mittels Europa zu zementieren. Die EU galt quasi als der verlängerte Arm Frankreichs, der eingesetzt wurde, um Deutschlands Macht (vermeintlich) auf Dauer einzuhegen. Heute hält eine Mehrheit der Franzosen diese Bemühungen für gescheitert. Deutschland gilt als großer Gewinner des Euro und des europäischen Souveränitätstransfers. Das Land wird als Führungsmacht wahrgenommen, deren Wünsche und Vorstellungen sich die Franzosen unterzuordnen haben. Anscheinend hat sich das Gefühl ausgebreitet, dass man nicht nur wirtschaftlich, sondern auch politisch-kulturell quasi abgehängt wurde. Unter der Führung von Le Pen ist die Auflehnung dagegen gewachsen.

Auf eine sachliche Debatte über die Folgen eines Austritts aus der Währungsunion hat man indessen bis heute verzichtet. Germanophobe Töne und die Propagierung eines Widerstands gegen ein vermeintliches Diktat der deutschen Bundeskanzlerin in der EU genügten zunächst für den politischen Erfolg, jedenfalls in den Reihen von Arbeitern, Angestellten, Handwerkern, Kleinhändlern und Arbeitslosen mit geringem Bildungsniveau, die das Gros der FN-Stammwählerschaft bilden. Manche Kommentatoren betonen allerdings, dass auch dort keine »Deutschenhasser« oder Faschisten zu finden seien. Diese Menschen seien vielmehr von der Angst vor Arbeitslosigkeit und sozialem Abstieg in die Arme des FN getrieben worden. Sie seien von einer einfachen und bequemen Erklärung überzeugt: Die EU und Deutschland sind am wirtschaftlichen Niedergang Frankreichs schuld. Die französische Identitätskrise wird jedenfalls nicht nur auf Angst vor Globalisierung, Wettbewerbsdruck, Sozialabbau und Überfremdung zurückgeführt. Für ebenso destabilisierend hält man auch die Einsicht, dass sich Frankreich nicht mehr auf Augenhöhe mit Deutschland messen kann.[4]

Aus der Sicht von Marine Le Pen dokumentiert sich in dem Wahlergebnis der Wille der Franzosen, wieder Herr im eigenen Land zu werden. Ihre Landsleute wollen über ihre Wirtschaft und ihre Einwanderungspolitik selbst bestimmen. Sie fordern, dass ihre Gesetze über denen der EU stehen. Die Franzosen hätten verstanden, dass die EU nicht der Utopie entspricht, die man ihnen verkauft hat. Sie habe sich von einer demokratischen Funktionsweise weit entfernt. Die Vorsitzende des FN ist entschlossen, die EU zu zerstören, nicht Europa. Sie glaubt an das »Europa der Nationen«. Dort sollen zwar Kooperationen entstehen, aber keine »europäische Sowjetunion«. In der EU sieht Le Pen kein Friedensprojekt. Europa selbst ist in ihren Augen der »Krieg«. Die Parteivorsitzende erkennt einen »Wirtschaftskrieg«, also die Zunahme von Feindseligkeiten zwischen den Ländern. Für sie ist die EU ein großes Verhängnis, ein »antidemokratisches Monster«. Le Pen will verhindern, dass es fetter wird, weiter atmet, mit seinen Pfoten alles anfasst und mit seinen Tentakeln in alle Ecken der französischen Gesetzgebung greift. Man habe dem Land das Recht auf Selbstbestimmung gestohlen. Die europäischen Verträge vertreten angeblich ziemlich gut die Interessen Deutschlands, aber ziemlich schlecht die Interessen Frankreichs.

Le Pen will der deutschen Bundeskanzlerin aber nicht vorwerfen, dass sie einen starken Euro bewahren will. Ihre Vorwürfe richten sich gegen die französischen »Anführer«, die die eigenen Interessen nicht vertreten und zulassen, dass ein starker Euro Frankreich ruiniert. Diese Währung sei von Deutschland und für Deutschland geschaffen worden. Es wird zwar eingeräumt, dass der französische Staatspräsident François Mitterrand seinerzeit mit dem Euro die Integration vorantreiben wollte. Aber aus wirtschaftlicher Sicht sei der Euro deutsch. Eine Rückkehr zu nationalen Währungen wäre ein Wettbewerbsnachteil für Deutschland, weil die D-Mark als einzige aufgewertet werden würde. Der Franc würde hingegen abgewertet werden. Damit erhielte Frankreich Luft. Deutschland sei wegen der Schwäche der französischen Anführer zum wirtschaftlichen Herzen der EU geworden. Frankreich sei aber das politische Herz. Die Vorgänge dort nehmen nach der Auffassung von Le Pen vorweg, was sich »im Rest Europas« in den nächsten Jahren ereignen wird: die große Rückkehr der Nationen, die man auslöschen wollte. Sie warnt Angela Merkel und kündigt an, dass sich Deutschland verhasst machen wird, wenn sie die Leiden nicht sieht, denen die übrigen europäischen Völker unterworfen seien. Merkel glaube, sie könne gegen die Bevölkerungen Politik machen, und wolle den anderen etwas aufzwingen. Das wird nach der Prognose von Le Pen zur »Explosion« der EU führen. Sie ist ernsthaft entschlossen, die Währungsunion zu verlassen, weil sie in einem Austritt kein ökonomisches Desaster, sondern eine unglaubliche Chance sieht. Andernfalls explodiere der Euro, oder es komme zu einem »Volksaufstand«, weil die Leute sich nicht mehr »ausbluten« lassen oder die Deutschen erklären, dass sie nicht mehr für die Armen zahlen können.

Für die kommenden Jahre hält Le Pen eine Zusammenarbeit mit der britischen Ukip für möglich, weil diese die gleiche grundsätzliche Haltung zu Europa habe. Mit der deutschen AfD teile man zwar gewisse Einschätzungen. Sie sei aber keine volkstümliche, sondern eine elitäre Partei mit einer ganz anderen Struktur. Unabhängig von der Kooperationsmöglichkeit steht für Le Pen fest, dass sich Frankreich in einem Zustand der Depression befindet als ein Land, das früher zu den reichsten der Welt gehörte und jetzt auf dem Weg in die Unterentwicklung sei. Angesichts der Erfolglosigkeit der Austerität sagt sie voraus, dass sich die Leute nicht erdrosseln lassen wollten, ohne aufzubegehren. Sparen müsse man hingegen bei der Großzügigkeit der Sozialsysteme, die den illegalen Einwanderern den gleichen Schutz einräumten wie den französischen Bürgern, beim Sozialbetrug und bei den Beitragszahlungen an die EU, die jedes Jahr stiegen. Le Pen hält es jedenfalls nicht für vernünftig, dass Frankreich innerhalb von dreißig Jahren zehn Millionen Ausländer aufgenommen hat. Sie plädiert zudem handelspolitisch für einen »intelligenten Protektionismus« und glaubt, dass sie insgesamt richtig liege, da sie zugleich als linksextrem und rechtsextrem bezeichnet wird. Der politischen Klasse in Frankreich attestiert Le Pen hingegen, dass sie keine Überzeugungen mehr vertrete, nicht mehr an Frankreich glaube und eine »postnationale« Weltsicht habe, alles Umstände, die zu einem Zusammenbruch der Demokratie führten. Leuten wie dem Ministerpräsidenten Manuel Valls und dem (ehemaligen) Staatspräsidenten Nicolas Sarkozy gehe es nur darum, ihre kleine persönliche Karriere voranzubringen. Gleichzeitig sieht sich Marine Le Pen bei den Präsidentschaftswahlen 2017 selbst schon im zweiten Wahlgang.[5]

Diese optimistische Selbstwahrnehmung hat bislang aber nichts daran geändert, dass Frankreich tatsächlich in einer tiefen Depression zu stecken scheint. Die Mehrheit der Franzosen sieht ihr Land im Niedergang. Das Versprechen ihres Präsidenten, dass es zum Jahresende 2013 eine Trendwende am Arbeitsmarkt geben werde, hat sich nicht erfüllt. Nach den wirtschaftlichen Kennziffern wurde Frankreich tatsächlich von Deutschland »abgehängt«. Sarkozy war es nicht gelungen, sein Land auf die Globalisierung vorzubereiten. Es kann dahinstehen, ob dies an seinem persönlichen Lebensstil, seiner politischen Sprunghaftigkeit oder am Widerstand der Gewerkschaften lag. Die kleinen Reformschritte seines Nachfolgers

François Hollande (zum Beispiel Anhebung der Mehrwertsteuer um einen Prozentpunkt) haben das Land angeblich an den Rand einer »Fiskalrevolte« getrieben. Es scheint zu den Paradoxien Frankreichs zu gehören, dass eine Mehrheit der Bevölkerung von der Notwendigkeit grundlegender Reformen überzeugt ist, aber auch eine Mehrheit glaubt, dass die Politik dazu nicht in der Lage sei.

Allerdings gelten die Franzosen selbst gleichzeitig als »Europameister der Besitzstandswahrung«. Ihre Reformbereitschaft höre sofort auf, wenn es darum geht, selbst Opfer zu bringen (zum Beispiel Verlängerung der Wochen- oder Lebensarbeitszeit, Sanierung des Rentensystems, Selbstbeteiligung im Gesundheitssystem). Immer wieder schaffen es »Vetogruppen«, eine gesellschaftliche »Obstruktionsmehrheit« hinter sich zu bekommen. Man hat den Eindruck, dass diese Verweigerungshaltung zum Ritual geworden ist, weil den Franzosen seit mehr als zwanzig Jahren versprochen wird, dass ihnen die Anpassungsleistungen an eine globalisierte Wirtschaft erspart bleiben. Sie sind deshalb von der EU zwangsläufig enttäuscht, da die Politiker ihnen ständig vorgegaukelt haben, dass die Union insoweit wie ein Schutzwall wirke. Die notwendige Aufgabe der Politik der Staatsverschuldung und die Vorbereitung auf den Wettbewerb auf Weltmärkten werden indessen als besondere Zumutung empfunden. Die Franzosen beginnen erst allmählich zu begreifen, dass ihre Politiker sie die ganze Zeit belogen haben. Es ist jedoch sehr zweifelhaft, ob sie jemanden gewählt hätten, der ihnen die Wahrheit sagt. In dieser Schizophrenie steckt womöglich der eigentliche Grund ihrer Depression.[6]

ENGLISCHE KRANKHEIT

In Großbritannien ist mit der Ukip ebenfalls eine europafeindliche Partei mit knapp 28 Prozent stärkste Kraft bei der Europa-Wahl geworden. Das ist auch deshalb bemerkenswert, weil es den britischen Konservativen nicht gelungen war, ein Mittel gegen diese Partei zu finden, obschon von dort im Wochenrhythmus während des Wahlkampfs fremdenfeindliche und sexistische Äußerungen kamen, die man teilweise sogar als »meschugge« empfand. Der britische Premierminister David Cameron hatte gleichwohl erklärt, dass er verstehe, warum viele Menschen für die Ukip stimmten, betonte aber gleichzeitig, dass es nur mit seiner Partei (»Tories«) ein garantiertes Referendum über die EU-Mitgliedschaft im Jahre 2017 gebe.[7] In ersten Kommentaren wurde die Europa-Wahl in Britannien einer »historischen Revolution« gleichgesetzt. Der Rückzug des Vereinigten Königreichs aus der europäischen Integration sei einen großen Schritt näher gerückt. Nach manch einer Einschätzung steht der Kontinent nach der Europa-Wahl 2014 vor einer historischen Zäsur. Es geht um zwei Fragen:

- Wie ernst meint es die EU mit ihrem Versprechen, demokratischer zu werden?
- Kann Großbritannien weiterhin Mitglied der EU bleiben?

Das Verhalten Camerons unmittelbar nach den Europa-Wahlen 2014 zeigt, wie aktuell und bedeutsam diese Fragestellungen sind, weigerte er sich doch zunächst, das Ergebnis der Wahlen anzuerkennen und den Sieger Jean-Claude Juncker als Kommissionspräsidenten zu nominieren, ein Verfahren, auf das sich die meisten Mitgliedstaaten der EU im Vorfeld aber verständigt hatten. Nicht nur deshalb gilt die Krise der europäischen Demokratie auch als Folge der ungeklärten Beziehung Großbritanniens zur EU. Manch einer behauptet, dass man in Brüssel unter London leide, weil die britischen Regierungen die Einigung Europas stets hintertrieben, jeden Fortschritt und eine Vertiefung beharrlich verhindert hätten. Im UK habe sich ein »chronisches Leiden« unter der EU entwickelt, ohne Aussicht auf Linderung. Dieses Land habe sich mit der Integration nie anfreunden können. Dennoch gilt sein (möglicher) Ausstieg als tragisch und als ein politischer, wirtschaftlicher und kultureller Verlust. Das ist allerdings fraglich, hatten englische Regierungen doch von Anfang an die EU nur als eine (überverwaltete) Freihandelszone betrachtet, bestenfalls als losen Staatenverbund, aber auf keinen Fall als eine politische Union. Diese Haltung ist eine vorhersehbare Konsequenz aus einer sehr eigenen politischen Kultur, der das strenge Regelwerk der EU wesensfremd sein und bleiben muss, haben die Briten doch noch nicht einmal eine eigene geschriebene Verfassung und berufen sich im Bedarfsfall stattdessen auf ein Sammlung älterer Dokumente. Es kommt das Sonderverhältnis zwischen dem UK und den USA hinzu, das als Gegengewicht zur EU liebevoll gepflegt wird.

Die Ergebnisse der letzten Europa-Wahlen könnten (und sollten) unterdessen die Einsicht ermöglichen und befördern, dass Europa lange genug Rücksicht auf die Besonderheiten und Befindlichkeiten der Bewohner einer Inselgruppe Rücksicht genommen hat. Der Kontinent hat sich sogar erpressen und vorführen lassen. Die Europäer blieben dennoch bis zur Schmerzgrenze geduldig, verziehen über Jahrzehnte jedes Veto und erfüllten jeden Sonderwunsch. Das alles hat die Briten bis heute in keiner Weise beeindruckt. Sie sind der EU ferner denn je, während eine Diskussion über die Folgen dringender denn je ist. Womöglich muss die EU entscheiden, ob ihr ein demokratischeres Europa oder der Verbleib dieses einzelnen Mitgliedstaates in der EU wichtiger ist. Es ist fraglich, ob man sich mit dieser Klärung bis 2017 Zeit lassen kann, dem Jahr, für das Cameron seinem Land ohnehin spätestens ein Referendum über die EU-Mitgliedschaft in Aussicht gestellt hat.

Die EU darf sich nicht weitere drei Jahre erpressen lassen. Die britische Souveränität genügt, um eine Entscheidung darüber zu treffen, ob man mitziehen oder ausscheiden will. Die von den Bürgern des UK bevölkerte Inselgruppe in der Nordsee mag wichtig sein. Ihr Verbleib in der EU ist aber sicher nicht wichtiger als der Aufbau einer demokratischen Kultur.[8] Sollten die verantwortlichen Politiker dieses Inselreichs gemäß den vertraglichen Möglichkeiten den Austritt aus der EU erklären, mag man dies angemessen bedauern. Gleichzeitig sollten die notwendigen Bemühungen zur weiteren demokratischen Integration »Resteuropas« fortgesetzt werden. Die Trennungsschmerzen dürften in absehbarer Zeit nachlassen, nicht zuletzt deshalb, weil dieses Ziel ohne

Briten viel leichter erreichbar sein dürfte. Sie vertreten schon seit geraumer Zeit die Auffassung, dass sich die EU viel zu stark in die Politik der Mitgliedsländer einmische. Nach den Europa-Wahlen forderten sie noch vehementer, rechtliche Kompetenzen wieder in die nationale Zuständigkeit zu verlagern und die Besetzung von Spitzenämtern nach den Vorstellungen britischer Politiker vorzunehmen. Für David Cameron ist Jean-Claude Juncker zu integrationsfreundlich. Er wünschte sich einen »verständnisvolleren« Präsidenten in Brüssel. Juncker warf den Briten wegen ihrer Haltung dagegen eine »Geiselnahme« vor.

Ihnen wird darüber hinaus der Vorwurf gemacht, sie betrieben ein doppeltes Spiel. Dies hat mit einigen Besonderheiten des Vertrags von Lissabon zu tun. Danach sollte die frühere »dritte Säule« (Justiz und innere Sicherheit) ab dem 1. Dezember 2014 vergemeinschaftet werden. Das Spektrum umfasst den EU-Haftbefehl, die Asyl- und Migrationspolitik, Grenzkontrolle, Terror- und Kriminalitätsbekämpfung. Die britische Regierung hatte sich zwar insoweit ebenfalls zunächst für ein »Opt-out«[9] entschieden, will nun aber doch bei etwa einem Drittel von rund 130 Gesetzesmaterien mitwirken. Sollte dies nicht gelingen, wäre die britische Strafverfolgung in anderen EU-Staaten behindert. Für die Vereinbarung von Ausnahmen braucht Cameron auch die Kommission, die entsprechende Prüfungen und Vorschläge veranlassen müsste. Das schafft natürlich gewisse Abhängigkeiten zwischen Cameron und Juncker.

Aus damaliger Sicht hätte bei einer weiteren Verzögerung der Personalentscheidungen Großbritannien schon im Herbst 2014 womöglich vor der Tür gestanden. Seinerzeit wollte Angela Merkel Berichte nicht kommentieren, wonach David Cameron mit dem Austritt seines Landes aus der EU gedroht habe, sollte Juncker gewählt werden. Merkel selbst behauptete, dass sie in allen Gesprächen dafür gearbeitet habe, dass Jean-Claude Juncker die notwendige Mehrheit bekommt, um Kommissionspräsident werden zu können. Ihre sozialdemokratischen Koalitionspartner drängten darauf, dem britischen Widerstand nicht nachzugeben.

Dort empfand man es als Farce, dass sich Europa ausgerechnet von jemandem erpressen lässt, der gegen den Erfolg Europas hetzt, um sich national zu profilieren. Und manche ihrer eigenen Parteifreunde forderten sie zur Härte gegen London auf, für das ein Austritt ein größerer Schaden als für die EU wäre.[10] Umgekehrt weiß Cameron, dass es in seiner Partei und bei Teilen der Wählerschaft gut ankommt, wenn er in Brüssel Härte zeigt.

Auf dem Kontinent herrscht die Ansicht, dass er sich ohne Not isoliert habe, als er Ende 2011 sein Veto gegen eine Änderung der EU-Verträge einlegte. Der Widerstand gegen Juncker gründete auf der Erwägung, dass dieser als »Föderalist« gilt, der für einen immer engeren Zusammenschluss der europäischen Staaten steht. Cameron will aber offensichtlich das Gegenteil. Zudem war seine Partei grundsätzlich gegen die Idee, dass das Europa-Parlament Spitzenkandidaten aufstellt, von denen automatisch einer Kommissionspräsident wird. Die britischen Konservativen wollten, dass die Staats- und Regierungschefs diese Frage entscheiden, weil andernfalls der Kommissionspräsident sich als eine Art Chef einer paneuropäischen Regierung fühlen könnte, womit der Rat aus ihrer Sicht degradiert wäre.

Es hatte sich jedoch relativ rasch die Auffassung verbreitet, dass David Cameron den Kandidaten Juncker nur mit Unterstützung der deutschen Bundeskanzlerin hätte verhindern können. Angela Merkel berief sich zu dieser Zeit immer wieder einmal auf den »europäischen Geist« und behauptete, es sei ihr nicht egal, ob Großbritannien Mitglied der EU ist oder bleibt.[11]

Angeblich beweist derjenige historische Kurzsichtigkeit, der für den Austritt des UK aus der EU plädiert. Dessen Mitgliedschaft gilt manch einem als »essentiell«. Großbritannien sei für die EU vor allem in der Außen- und Sicherheitspolitik nicht zu ersetzen. Das Land ist in der Tat Vetomacht im Weltsicherheitsrat. Ihm wird auch die größte militärische Expertise in der EU zugeschrieben und nach wie vor die besten Beziehungen zu den USA. Ohne Großbritannien sei die Außenpolitik der EU noch schwächer. Umgekehrt gilt die Mitgliedschaft in der EU für das UK schon allein wegen des Binnenmarkts als unerlässlich. Gleichwohl führen sich die Briten in Brüssel als Bremser und Querulanten auf, die nur auf ihren Vorteil bedacht sind, auch wenn sich manche Regierungen mit einigen ihrer Anliegen (Straffung von Zuständigkeiten, Bürokratieabbau) identifizieren können.

Manche glauben, dass Deutschland eine entscheidende Rolle dabei spielen werde, die Briten langfristig in der EU zu halten, und sehen Cameron in einer Abhängigkeit zu Merkel, wenn es darum geht, Kompetenzen aus Brüssel zurück in die Nationalstaaten zu verlagern. Ein Erfolg bei den entsprechenden Verhandlungen sei für den britischen Premierminister »überlebenswichtig«, da er sonst weder den europaskeptischen Flügel seiner Partei noch die Bedrohung durch die europafeindliche Ukip in den Griff bekommt. Man könnte es als »historische Pointe« empfinden, dass die politische Zukunft des britischen Premiers in den Händen der deutschen Kanzlerin liegt.[12]

Es geht jedoch um Wichtigeres als (pseudo-)intellektuelles Amüsement. Manch einer fragt sich, ob Politikern wie Sigmar Gabriel (SPD) oder Hans-Peter Uhl (CSU) klar ist, was sie da in »großer Leichtfertigkeit« herbeireden, wenn sie im Hinblick auf einen britischen Austritt aus der EU (»Brexit«) nur ein »Bitte sehr« übrig haben. Aber die Debatte um die Zukunft des Landes in der EU hat längst auch die Wirtschaft Großbritanniens erfasst. Die volkswirtschaftlichen Kosten der ganzen EU-Auflagen werden mit 11,9 Milliarden Euro im Jahr angegeben. Sollte das Land tatsächlich aus der EU austreten, werden die Wohlstandsverluste auf bis zu 10 Prozent der Wirtschaftsleistung geschätzt. Der vom britischen Premierminister David Cameron angezettelte Streit um die Berufung Junckers auf den Präsidentensessel der Kommission zeigte unterdessen, wie tief der Graben zwischen Britannien und dem Kontinent geworden ist. Da nutzt es wenig, wenn der deutsche Finanzminister Wolfgang Schäuble Großbritannien für »völlig unverzichtbar« in Europa hält und einen EU-Austritt als schlicht »unvorstellbar« bezeichnet.

Im Sommer 2014 gab es im Vereinigten Königreich jedenfalls keine verlässliche Mehrheit für den Verbleib in der EU. Angeblich haben die vielen Einwanderer aus Osteuropa, die nach der EU-Erweiterung 2004 auf die Insel gekommen sind, weite Teile der Bevölkerung zu Europa-Skeptikern gemacht. Dagegen sind in der City of London mehr als 80 Prozent gegen den EU-Austritt. Die amerikanische Investmentbank Goldman Sachs hat schon damit gedroht, einen erheblichen Teil ihres Geschäfts nach Frankfurt oder Paris zu verlagern, falls es dazu kommt.[13] Andererseits wird auch die Frage gestellt, was denn aus der EU ohne ein kritisches Korrektiv (»Britisches Prinzip«) würde. Zwar galt der (überwundene) Widerstand Camerons gegen Jean-Claude Juncker als »einigermaßen dreist«, war das Versprechen vor der Europa-Wahl doch, dass der Gewinner Kommissionspräsident wird. Auf einmal entdeckte man aber, dass Juncker als Verfechter einer immer enger werdenden Union, also als einer der »Integrationisten, die sich gegenseitig mit Karlspreisen behängen« (angeblich) nicht geeignet sei. Cameron habe die »Frechheit« besessen, darauf hinzuweisen, wenn auch zu spät. Für manch einen hängt an der britischen Mitgliedschaft das Ausmaß der inneren Liberalität und damit eine entscheidende Qualität der EU. Ihr Ende wird als »historischer Schlag« empfunden, wenn die EU auch dazu dient, Europa gegen aufstrebende Mächte wie China und Brasilien zu stärken.

Man räumt zwar ein, dass die Briten immer wieder Europas Familiengefühl gestört haben, weil sie eben nie große Freunde von Prinzipien, eher von Pragmatismus (»Versuch und Irrtum«) waren (sind). Mit einem Ausstieg Großbritanniens verlöre die EU angeblich ein Viertel ihrer Stärke, Europas größten Bankenplatz, seine größte »Soft Power«, sein schlagkräftigstes Militär und sein »diplomatisches Powerhouse«. Kein Land bekäme die Wucht dieser Veränderung stärker zu spüren als Deutschland. Großbritannien wird als »liberaler« Verbündeter bezeichnet, ohne den die EU heute deutlich französischer (das heißt protektionistisch und reglementiert) geprägt wäre. Sollte man der Ansicht sein, dass Kontinentaleuropa auch in Zukunft von Großbritannien nicht das Geringste lernen kann, würde man in einer »Biedermeier-Union« verharren, in der immer weniger derjenigen Europäer glücklich werden könnten, die Skepsis und fruchtbaren Streit als Tugenden begreifen. Eine EU ohne UK gilt als ein für den Rückzug und nicht für den Aufbruch gebautes »Schneckenhaus«. Immerhin wurde schon frühzeitig eingeräumt, dass Cameron den »Alt-Europäer Juncker« wird schlucken müssen, um den Fortschritt in der Demokratisierung der EU nicht aufzuhalten.[14]

Darum geht es aber letztlich: Sollte die britische Politik genau diesen Effekt immer wieder haben, stellt sich die Frage, was wichtiger ist: Die Fortsetzung der Mitgliedschaft dieses Landes oder demokratischer Fortschritt in einer Zeit, in welcher der Erfolg der dazu notwendigen Prozesse immer wichtiger und dringlicher wird. Ungeachtet der Tatsache, dass man die von dem zitierten Beobachter behaupteten positiven Eigenschaften und Beiträge Großbritanniens sehr unterschiedlich bewerten kann, sollte die Entscheidung zwischen der Mitgliedschaft dieses Landes und einer zeitgerechten Demokratisierung der EU eigentlich nicht allzu schwer fallen. Es sei an die bewährte Empfehlung für den Umgang mit englischen Speisekarten erinnert. Der jeweils verantwortlichen Regierung dieses bedeutenden Landes könnte man im Hinblick auf das europäische Menü zurufen: »Take it or leave it!«

Im »Ernstfall« wird sich Großbritannien auf dem Schoß des großen Bruders oder Cousins ohnehin wohler fühlen als in einer politischen Allianz mit Ländern, die von Meereswellen umspült werden und in denen man sogar Frösche isst. Sollte man in einigen Redaktionsstuben jemals mehr Zeit zum Studium der Geschichte des »Empire« nutzen können, bestünde vielleicht eine Chance, die »Räson« dieser Nation zu verstehen, die nach einem Austritt aus der EU übrigens genauso wenig in den Fluten der Nordsee und des Atlantiks versinken würde wie der kontinentale Appendix dieser Inselwelt, der allerdings bis ans Ende aller Zeiten bei dickem Nebel über dem Kanal »isoliert« bleiben würde.

Fraglich bleibt indessen, ob die jeweils verantwortlichen Inselkönige schon hinreichend verstanden haben, was ein Austritt aus der EU für ihr Königreich bedeuten würde. Ihm würde zunächst der Binnenmarkt fehlen. Der Handel würde infolgedessen zurückgehen. Das Vereinigte Königreich könnte dann zwar bilaterale Abkommen mit der EU verhandeln und etwa dem Europäischen Wirtschaftsraum beitreten. Dabei würden sich die Briten aber eher den Unionsregeln unterwerfen müssen. Ein Austritt würde sie wohl mehr treffen als die EU. Großbritannien könnte sogar weniger Einfluss auf die Regeln als bislang nehmen, wenn es nicht mehr im Kreis der EU darüber mitbestimmen kann. Auch die Freihandelsabkommen würden im Falle eines Austritts nicht mehr gelten und müssten neu verhandelt werden. Die britische Wirtschaftsleistung würde nach einem Austritt nach Schätzungen zwischen 1 bis 3 Prozent sinken. Die Briten scheinen vergessen zu haben, dass der Warenhandel aufgrund der Mitgliedschaft in der EU um 55 Prozent stieg, die ausländischen Investitionen wuchsen und der Finanzplatz London gefördert wurde. Auch als Mitglied der EU zählt das UK zu den am wenigsten regulierten Märkten in der entwickelten Welt. Der Beschäftigungsschutz ist nur geringfügig restriktiver als in den USA oder Kanada. Die europäische Arbeitszeitrichtlinie hat sich nur gering auf den britischen Arbeitsmarkt ausgewirkt. Die Briten haben also die Wahl zwischen der Souveränität über die eigene Gesetzgebung und dem Zugang zum europäischen Binnenmarkt.[15]

Im Umgang mit ihrem Staatswesen mag man sich an die Erkenntnisse des französischen Staatspräsidenten Charles de Gaulle erinnern, der mit überzeugenden Gründen auf die systemische Unvereinbarkeit des Vereinigten Königreichs mit Kontinentaleuropa hinwies. Er leistete entsprechend entschiedenen Widerstand gegen den Beitritt des »Empire« zur damaligen Assoziation der sechs Mitgliedstaaten. De Gaulle sah in England – geographisch durchaus zutreffend – einen Inselstaat, ausgerichtet auf die See: »Es ist durch seinen Handel, seine Märkte und seine Versorgung an die verschiedensten, oftmals weit entlegenen Länder gebunden. Es ist in erster Linie ein Industrie- und Handelsstaat, der nur wenig Landwirtschaft betreibt. Es besitzt in all seinem Tun Gewohnheiten und Traditionen, die sehr ausgeprägt und eigener Art sind. Kurzum, das Wesen, die Struktur und die Umstände, die

England eigen sind, unterscheiden es weitgehend von kontinentalen Staaten.«[16]

Unterschiedliche Auffassungen gibt es auch darüber, was sich hinter dem Begriff »Demokratie« verbirgt. Einerseits mag es legitim sein, dass der britische Premierminister David Cameron verhindern wollte, dass der in Wahlen siegreiche Spitzenkandidat Jean-Claude Juncker das Amt des Kommissionspräsidenten übernimmt. Seine Argumente wirkten jedoch etwas peinlich. Die Unterscheidung Camerons zwischen »richtiger« und »falscher« Demokratie mutet absurd an. Er behauptete, es sei das alleinige Recht der Staats- und Regierungschefs, den Kandidaten für dieses Amt vorzuschlagen, weil ja die Regierungsoberhäupter demokratisch gewählt seien. Dann stellt sich natürlich auch die Frage, ob die Europa-Wahlen etwa undemokratisch oder weniger demokratisch waren. Die europäische Demokratie gewinnt doch offensichtlich, wenn die Wähler eine Chance haben, einen Spitzenkandidaten zu wählen, der im Fall eines Sieges dann (wie geschehen) Kommissionschef werden kann. Cameron ist wie Merkel aufgrund eines demokratischen Entscheides legitimerweise im Amt. Wenn Demokratie Volksherrschaft ist, dann sollte man nicht allzu verblüfft darüber sein, dass ein Kandidat, der Wahlen gewonnen hat, auch in das Amt gelangt, für das er sich beworben hat.[17] Dieser Lernprozess dauerte bei Cameron anscheinend länger als bei jedem durchschnittlichen Wähler in (Kontinental-)Europa.

Jenseits dieser grundsätzlichen Einsichten gab es aber auch personalisierende und differenzierende Überlegungen: Eine »lästige Personalie« hatte sich nach den Wahlen zu einem »europäischen Großkonflikt« entwickelt. Unterstützer und Gegner Jean-Claude Junckers standen sich zunächst unversöhnlich gegenüber. Das Parlament war gegen die Regierungschefs, die Briten (wie üblich) gegen alle. Und alle beriefen sich auf den vermeintlichen Wählerwillen. Kluge Journalisten erkannten rasch einen Ausweg aus der verfahrenen Situation: Juncker sollte seine Kandidatur zurückziehen. Es wurde zwar anerkannt, dass mit der erstmalig umgesetzten Idee einer »Spitzenkandidatur« die Transparenz der europäischen

Politik erhöht werden könnte (sollte). Es habe aber keine Diskussion darüber stattgefunden, ob die Kandidaten auch die »Richtigen« waren. Angeblich saßen auch in den eigenen Reihen (Europäische Volkspartei – EVP) die Zweifel tief, ob der eigene Kandidat ein »Mann für die Zukunft« ist. Es wurde behauptet, dass die meisten Regierungschefs die Botschaft der Wahlen verstanden hätten: Die EU wird sich und ihre Politik ändern müssen, wenn sie das in vielen Ländern verlorengegangene Vertrauen wiedergewinnen will.

Juncker war indessen auch in jüngeren Jahren nicht gerade als Reformer oder Erneuerer aufgefallen. Er gilt manchen als »Mann von gestern«. Die Begeisterung der deutschen Bundeskanzlerin über diesen Kandidaten aus Luxemburg soll sich ebenfalls in Grenzen gehalten haben. Viele Europa-Abgeordnete haben angeblich ausschließlich deshalb auf Juncker bestanden, um den Regierungschefs die Personalhoheit zu entwinden und die Macht des Europa-Parlaments auszubauen. Es drohte seinerzeit eine unhaltbare Situation: Die EU könnte ihr wichtigstes Amt an einen Mann vergeben, dem viele, die ihn unterstützen, nicht zutrauen, dieses Amt in den kommenden Jahren auch auszufüllen – im Namen der Wähler, die in den meisten Ländern von Juncker und den anderen Kandidaten kaum Notiz genommen haben. Dadurch werde das vermeintliche »Demokratiegebot«, wonach ausschließlich einer der Spitzenkandidaten Kommissionspräsident werden dürfe, relativiert. Man forderte umgekehrt im Interesse einer transparenteren europäischen Politik Rechenschaft darüber, vor welchen Aufgaben die EU steht und was Juncker hierfür qualifiziert. Juncker selbst hatte sich kurz nach den Wahlen über die mangelnde Unterstützung der Regierungschefs beklagt. Das ließ die Paradoxie komplett erscheinen: Der Kandidat, der die EU versöhnen wollte, spaltete sie angeblich mit seiner Kandidatur. In seinem Rückzug sah man einen »letzten großen Dienst für Europa«.[18]

Schließlich ergriff Cameron persönlich in einer deutschen Zeitung das Wort und erklärte, dass es in der Debatte um den nächsten Kommissionspräsidenten »ganz zentral um die Art und Weise geht, wie die EU Politik macht«. Er sah tatsächlich die Notwendigkeit, sich an die Regeln zu halten, und machte sich angeblich Sorgen um das richtige Verhältnis zwischen den europäischen Nationalstaaten und den Institutionen der EU. Für ihn waren die Europa-Wahlen ein klares Zeichen für die Unzufriedenheit der Bürger mit den Verfahren in Europa. Die Wähler hätten sich dafür ausgesprochen, dass sich Europa auf die wichtigen Themen Wachstum und Arbeitsplätze konzentriert und ihnen dient, statt sie zu bevormunden. Die Wahlergebnisse sollten die Politiker in ganz Europa wachrütteln. Die Zukunft der EU stehe auf dem Spiel. Sollte sie sich nicht reformieren, ginge es weiter abwärts mit ihr. Cameron behauptet, dass Großbritannien am Erfolg der EU interessiert sei. Er benutzte die wohl unvermeidlichen »magischen Formeln« jedes Politikers: Freiheit, Frieden, Demokratie und Wohlstand. All dies möge »auf unserem Kontinent« gefördert werden. Cameron weiß auch genau, wie das geht. Die EU muss nur offener, nach außen orientiert, flexibler und wettbewerbsfähiger werden. In der endlich doch erfolgten Ernennung des Kommissionspräsidenten sah dieser englische Politiker den ersten Test dafür, dass die Sorgen der Wähler ernst genommen werden.

Er erinnerte erneut daran, dass es den Regierungschefs der EU-Staaten zusteht, den Kandidaten vorzuschlagen, und dass sie dabei das Ergebnis der Europa-Wahlen »berücksichtigen« müssen. Die Abgeordneten des Parlaments entscheiden dann in geheimer Abstimmung. Einige der Abgeordneten hätten sich aber ein neues Verfahren ausgedacht, wonach sie den Kandidaten sowohl aussuchen wie auch wählen. Die großen Fraktionen hätten Spitzenkandidaten ins Feld geschickt und dann »im Hinterzimmer« verabredet, sich nach den Wahlen gemeinsam hinter den Kandidaten der stärksten Fraktion zu stellen. Dieses Konzept ist nach der Erinnerung von Cameron aber nie im Europäischen Rat beschlossen worden. Es sei weder zwischen den europäischen Institutionen ausgehandelt noch von den nationalen Parlamenten ratifiziert worden. Er hält die Argumentation, dass sich die Bürger Europas klar für Jean-Claude Juncker als Kommissionspräsidenten ausgesprochen hätten, für »Unsinn«. Cameron habe dennoch nichts gegen Juncker. Er erinnerte nur daran, dass die meisten Europäer nicht zur Wahl gegangen sind. Juncker habe nirgendwo auf dem Wahlzettel gestanden. Nur 15 Prozent der deutschen Wähler hätten gewusst, dass Juncker ein Spitzenkandidat war, der noch nicht einmal alle Mitgliedstaaten besucht hätte. Die Bürger wollten nach der Wahrnehmung von Cameron *ihren* Europa-Abgeordneten wählen, nicht den Kommissionspräsidenten. Juncker habe nirgendwo kandidiert und sei auch von niemandem gewählt worden.

Das alles wollte Cameron erst nicht akzeptieren, weil es »äußerst schädlich für Europa« wäre und die demokratische Legitimation der EU eher unterminieren als stärken würde. Er befürchtet, dass damit ohne Zustimmung der Wähler »die Macht« von den nationalen Regierungen zum Europäischen Parlament verlagert würde. Man würde auch faktisch verhindern, dass ein amtierender Premierminister oder Präsident jemals die Kommission leiten würde. Zudem würde man den »Pool von Talenten« künstlich verkleinern, obschon die EU doch den »allerbesten« Kandidaten brauche. Schließlich trete eine »Politisierung« der Kommission ein. Für Cameron kommt ein solches Vorgehen einem »Griff nach der Macht durch die Hintertür« gleich. Er wollte in dieser Sache deshalb (zunächst) nicht nachgeben, weil sonst ein »gefährlicher Präzedenzfall« geschaffen würde. Er schlug vor, sich auf die Suche nach dem »besten« Kandidaten zu konzentrieren: jemanden, der Reformen durchsetzen kann, Wachstum und Beschäftigung fördert, der akzeptiert, dass die Dinge in Europa manchmal am besten auf nationaler Ebene geregelt werden, ein »ehrlicher Makler«, dem alle vertrauen. Cameron behauptete auch noch, dass sein Herkunftsland den Ruf habe, für »die Demokratie« einzustehen und für seine nationalen Interessen zu kämpfen. Den Gipfel erklomm er allerdings mit der Aussage, dass Großbritannien im vorliegenden Zusammenhang »um die europäischen Interessen« kämpfe.[19]

Das Europäische Parlament zeigte sich zunächst unbeeindruckt und drohte, niemand anderen als Juncker zu wählen, da dieser das bürgerliche Lager bei den Wahlen zum Sieg geführt habe. In der Erhitzung der Öffentlichkeit über diese Personalie, übersah man wohl, dass Juncker als Person zweitrangig ist. Sein Name war nur die Projektionsfläche für eine grundsätzliche und seit langem überfällige Diskussion. Die nationalen Regierungen müssten sich einigen, wie das Europa der Zukunft gestaltet werden soll, was der gemeinsame Nenner aller 28 Länder sein soll und wie die Gemeinschaft ihre demokratischen und wirtschaftlichen Werte im globalen Wettbewerb behaupten kann. Die Wähler haben das politische Establishment unmissverständlich gewarnt. Ein Viertel der Abgeordneten des neu gewählten Parlaments ist populistisch, nationalistisch oder rechtsextrem gesinnt. Das Schnüren eines Pakets politischer Prioritäten und ein abgestimmtes Personalpaket waren seinerzeit nie dringlicher. Es hatte damals schon den Anschein, dass auch die Kollegen von Cameron den Kandidaten Juncker zwar als guten Menschen und Vermittler schätzen, aber nicht als fähigen Administrator. Auch die Mehrheit der Parlamentarier schien Juncker nicht der Person wegen, sondern aus Prinzip auf den Schild heben zu wollen. Wählt man aber einen Kandidaten, bei dem kaum einer glaubt, dass er der Beste ist, um die europäische Administration zu reformieren, dann kann der Neustart der EU nur »halbherzig« sein.[20]

Die Positionen des britischen Premierministers sind kaum interpretationsbedürftig. Er hat freiwillig-unfreiwillig verdeutlicht, dass die langjährige Tradition des »Empire« fortgesetzt werden soll. Cameron hat Krokodilstränen wegen der angeblichen Gefährdung des demokratischen Prinzips in Europa vergossen. Großbritannien hat also immer noch nicht gelernt, sich in einem Konzert mehrerer Mächte zu engagieren, ohne dabei auf ihm vermeintlich zustehende Privilegien zu verzichten. Es ist fraglich, ob das Land und seine Führer dazu jemals in der Lage sein werden. Aus seiner ruhmreichen Vergangenheit als einer der erfolgreichsten »Piratenstaaten« der neueren Weltgeschichte leiten britische Politiker seltsamerweise auch heute noch eine besondere ordnungspolitische Kompetenz ab. Dabei zeigen insbesondere die Verhältnisse im Mittleren und Nahen Osten, dass Großbritannien,

aber auch Frankreich während ihrer »großen« Zeit als Kolonial-
mächte, die in vielfacher Hinsicht die Energie und die Schädlich-
keit jedweder organisierten Kriminalität übertroffen haben, ohne
jeden Sachverstand oder Einfühlung für die berechtigten Interessen anderer Völker gewalttätige Entscheidungen getroffen haben,
deren Folgen sogar heute noch von anderen unbeteiligten Ländern der EU ausgebadet werden müssen.[21]

David Cameron ist weder historisch noch moralisch noch recht
lich legitimiert oder qualifiziert, dem »Rest Europas« Lektionen
über Demokratie, soziale Gerechtigkeit oder wirtschaftliche Leistungsfähigkeit zu erteilen. Seinem Land war es lange genug möglich, machtpolitischen Egoismus mit massenpsychologisch veran-
kertem Narzissmus zu koppeln und sich als strahlendes Vorbild für
westliche Lebensart zu präsentieren. Mit ernsthaftem Widerstand
musste Großbritannien aufgrund der objektiven Wirksamkeit bestimmter Faktoren (unter anderem Sprache, (Pop-)Kultur, Finanzkapitalismus, USA, »Drittes Reich«) nie rechnen. Cameron geht es
wie allen seinen Vorgängern vornehmlich um den Erhalt und den
Ausbau machtpolitischer Positionen und Ambitionen.

»Rule Britannia! Britannia rule the waves! Britons never will be
slaves!«[22] ist – wenn auch mit gewissen zwangsläufigen Moderati-
onen – ein Programmsatz, der die Mentalität britischer Politiker
prägt. Eine derartige Konditionierung, die eine Unterscheidung
zwischen Selbstbewusstsein und Überheblichkeit erschwert, passt
nicht zu einem Europa, das sich einem ausgewogenen Interessenausgleich verpflichtet fühlt und in einem stetig fortschreitenden
Demokratisierungsprozess organisiert werden muss. Es wäre daher sehr wünschenswert, dass das Referendum über den Verbleib
des Vereinigten Königreichs in der EU so bald als möglich stattfindet. Im Falle eines negativen Ausgangs wäre der allfällige Tren-
nungsschmerz zu ertragen. Die EU könnte sich nach einer angemessen langen, also kurzen Trauerphase ihren Aufgaben mit noch
größerer Energie widmen.

Bundeskanzlerin Angela Merkel war seinerzeit nicht zu benei-
den. Sie wollte aus sattsam bekannten und nicht überzeugenden

Gründen die Briten in der EU halten, ihren Koalitionspartner (SPD) nicht verprellen, ihre eigene Partei (CDU) nicht verärgern – und am Ende nicht wie eine Betrügerin dastehen, die dem Wahlsieger Jean-Claude Juncker den Lohn seines Sieges geraubt hat. Solch eine Wahlstatt konnte man kaum als Sieger verlassen (»lose-lose«). Ihr wurde damals zugeschrieben, dass sie ihren Landsmann Martin Schulz als Kommissar verhindern wollte, als Teil eines viel weiter reichenden Plans, mit dem sie den Austritt des Vereinigten Königreichs aus der EU vermeiden wollte. Angeblich habe ihr der damalige Ärger um den Kandidaten Juncker als »tagespolitische Herausforderung« gegolten, während sie den Bruch zwischen der EU und den Briten als »historischen Schaden« bewertet hätte. Ihr Außenminister, Frank-Walter Steinmeier, hält Großbritannien gar für eine »starken Partner Deutschlands«, der einen entscheidenden Beitrag zur gemeinsamen europäischen Außenpolitik und damit zur Wahrung von Europas Interessen in der Welt leiste. Sie selbst scheint sich mit Cameron auf einer Seite zu wähnen, wenn es um Wachstum und Wettbewerbsfähigkeit durch Ausschöpfung des Potentials von Binnenmarkt und Freihandel geht.

Die Franzosen, Spanier und Italiener stehen mindestens insoweit auf der anderen Seite. Angeblich weiß die Kanzlerin auch, dass es ihr der promarktwirtschaftliche Einfluss der Briten in vielen Diskussionen erlaubt, anderen Interessen wirksam entgegenzutreten, etwa beim EU-Budget, bei der Bankenunion und beim Freihandelsabkommen mit den USA. Im Falle einer Übernahme der Kommissionspräsidentschaft durch Juncker befürchtete man seinerzeit noch ein »politisches Erdbeben« an der Themse. Im Extremfall geriete Cameron derart unter Druck, dass er das für 2017 versprochene Referendum vorziehen müsste. Man hielt es schon im Jahre 2014 nicht für ausgeschlossen, dass sich die Briten für einen Austritt aus der EU entscheiden könnten. In der diplomatischen Szene Londons war man sehr darum bemüht, das Europa-Parlament als den Gegner aller Staats- und Regierungschefs ins Zentrum der Kritik zu rücken. Ihm wurde ein gefährlicher Machtkampf unterstellt. Manche seiner Mitglieder spielten mit »Dynamit«. In einigen Pressekommentaren wurde auch Merkel für diese Entwicklung verantwortlich gemacht.[23] Der Wahlverlierer, der deutsche Sozialdemokrat Martin Schulz, betonte kurz nach den Wahlen, es sei zu Unrecht so getan worden, als ob die Sache mit den Spitzenkandidaten »allein sein Ding« gewesen sei. Obschon er als erster die Idee vorangetrieben habe, seien die Sozialdemokraten nicht die einzigen gewesen, die den Spitzenkandidaten nominiert hatten. Schulz will dem »widerwilligen« damaligen EU-Ratspräsidenten Herman Van Rompuy erklärt haben, warum Juncker Präsident werden müsste, obwohl Cameron das nicht wollte, eine Situation, in der Schulz nicht gerade deprimiert wirkte. Er sieht Europa in einem historisch entscheidenden Moment. Es gehe um einen Schritt zur Schaffung einer europäischen Demokratie. Dabei handele es sich um eine Grundsatzfrage, nicht um persönliche Ambitionen. Das kann man glauben oder auch nicht, liegt es doch mitten im Spektrum des üblichen Politpathos. Die Macht der Regierungschefs solle nicht beschränkt werden. Ziel seien größere Transparenz und eben demokratische Teilhabe bei den Entscheidungsprozessen in der EU. Gleichwohl hielt Schulz die Mehrheitsfindung für einfacher, wenn er selbst einen Platz in der Kommission einnehmen würde (eingenommen hätte).[24]

Pöbelpolitiker

Nach all dem Hin und Her ließ es sich David Cameron nicht nehmen, dem Kandidaten Jean-Claude Juncker zu gratulieren, zu dessen Bestimmung zum Kommissionspräsidenten sich alle Regierungschefs außer ihm und Orbán Ende Juni 2014 doch entschlossen hatten. Das hielt ihn aber nicht davon ab, öffentlich zu erklären, dass dies nicht das gewünschte Ergebnis sei. Auch in isolierter Position könne man recht haben. Cameron gab sich dessen ungeachtet sicher, dass man mit Juncker und den anderen Staats- und Regierungschefs konstruktiv zusammenarbeiten werde.[1] Das spricht auch für einen gewissen Realitätssinn, ist Juncker doch am 16. Juli 2014 mit der nötigen qualifizierten Mehrheit (422 der abgegebenen 729 Stimmen) im ersten Anlauf in sein Amt gewählt worden.

Er hatte noch unmittelbar vor seiner Wahl betont, dass er nicht Diener des Parlaments und auch nicht Sekretär der Regierungschefs sein werde. Juncker ist das Kunststück gelungen, sich gleichzeitig vor dem Parlament zu verbeugen und einen Machtanspruch zu formulieren. Seine Rede vor der Wahl zeichnete sich nicht durch einen Mangel an Selbstbewusstsein aus. Im Hinblick auf die Währungsunion wirkte er sogar emotional und behauptete, dass er auf die fortbestehende Mitgliedschaft Griechenlands in dieser Union stolz sei. Ganz Europa könne auf den Euro stolz sein. Er trenne den Kontinent nicht, sondern schütze ihn. Die gemeinsame Währung habe in der akuten Krise verhindert, dass die um das wirtschaftliche und finanzielle Überleben ringenden Euro-Länder in einen Wettbewerb um das schnellere Abwerten nationaler Währungen getreten seien. Man habe sogar »Währungskriege« verhindert. Die Krise sei aber noch nicht vorbei.

Die Bemerkungen Junckers lösten unter den Vertretern der britischen Ukip Toben und Buhen aus. Ihr Vorsitzender Nigel Farage behauptete, es sei ein »Staatsstreich« gewesen, der Juncker zum Kommissionspräsidenten gemacht habe, und kein demokratischer Fortschritt. Marine Le Pen verstieg sich zu der Aussage, dass Junckers europäische Utopie in den »Papierkorb der Geschichte« gehöre. Er hatte sich noch unmittelbar vor seiner Wahl an die Vorsitzende des Front National gewandt und sich bei ihr sehr dafür bedankt, dass er von dessen Abgeordneten nicht gewählt werden würde.[2] Wichtiger als derartige Pöbeleien war die Ankündigung Junckers, dass er schon bis Februar 2015 ein circa 300 Milliarden Euro umfassendes Programm für die Schaffung von Arbeitsplätzen und für Investitionen vorlegen, die europäischen Fördertöpfe leichter zugänglich machen und die Kreditvergabemöglichkeiten der Europäischen Investitionsbank verbessern möchte. Pathetisch wurde Juncker, als er davon sprach, dass die Arbeitslosen in der EU den 29. Mitgliedstaat bildeten. Es gehe um dessen Auflösung und darum, dass die Wirtschaft den Menschen dienen müsse.

Seine Agenda ist ambitioniert:

- Reindustrialisierung Europas
- Vertiefung der Wirtschafts- und Währungsunion
- eigener begrenzter Haushalt für Euro-Länder
- permanenter Präsident der Euro-Zone
- Gleichrangigkeit von Binnenmarktregeln und Sozialregeln
- Anreize für strukturelle Reformen über zusätzliche finanzielle Zuwendungen
- digitale Vereinigung Europas mit einem Wachstumspotential von 250 Milliarden Euro
- grenzenlose Internetnutzung
- Abschaffung von Roaminggebühren
- Fortschritt für den Datenschutz
- Ausbau der Verbraucherrechte

- Abschluss eines Freihandelsabkommens mit den USA
- Etablierung eines Kommissars für Flüchtlinge
- schlagkräftigere Außenpolitik
- Ausbau der erneuerbaren Energien

Unabhängig von der Realisierbarkeit all dieser Vorhaben in einer Amtsperiode von fünf Jahren erhielt Juncker immerhin von einem entschlossenen britischen Europa-Gegner wie Nigel Farage das Lob, er habe einen besseren Humor als alle anderen Leute, die Farage je in Brüssel getroffen habe, was schon einmal viel wert sei. Juncker hatte es den Angeordneten in seiner Programmrede am Vormittag des 15. Juli 2014 auch aus anderen Gründen leicht gemacht. Er versprach in drei Sprachen vielen vieles und jedem etwas anderes für die kommenden fünf Jahre. Auf Französisch kündigte er eine Art Wirtschaftsregierung an, wie sie die Regierung in Paris gerne hätte. Auf Deutsch lobte er die soziale Marktwirtschaft von Ludwig Erhard, die in der Finanzkrise nicht versagt habe. Die Verantwortung wies Juncker denen zu, die sie durch hemmungslose Profitgier diskreditiert hätten. Auf Englisch bekannte er sich dazu, kein Geld ausgeben zu wollen, das die EU nicht habe, und den Binnenmarkt zu vollenden. Natürlich wurden auch ein Neuanfang und das Subsidiaritätsprinzip, die Überwindung des Status quo und die Notwendigkeit von Reformen beschworen. Juncker rief schließlich aus, dass es in Europa wieder erlaubt sein müsse zu träumen. Manch einer empfand das sogar als ernsthafter und glaubwürdiger, als wenn der Amtsvorgänger José Manuel Barroso zu ähnlichen Phrasen griff.[3]

MAN WIRD SEHEN

Jean-Claude Juncker ließ zunächst nicht erkennen, ob und wie er die EU-Kommission insgesamt effizienter organisieren und dazu thematisch strukturierte »Cluster« etwa für Wachstum, Innen- oder Währungspolitik bilden will.[4] Immerhin erfolgte dann recht bald die Vorstellung einer Kommission, in der unter anderem durch die Zuständigkeiten von sieben Vizepräsidenten eine neue Organisationsstruktur erkennbar wurde. Er trat sein Amt gleichwohl mit einem beschädigten Ruf an. Keiner seiner Vorgänger ist jemals in der öffentlichen Debatte persönlich und sachlich so herabgesetzt worden wie dieser Kandidat. Cameron wurde vorgeworfen, eine Kampagne in Gang gesetzt zu haben, die die Grenzen des politischen Anstands überschritt. Sie war in Teilen ehrabschneidend, maßlos und destruktiv gewesen, zumal die Briten nie einen besseren Kandidaten präsentiert hatten. Unterdessen hatten sich die Staats- und Regierungschefs bei der Verteidigung Junckers sehr zurückgehalten. Das ist bemerkenswert, ist Juncker in der schwierigen Lage, in der sich die EU befindet, vielleicht gerade der richtige Mann, da er doch angeblich mit einem soliden wirtschaftsliberalen Programm angetreten sei, das einige »soziale Tupfer« habe. Angesichts einer Union, die dringend mehr Wachstum braucht und mit erheblichen sozialen Verwerfungen zu kämpfen hat, könnte das tatsächlich ein brauchbares Rezept sein.

Unabhängig von der Person Junckers ist mit dem neuen Verfahren zur Wahl des Kommissionspräsidenten ein Präzedenzfall geschaffen worden. Die Staats- und Regierungschefs haben nicht mehr die alleinige Verfügungsgewalt über die wichtigste Personalie der EU. Das dürfte irreversibel sein.[5] Zwar haben damit die Wähler zum ersten Mal den Kommissionspräsidenten selbst bestimmt. Es tauchten aber sofort Befürchtungen auf, dass dieses »demokratische Experiment« beerdigt würde, wenn Juncker in den kommenden fünf Jahren scheiterte.[6] Die entsprechenden Aussichten gelten als so groß wie die Aufgaben, die auf den neuen Kommissionspräsidenten zukommen. Er muss sich konträren Erwartungen stellen:

- Fortsetzung oder Lockerung des Sparkurses?
- Ausbau oder Abgabe von Kompetenzen der EU?
- Wirtschaftsfreundlichere oder sozialere Gestaltung Europas?
- Die Briten einbinden oder loswerden?

- Annäherung an das Parlament oder Gefolgschaft gegenüber den Staats- und Regierungschefs?

Jenseits persönlicher Karrieren und vollmundiger Ankündigungen bleibt die Frage bestehen, welchen Platz Großbritannien innerhalb oder besser außerhalb der EU einnehmen wird. Im Sommer 2014 schien das Land auf dem besten Weg, die Union zu verlassen. Anscheinend störte das damals niemanden wirklich. Der eine oder andere Zeitgenosse fand das jedoch »schlimm«. Angeblich braucht Europa die Briten. Sie gelten als die Erfinder des politischen Freiheitsbegriffs. Diesen »Liberalismus« müsste die EU dringend neu entdecken, wenn sie die Mehrheit der Europäer wieder für sich einnehmen wollte. Die Union habe Jahre einer wachsenden »Zwangsintegration« hinter sich, obwohl sich viele Europäer für das genaue Gegenteil ausgesprochen hätten. Die Mehrheit der Bürger in den großen Mitgliedstaaten wolle nicht noch mehr Integration. Die multiplen Krisen hätten die Europäer genötigt, das genaue Gegenteil dessen zu tun, was sie eigentlich tun wollten. Der Einfluss des »EU-Apparats« habe zugenommen. Die liberale Tradition Europas sei dagegen nicht gestärkt worden. Europa wird als Ort für selbstbestimmte unternehmerische Geister verstanden, an dem der Staat das Individuum und seine Wahlentscheidungen ernst nimmt. Da die Briten dies zur Diskussion stellen, machten sie sich angeblich um Europa verdient. Sie seien jedenfalls nicht der »Feind« Europas.

Es ist hier nicht zu entscheiden, ob und gegebenenfalls wie nahe der Hinweis eines Kommentators an der historischen Schwachsinnsgrenze liegt, der an den Ausbruch des Ersten Weltkriegs vor hundert Jahren erinnert und behauptet, dass die Briten sich damals in Europa eingemischt hätten und für »liberale Ideale« in den Krieg gezogen seien, wohl wissend, dass die Wissenschaft längst überzeugend dargelegt hat, dass die »einzige Weltmacht« sich damals besser nicht in einen Konflikt in Zentraleuropa eingemischt hätte. Als Begründung dafür, dass sie es dennoch tat, wird von einer britischen Historikerin (Margaret MacMillan) anscheinend ernsthaft behauptet, dass die Briten eine starke und unverwechselbare Identität vereinte und dass sie nicht nur vom damals herrschenden nationalistischen Zeitgeist erfasst waren, sondern dass sie auch für eine »urbritische Idee« kämpften, die sie »Freiheit« nannten. Im Jahre 1914 sei es eine Verpflichtung gewesen, für die Prinzipien des Liberalismus zu sterben, die England der Welt geschenkt habe. Diese Argumentation verlangte eine sorgfältigere und ausführlichere Betrachtung, auf die hier aber wegen rechtlich verbindlicher Zurückhaltungspflichten verzichtet werden muss.

Zurück zur jüngeren Vergangenheit: Zeitgleich mit der Wahl Junckers bildete Cameron sein eigenes Kabinett jedenfalls so um, dass es in einem nicht erwarteten Ausmaß jünger, weiblicher und europaskeptischer wurde. Man vermutete seinerzeit, dass Cameron im Hinblick auf die (damals noch anstehenden) Wahlen im Mai 2014 seine Partei ausrichten und das Erscheinungsbild der Konservativen ändern wollte, das bis dahin von mittelalten Männern aus »Elite«-Universitäten bestimmt wurde. Es war aber nicht erkennbar, dass der größte Kabinettsumbau in der Amtszeit dieses Premierministers von inhaltlichen Aspekten bestimmt war, sondern eher davon, wie die Partei nach außen wirkt. Das passt angeblich zu Cameron, dem Symbolpolitik deutlicher näher sei als inhaltliche Festlegungen.[7] Gleichwohl: Die eingeübte Rolle des »widerwilligen EU-Mitglieds«, die Großbritannien seit seinem Beitritt 1973 gespielt hat, ist nicht mehr zeitgemäß. Es geht womöglich ums Ganze: »Mit Europa oder ohne?«

Feuilletonistische Verirrungen

Die Wahlergebnisse für Ukip lassen vermuten, dass die Briten dem Kontinent schon jetzt den Rücken gekehrt haben. Manch ein britischer Abgeordneter hat das Gefühl, dass Brüssel das Vereinigte Königreich »entmannt« habe. Seit der Euro-Krise seien seine Landsleute »an einen Leichnam gekettet«. Europa wird mit »einem Wirbelsturm, der nur Armut und soziales Elend hinterlässt«, verglichen. Heute steht Europa nach den Erkenntnissen des deutschen Journalisten John F. Jungclaussen wie 1914 vor einer Zäsur, die für den Erfolg oder Misserfolg des Einigungsgedankens entscheidend sei. Dieser Autor weiß, dass es »heute wie damals« um die Definition des Freiheitsbegriffs und die Anwendung liberaler Prinzipien ging (geht). Europas Krise sei nur an der Oberfläche das Resultat einer »mechanischen Unwucht« seit der Einführung des Euro. Die Desillusionierung von Millionen europäischer Bürger gilt als Beweis dafür, dass die Idee einer »ever closer union«, einer immer enger werdenden Union, nicht mehr zieht. Jungclaussen hält es für eine »fatale Vereinfachung«, Camerons Widerstand gegen die Wahl von Juncker als typisch britischen Querschläger abzutun. Er sieht darin vielmehr eine Einladung zu einer Debatte, die Europa nach der Euro-Krise und noch mehr nach dem Wahlausgang 2014 führen müsste. Thema: Die Neujustierung liberaler Prinzipien in der europäischen Staatengemeinschaft.

Es ist nicht notwendig, alle (gelegentlich kruden) historischen Ableitungen von Jungclaussen in diesem Zusammenhang wiederzugeben, geschweige denn, sich damit im Detail auseinanderzusetzen.[1] Wenige Hinweise genügen: Er gelangt zu dem Ergebnis, dass bei der Gründung der EU nicht das »liberale Wirtschaften« und das »freie Sein« am Anfang standen, sondern die Idee einer paneuropäischen Ordnung. Nach seiner Wahrnehmung war das europäische Einigungsprojekt – von der Kohle- und Stahlunion bis zur einheitlichen Währung – eine politische Vision, die sich liberaler Prinzipien mal bediente und sie mal ignorierte. Die Euro-Krise, »mithin die Krise Europas«, sei das Ergebnis dieses willkürlichen Umgangs mit liberalen Grundsätzen. Zu deren Überwindung wird ein »neuer Fokus« für erforderlich erklärt. Europa müsse es jetzt darum gehen, eine liberale Ordnung an der Basis herzustellen, gemeinsam mit den Briten. Das Verhältnis zwischen der Basis und den Institutionen müsse auf seine »liberale Beständigkeit« überprüft werden. Brüssel solle seine »Gesetzeskompetenz« in Bereichen wie Arbeits- und Sozialgesetzgebung an die Hauptstädte der EU-Mitgliedstaaten zurückgeben. »Flexibilität« schafft nach den (unbelegten) Erkenntnissen von Jungclaussen mehr Wettbewerb. Dagegen habe noch niemand argumentiert. Auch in der Strafgerichtsbarkeit sowie in der gemeinsamen Agrar- und Fischereipolitik besitzt die EU nach seinen Ermittlungen eine Rechtshoheit über nationale Parlamente, die aus einer Zeit stammte, in der Integration zum Selbstzweck geworden sei. All diese Bereiche müssten im Sinne einer erneuten liberalen Ausrichtung neu verhandelbar sein.

Leider bleibt Jungclaussen Hinweise darauf schuldig, was nach einer liberalen Neuformatierung der EU von ihr noch übrig bleiben würde. Es scheint ihn auch nicht weiter zu berühren, dass die angelsächsische Philosophie und Praxis auf den liberalisierten Finanzmärkten genau zu den Verhältnissen geführt haben, die jetzt von den Steuerzahlern auch anderer Länder unter recht illiberalem Druck mühsamst repariert werden müssen. Seine Einschätzung über die segensreichen Wirkungen eines Liberalismus britischer Prägung beruht auf einer Wahrnehmungsverzerrung, deren Ausmaß mit den üblichen Methoden argumentativer Auseinandersetzung schwer zu bestimmen ist. Es wäre wünschenswert, dass auch dieser Journalist seine vermutlich noch vorhandene berufsspezifische (also begrenzte) analytische Energie dereinst der Frage widmet, ob man sich die EU nicht doch sehr gut auch ohne die »Liberalität« des UK vorstellen könnte. Er könnte es aber genauso gut auch sein lassen, da er, anders als der Historiker Hans-Ulrich Wehler, die grundsätzliche Problematik nicht verstanden hat.

Die deutsche Staatswissenschaft sah sich schon vor geraumer Zeit dem herrischen Anspruch der schottisch-englischen Politischen Ökonomie gegenüber, die angeblich bis zum innersten Kern der Wirtschaftsordnung vorstoßende Theorie mit einem überzeugenden universalisierbaren Allgemeinheitsanspruch entwickelt zu haben. Theoretisch wie politisch verfocht sie in der Hochzeit der frühen englischen Klassik die Vorstellung, dass die optimale Funktionsfähigkeit des Kapitalismus erst in einem staatsfreien, selbstgeregelten Produktions- und Marktsystem verwirklicht werde. Wehler erinnert zutreffend daran, dass die im Grunde kurzlebige Ära des England begünstigenden Freihandels und seines weltweit praktizierten »Informal Empire« den historischen Hintergrund dieser zugleich normativ und politisch aufgeladenen Zielutopie mit ihrem vehementen Anspruch auf empirische Gültigkeit bildete. Diese zwei Phänomene verrieten zwar die enorme Durchsetzungsfähigkeit der Wirtschaft in der englischen »Werkstatt der Welt«. Im praktischen Leben war die Kompromissfähigkeit aber immer wieder mal rasch zu Ende. Dies zeigte sich unter anderem in Indien, wo nach der Entmachtung der britischen »Ostindischen Gesellschaft« im Gefolge des großen Sepoy-Aufstandes seit 1857 der englische Staat die formelle Kolonialherrschaft übernahm und nicht lange zögerte, das gesamte riesige Eisenbahnsystem in staatlicher Regie auf staatliche Kosten zu errichten, weil Privatinvestoren das gigantische Unternehmen nicht in Angriff nehmen wollten.

Gegenüber dem gleichwohl mit Arroganz verfochtenen hegemonialen Anspruch auf den Besitz der wahren Theorie beharrte seit den 1840er Jahren die »Ältere Historische Schule« der deutschen Ökonomie auf ihrer Gegenposition und stritt die proklamierte Gültigkeit eines einzigen Theoriekorpus entschieden ab. An der Präsenz und Gestaltungskraft und am Interventionsrecht des staatlichen Akteurs hatte sie keine Zweifel. Eine möglichst völlig staatsfreie Wirtschaft stellte in ihren Augen aber ein realitätsfernes Hirngespinst dar. Sie insistierte auf der der englischen Klassik diametral entgegengesetzten Denkfigur, dass die moderne kapitalistische Entwicklung, folglich auch ihre Theorie, nicht ohne die Schutzgewalt, Gestaltungskraft und Herrschaftsmacht des Staates verstanden werden könne, aus empirisch fundierter Einsicht auch gar nicht so gedacht werden solle.

Nach dem Eindruck von Wehler stellten deutsche Wissenschaftler (zum Beispiel Gustav von Schmoller, Max Weber, Werner Sombart, Adolph Wagner, Lujo Brentano und andere) eine »intellektuell eindrucksvolle Verteidigungsgarde«, die sich dem Vordringen der englischen Lehre entschlossen entgegenstellte. Für sie war der kapitalistische Entwicklungsprozess ohne den Staat nicht zu denken. Ein staatsfreier, lückenlos selbstgeregelter Wirtschaftsprozess galt schon damals als Illusion, ja als eklatante Verletzung des Realitätssinns, überdies als Verweigerung der Einsicht in die sozialstaatlichen Aufgaben zeitgenössischer westlicher Staaten, gleich welcher Regimeform. Es bestand dennoch keine Feindschaft gegenüber der Marktwirtschaft. Man hatte nur das erkannt, was eigentlich evident war: Der Markt konnte die zyklischen Bewegungen von Konjunktur und Krise weder selbst kontrollieren noch die von ihm verschärfte soziale Ungleichheit selbst korrigieren. Im Grunde hielten die Mitglieder der »Jüngeren Historischen Schule« ihre Deutung des modernen Wirtschaftslebens für ungleich realitätsgerechter als die englische Klassik.[2]

Dessen ungeachtet brach der Marktfanatismus als der ideelle Wegbereiter des künftigen Turbokapitalismus zunächst in die Theoriedomäne der deutschen Wirtschaftswissenschaft und dann allmählich auch in die Arena der öffentlichen Meinung ein, wie Wehler zutreffend bemerkt. Der Vorstoß sei auch dadurch begünstigt worden, dass die keynesianische Konjunktursteuerung nicht wirklich erfolgreich war. Als Schlüsselfiguren der neuen Heilslehre traten nun Ludwig von Mises, Friedrich August von Hayek und Milton Friedman auf. Sie haben die Wiener Theorietradition auf einen neoliberalen Marktmonismus zugespitzt, dem die totale Verbannung des Staates aus dem Wirtschaftsleben als Optimum galt. Die kluge Position von Keynes gegenüber dem Interventionsstaat galt ihnen zunehmend als verhängnisvolle Abirrung vom Pfad der reinen Markttugend. Nachdem es unter der Ägide des einflussreichsten Propheten des Neoliberalismus (Milton Friedman) gelungen war, sich in der Politik von Thatcher und Reagan durchzusetzen, drang der staatsfeindliche, marktbesessene Neoliberalismus nicht nur in der deutschen Wirtschaftswissenschaft vor. Er sickerte auch mit zunehmender Stärke in die öffentliche wirtschaftspolitische Diskussion ein, bis er schließlich zusehends Anhänger sogar in der »Sozialdemokratischen« Partei Deutschlands (SPD) fand.

In mancher Hinsicht kulminierte nach dem Eindruck von Wehler die Marktdogmatik in dem Verzicht auf die sorgfältige Überprüfung der neu erfundenen toxischen Finanzmarktinstrumente. Es kam deshalb zum Kollaps des internationalen Finanzmarktsystems als Konsequenz des entstaatlichten Turbokapitalismus. In der Tat kann keiner im Ernst behaupten, die damit verbundenen Gefahren seien nicht vorhersehbar gewesen. Nach dem Absturz in die vielleicht tiefste Krise überhaupt müssten die deutschen Fürsprecher des »Raubtierkapitalismus« eigentlich den Realitätssinn der Historischen Schule der deutschen Ökonomie anerkennen, die sich empirisch und normativ den in erster Linie angelsächsischen Protagonisten der »Schönen Neuen Welt« des staatsfreien Kapitalismus als überlegen erwiesen habe. Nach der Diskreditierung der neoklassischen Marktdogmatik ist es sehr dringlich, eine zeitgemäße Theorie zu erarbeiten, in der die Verfechtung elastischer Spielräume für den Wirtschaftsprozess mit der Anerkennung staatlicher Ordnungsfunktionen endlich möglichst vorurteilsfrei wieder verbunden wird. Wehler verdient auch darin Zustimmung, dass diese Anerkennung umfassender als zuvor ausfallen muss, weil es außer dem Staat offensichtlich keinen anderen ebenso mächtigen Akteur »of last resort« gibt, der die akute Krise bewältigen helfen kann.

Die neoliberale Utopie von einer Marktgesellschaft »katexochen«, in der ohne jeden staatlichen Eingriff alle Konflikte und Krisen durch die kompromissvolle Verständigung der wirtschaftlichen Akteure aufgelöst werden, so dass durch einen klugen Interessenausgleich letztlich auch das Gemeinwohl gefördert wird, kommt einer »Fata Morgana« gleich. Sie wurde allerdings durch die Entwicklung der letzten Jahrzehnte dramatisch dementiert.

Jungclaussen ist offensichtlich noch auf dem Weg zu diesem Trugbild. Dabei kann doch jedermann mit offenen Augen erkennen, dass heute die Denkschulen der Sozialökonomik und der historisch fundierten deutschen Ökonomie realitätsnäher sind als jener Marktdogmatismus, der als Basis des »Kasinokapitalismus« fungiert. Es muss allerdings nicht jeder Journalist verstehen, dass Gustav von Schmoller und Max Weber im Vergleich zu Friedrich August von Hayek und Milton Friedman als Wissenschaftler mit einem ungleich weiteren Horizont und schärferen Realitätssinn ausgestattet waren. Man sollte aber zur Kenntnis nehmen, dass die Dynamik des kapitalistischen Entwicklungsprozesses bisher nie aus Gleichgewichtskonstellationen erklärt werden konnte. Die Schlussfolgerungen von Wehler sind daher überzeugend:

- Der deutsche Sonderweg der ökonomischen Theorie, von der Klassik und Neoklassik lange Zeit als ein in die Irre führender Weg bezeichnet, erweist sich heute als ein Ensemble von Kategorien, zu dem zurückzukehren sich offenbar lohnt.
- Ohne die Anerkennung der permanenten dialektischen Wechselwirkung zwischen politischem Herrschaftsverband und kapitalistischem Wirtschaftssystem kann es nicht zu einer realitätsgerechten Erfassung komplexer Probleme kommen.
- Der Kapitalismus existiert in engster Wechselwirkung mit dem neuzeitlichen Staat und ist heute nur überlebensfähig, wenn der staatliche Akteur zu seiner Rettung eingreift.
- Auch wenn der Staatsapparat der kapitalistischen Wirtschaft nicht mehr als Entscheidungsträger gegenübersteht, bleibt der Einsatz der Staatsgewalt das entscheidende Element.

- Angesichts des Zustands der internationalen Wirtschaft und des Theorieversagens drängt es sich geradezu auf, bei der Analyse des Kapitalismus nach einer kritischen Absetzbewegung von der Neoklassik endlich wieder einmal einen deutschen »Sonderweg« zu gehen.[3]

Innerhalb und außerhalb des Feuilletons ist es für Abgesänge auf den Kapitalismus wohl immer noch zu früh, scheinen die Menschen die entsprechende Wirtschaftsordnung doch nach wie vor zu lieben, auch wenn sie manchen Zeitkritikern als »Vertrag zu Lasten Dritter« erscheint, nämlich der Bewohner der armen Länder und der Natur. Dem Kapitalismus wird dennoch (deshalb?) eine überwältigende, geradezu furchterregende Widerstandsfähigkeit attestiert. Er ist mittlerweile in der Tat mit dem Nimbus der Unvergänglichkeit und Unüberwindbarkeit ausgestattet. Jahr für Jahr schlägt er offensichtlich mehr Menschen in seinen Bann. Die Erklärung ist einfach. Er bedient die stärksten Triebe einer großen Mehrheit. Das borniert Streben nach Profit macht seine große Stärke aus. Die ethischen und moralischen Anforderungen sind dabei sehr überschaubar. Das gilt auch für seine intellektuellen Voraussetzungen. Es genügen ein paar simple Verhaltensregeln, die selbst die ungebildetsten Mitmenschen schnell lernen können. Das Belohnungs- und Bestrafungssystem ist von »bestechender Schlichtheit«. Es arbeitet schnell und handfest und dreht sich um die Verteilung oder Vorenthaltung materieller Güter. Der Effizienzgrad des kapitalistischen Wirtschaftssystems ist bislang unübertroffen. Dennoch haben seine Kritiker nicht aufgegeben. Sie scheinen nach wie vor in eine »bessere Welt« vordringen zu wollen.

Die ganze Kritik am Kapitalismus krankt aber nach dem Eindruck des Sozialwissenschaftlers Meinhard Miegel daran, dass er sich in den Herzen und Hirnen von Milliarden Menschen eingenistet hat und deren Denken, Handeln und Fühlen von Grund auf prägt. Sie wollen nicht mehr von ihm lassen, unabhängig davon, ob sie ihn lieben oder hassen. Das mag daran liegen, dass die meisten Menschen verstanden haben, dass es sich im »Pferch des Kapitalismus« mit ein wenig Geschick und Glück ganz behaglich leben lässt. Zudem wird der Verheißung, dass alles immer noch besser werde, vertraut. Deshalb machen fast alle weiter willig und geradezu lustvoll mit. Das ist im Hinblick auf die Veränderbarkeit des Systems ein gravierender Befund, gelten Änderungen inzwischen doch als unvermeidlich. Miegel hält es für manifest, dass das Expansive des Kapitalismus einen Punkt erreicht hat, an dem nicht mehr nur Wohlstand gemehrt und ein besseres Leben ermöglicht, sondern zugleich die Lebensgrundlagen beeinträchtigt werden. Darin steckt eine unüberbietbare Dramatik: Der Kapitalismus ist eine Ordnung, die ihre Fundamente aktiv untergräbt. Es hat sich dennoch bis jetzt nichts geändert, obschon nach einer Umfrage im Auftrag der Bertelsmann Stiftung im Jahr 2012 angeblich acht von zehn Bundesbürgern »eine neue Wirtschaftsordnung« wünschen. Aber keine der größeren Parteien in Deutschland atmet diesen vermeintlich neuen Geist. In der Wahrnehmung Miegels setzen Union und FDP (wer immer das ist oder war) unverändert auf die Entfesselung der Marktkräfte und auf technischen Fortschritt. Die Grünen hätten sich mit der gleichen Zielsetzung einem Technikoptimismus verschrieben, der fast schon Angst mache. Bei der SPD und bei der Linken dominierten diejenigen, denen Verteilungsfragen dringlicher erscheinen als die Umgestaltung von Wirtschaft und Gesellschaft.

Den Menschen werden nach der Einschätzung von Meinhard Miegel Umwälzungen jedoch nicht zu ersparen sein. Politische Opportunität führt aber zu einer Art Unveränderbarkeitsgarantie. Das passt zum Beharrungsinteresse breiter Bevölkerungsschichten. Wer sieht schon ein, dass er selbst auch Verzichtsleistungen erbringen müsste? Der Abschied von der etablierten Wirtschafts- und Gesellschaftsordnung fällt schwer, selbst wenn sie »beinhart« die Grundlagen ihres eigenen Erfolgs zerstört. Im dichten Kokon von Selbstzufriedenheit und Selbstgerechtigkeit fällt das natürlich schwer. In Deutschland herrscht weithin Blindheit für die Lebensbedingungen und die Nöte vieler Völker der Welt. Gleichzeitig weiß man, dass heutzutage nur der räuberische Mensch materiell angenehm lebt. Ihm ist nach dem Urteil von Miegel die Wirtschafts- und Gesellschaftsordnung des Kapitalismus auf den Leib geschneidert. Reformbemühungen endeten regelmäßig und global in einem totalen Fehlschlag. Die Tradition schamloser Selbstbereicherung ist ungebrochen.

In Zahlen: Das wohlhabendste Fünftel der Menschheit beansprucht mittlerweile 83 Prozent der Weltgütermenge. Für das wirtschaftlich schwächste Fünftel bleibt gerade einmal gut 1 Prozent. Miegel spricht von einem »existentiellen Dilemma« der Menschheit. Lebt sie weiter ihre räuberische Neigung aus, wird sie ihre Lebensgrundlagen überfordern und scheitern. Der Vorschlag »Stell dir vor, es ist Kapitalismus, aber keiner lebt nach seinen Maximen« mag geistvoll sein. Die Behauptung, dass dies sein Ende wäre, ist zwar auch mutig. Letztlich dürfte es aber nur ein wirklichkeitsfremder Traum sein.[4]

Doch zurück zum Vorschlag eines deutschen »Sonderwegs«: Seine Beschreitung wäre – ohne Jungclaussen und Großbritannien – ein besonders anspruchsvolles und lohnendes Unterfangen und würde dem »Rest Europas« vermutlich nützen. Man scheint vergessen zu haben, dass es das gute Recht der Bürger ist, von ihren Politikern die Lösung sozialer Probleme zu erwarten. Sie haben dafür zur sorgen, dass die Gesellschaft sich nicht polarisiert, die einen nicht um ihre Existenz bangen müssen, während die anderen Vermögen anhäufen, die die Gemeinschaft verarmen lassen, weil sie an der Grenze der Legalität erwirtschaftet werden. Wo die Gesellschaft derart zerfällt, ist der innere Friede gefährdet. Und die Politik versagt, wenn sie dem mit einer Deregulierung der Finanzmärkte Vorschub leistet, nur um die eigenen Geldquellen nicht versiegen zu lassen und immerfort Schulden machen zu können.[5]

Es gibt weitere Journalisten, die aus anderen Gründen unter dem Eindruck tagespolitischer Ereignisse von der Unentbehrlichkeit Großbritanniens überzeugt sind. Unter Hinweis auf die Mitte des Jahres 2014 losgetretene Diskussion über eine Lockerung des europäischen Stabilitätspakts und mehr Zeit für Reformen in manchen Mitgliedstaaten wird zunächst die Gleichung »Mehr Schulden = mehr Wachstum« kritisiert. In der Tat: Würde dies stimmen, dann wäre Griechenland das wachstumsstärkste Land und Italien die Lokomotive, nicht das Schlusslicht der Währungsunion. Obwohl das Europäische Parlament festgestellt hat, dass unter anderem Italien auf Reformvorschläge der Kommission pfeift, plädierte der deutsche Wirtschaftsminister, Sigmar Gabriel, für eine Lockerung des Stabilitätspakts. Er scheint vergessen zu haben, dass es nur in den von Rettungsprogrammen betroffenen Ländern auf Druck von EZB und Währungsfonds echte Reformen gegeben hat. Italien und Frankreich dagegen sparen nicht. Vielmehr klagen sie über ein »Spardiktat« aus Berlin. Die Tatsache, dass die Schulden und Defizite seit Ausbruch der »Euro-Krise« weiter gewachsen sind, Steuern und Abgaben erhöht wurden und die Arbeitsmärkte verkrustet bleiben, ist hingegen kein Thema. Keine Erwähnung findet auch der Umstand, dass diese beiden Länder so niedrige Zinsen zahlen wie seit 200 Jahren nicht, weil die EZB den Marktzins außer Kraft gesetzt hat, obwohl die Staatsschulden so hoch sind wie nie zuvor.

In dieser Lage schien Gabriel gemeinsam mit dem französischen Staatspräsidenten und dem italienischen Ministerpräsidenten unter dem Beifall des Präsidenten des Europäischen Parlaments der Bundeskanzlerin in den Rücken gefallen zu sein. Es war der Anschein entstanden, dass die Sehnsucht nach sozialdemokratischer Gestaltungsmacht in Europa schwerer als die leidvolle Erfahrung wiegt, dass erst die Schuldenpolitik die EU in die tiefste Krise ihrer Geschichte gestürzt hat. Das »Betteln« von Martin Schulz um ein Amt in der damals noch zu bildenden Kommission sprach in der Tat Bände. Gabriels »Spiel über die Bande« war auch nicht mit der Absicht schönzureden, dass man den Vormarsch des FN in Frankreich aufhalten wolle. Mit dem (erneuten) Bruch des Stabilitätspakts dürfte das nicht zu schaffen sein. Das gute Abschneiden der EU-Skeptiker ist tatsächlich nicht nur mit Stagnation und hoher Arbeitslosigkeit zu erklären. In diesem Zusammenhang ist auf das vollbeschäftigte Dänemark und das angeblich »boomende« Großbritannien hinzuweisen. Dort gibt es eine besonders ausgeprägte Europa-Skepsis, und dort siegten die entsprechenden Parteien, während in Spanien, dem Land mit der zweithöchsten Arbeitslosenquote in der Euro-Zone, die politische Mitte als Sieger aus den Europa-Wahlen 2014 hervorging.

Vor diesem Hintergrund ist an die schon erwähnten »Schulen in Birmingham« zu erinnern. Dort sind weitere Gründe für den Zulauf rechter Parteien zu finden. Die Schlussfolgerung ist einigermaßen verblüffend. Seinerzeit erging die Empfehlung, dass Merkel im Zusammenhang mit der Debatte über die Besetzung des Präsidentenpostens der Kommission alles vermeiden sollte, was zum Bruch mit Großbritannien führen könnte. Die EU brauche die Briten, wenn ein vereintes Europa Stimme und Gewicht in der künftig multipolaren Welt haben will. Es galt offenbar die Annahme, dass niemand in der EU Großbritanniens politische, wirtschaftliche und politische Macht ersetzen könnte. Ein Austritt aus der EU würde das Land zwar auf eine wirtschaftliche Talfahrt schicken. Mutmaßlich käme aber eine Erholung, wie der »Aufschwung« nach der Wirtschaftskrise lehre. Für Deutschland wäre »Brexit« eine dauerhafte Katastrophe. Berlin hätte ohne London keinen starken Partner mehr, der nicht dem »Mantra der Zentralisierung« in Brüssel huldigt. Die beleidigte Reaktion (»Dann sollen sie doch gehen«) zeige, dass die Kritik des britischen Premierministers am »eurozentrierten« Kurs der EU ins Schwarze treffe. Cameron habe recht: Die EU müsse demokratischer, flexibler und wettbewerbsfähiger werden. »Italienische Schuldenmacherei« und »französische Abschottung« seien untaugliche Rezepte von gestern. Haushaltsdisziplin und Eigenverantwortung seien wichtiger als die Erhöhung von Sozialausgaben. Die EU werde die Zukunft nicht mit den »alten Gesichtern von Juncker oder Schulz« gewinnen. Nötig seien »frische und starke Köpfe«, um die Herausforderungen zu meistern.[6]

Auch dieser Kollege von Jungclaussen scheint Teile der politischen und wirtschaftlichen Geschichte nicht verstanden zu haben.

Seine Argumentation beruht auf der völlig irrealen Unterstellung, dass sich irgendeine politische Führungsclique in Großbritannien jemals zu einem angemessenen und vernünftigen Engagement in der EU und für die EU bereit erklären könnte. Wenn Neurose das Auseinanderfallen von innerer und äußerer Wirklichkeit ist, dann muss man sich Sorgen um neurotische Dispositionen in Teilen der deutschen veröffentlichten Meinungslandschaft machen. Das Vereinigte Königreich war immer willens, für andere mehr Probleme zu schaffen, als sie zu lösen, wenn dies für die Verfolgung der jeweiligen nationalen Interessen opportun erschien. Daran wird sich nichts ändern. Ein Austritt dieses Landes aus der EU ist und bleibt daher mindestens eine erwägenswerte Option.

Eines ist jedenfalls klar: Der Haupttrupp der Europa-Feinde kommt aus Großbritannien und Frankreich. Sie stellen nicht nur das größte Kontingent ihrer Länder im Parlament, sondern werden ihre nationalen Regierungen im Europäischen Rat weiter unter Druck setzen. Dessen ungeachtet wurden die Versuche des britischen Premiers David Cameron, Jean-Claude Juncker vom Amt des Kommissionspräsidenten fernzuhalten, als »nächster Schritt« angesehen, die EU zu verlassen. Das Scheitern Camerons wird bei seinen Inselbewohnern angeblich als Signal dafür verstanden, dass sie in Europa nichts zu melden haben.

Sie scheinen auch nicht von der These beeindruckt, dass ein Ausstieg aus der EU für Großbritannien ein ökonomisches Erdbeben wäre und man mit nachhaltigen Wohlstandsverlusten bezahlen müsste. Manch einer behauptet jedoch, dass die EU »Querdenker« brauche und dass Großbritannien eine treibende Kraft für notwendige Reformen sei, obschon das Land nur eine kalte Kosten-Nutzen-Abwägung anstelle. Aber auch davon könne die EU profitieren, wie sich angeblich am Euro zeigen lässt. Das gemeinsame Geld sollte die europäische Einigung entscheidend voranbringen. Stattdessen sei es zur größten Belastungsprobe in der Geschichte der EU geworden. Großbritannien wird als Vorbild hingestellt, weil es sich der Währungsunion nicht angeschlossen hat. Die »missratene« Währungsunion hätte es in ihrer heutigen

Form nie gegeben, wenn man sich mehr von ökonomischer Rationalität statt von »blauäugigem« europapolitischem Wunschdenken hätte leiten lassen.

Die britischen Ressentiments gegenüber der EU sind vielschichtig. Als Hauptgrund für die heutige Welle der Europa-Frustration gilt, wie schon angedeutet, vor allem der massenhafte Zustrom osteuropäischer »Gastarbeiter« nach der Erweiterung der EU vor zehn Jahren. Die Engländer scheinen nicht erkennen zu können, dass es sich dabei in Wahrheit um eine gelungene »Rückkehr nach Europa« von Ländern handelt, die Stalin, Roosevelt und Churchill nach dem Zweiten Weltkrieg der russischen Hegemonie ausgeliefert hatten.[7] Die Engländer sind wohl eher bereit, ein paar Wachstumspunkte hinzunehmen als die weitere Eintrübung ihrer »Britishness«. Es ist die Rede von einer »Anti-Globalisierungsbewegung im Tweedsakko«. Um aber die Einwanderung aus anderen EU-Ländern zu beschränken, müsste man die Axt an einen Eckpfeiler des europäischen Binnenmarkts legen, ist doch die Arbeitnehmerfreizügigkeit eine der vier Grundfreiheiten des gemeinsamen Marktes. Die anderen EU-Staaten dürften kaum bereit sein, auf diesem Gebiet substantielle Einschränkungen hinzunehmen. Dreht sich die Stimmung auf der Insel in absehbarer Zeit nicht, dürfte es schwer werden, Großbritannien eine Brücke zu bauen.[8] Man darf dabei allerdings auch nicht vergessen, dass Deutschland und Österreich die EU-Bürger aus acht beigetretenen osteuropäischen Ländern wie Arbeitnehmer zweiter Klasse behandeln.[9]

Es wäre im Übrigen (schon wieder einmal) ein Treppenwitz der Geschichte, wenn die Briten sich von Europa abwenden sollten, weil sie die Probleme, die sie sich mit den Spätfolgen ihres Kolonialismus eingehandelt haben, etwa den Zustrom muslimischer Einwanderer, nicht lösen können und stattdessen europäische Bürger aus den Mitgliedstaaten der EU zurückweisen wollten. Abgesehen von den Affekten gegen die Einwanderung, die vor allem in Frankreich und Großbritannien weniger mit der europäischen Binnenwanderung als mit den Immigranten aus ihren ehemaligen Kolonien zu tun hat, kommt in der Furcht vor Besitzverlust eine tiefere

Problematik zum Vorschein, die das diffuse Oszillieren zwischen »Angst vor der EU« und »Zuversicht dank der EU« erklären könnte. Zwei Sichtweisen liegen im Streit, in Frankreich vielleicht noch mehr als in Großbritannien: Ist die EU ein Schutzschild gegen die Schonungslosigkeiten der globalisierten Arbeitswelt? Oder öffnet sie diesen die Tür in die nationalen Märkte und macht die Mitgliedstaaten damit erst recht wehrlos?

Niemand scheint sich durch den Hinweis darauf beruhigen zu lassen, dass die EU in Gestalt eines domestizierten europäischen Marktraums ein Ausweg aus dem Dilemma sein könnte. In der Tat geriet der globale Finanzmarkt zum Schiedsrichter über das Wohlverhalten der Mitgliedstaaten. Auch Frankreich und Großbritannien werden sich deshalb um Antwort auf die Frage bemühen müssen, was die europäische Option im globalisierten Markt ist. Sie und alle anderen Mitgliedstaaten sollten sich sehr bald mit der Tatsache auseinandersetzen, dass der Gemeinsinn unter den Euro-Staaten gering ist. Das zeigt unter anderem die Hinnahme der unheilvollen Dynamik, die der falsch angelegte Wettbewerb der Nationalökonomien innerhalb der Euro-Zone ausgelöst hat. Das geschieht offenbar sehenden Auges und trotz der Binsenweisheit, dass der Euro mit einem »Geburtsfehler« versehen ist, weil er eingeführt wurde, ohne zugleich eine gemeinsame Fiskal- und Wirtschaftspolitik zu installieren. Offensichtlich lassen sich selbst Binsenweisheiten leicht ignorieren. Die schwächeren Staaten der Euro-Zone haben bekanntlich keine eigene Zentralbank, die Geld drucken könnte, und sie können durch eine Geldabwertung ihren Rückstand an Produktivität, Infrastruktur und Zukunftsfähigkeit nicht neutralisieren. Es ist kaum zu bestreiten, dass der Euro deshalb die Abgründe jedenfalls zwischen den Euro-Nationen vergrößert, statt sie zu überbrücken. Die Tendenz zur Ungleichheit beschleunigt sich. Deutschland profitierte davon angeblich bislang überproportional. Der Zwang zur Notrettung hat den Missmut aber allenthalben gesteigert.

Auf die Barrikaden!

Vielleicht steht Europa angesichts der geschilderten Lage vor einer Revolution. Entsprechende Warnungen hatte der Bundeskanzler a. D. Helmut Schmidt schon im November 2012 von sich gegeben. Auch Bundesfinanzminister Schäuble erkannte seinerzeit, dass es zu einer Revolution kommt, wenn in einer Krise die Rechtsordnung nicht mehr ausreicht. Man könnte allerdings auch sagen, dass Europa keine Revolution bevorsteht, sondern selbst eine Revolution ist. Gegenwärtig wird in der Tat in einem epochalen Umwälzungsprozess das Prinzip des Nationalstaats durch Vergemeinschaftung mindestens moderiert, wenn nicht gar aufgehoben. Es geht um eine transnationale Dimension von Freiheit. Der Triumph der nationalistischen Europa-Gegner ist vor diesem Hintergrund vielleicht gar keine Revolution, sondern eine »Gegenrevolution«. In Großbritannien und Frankreich versuchen starke politische Kräfte, die Autonomie ihrer Nationalstaaten wiederherzustellen. Dafür gibt es jetzt eine machtvolle demokratische Basis.

Umso bedeutungsvoller ist der substantiellere demokratische Mangel der EU. Sie ist offensichtlich kein revolutionäres Projekt ihrer Bürger. Es handelt sich im Wesentlichen nach wie vor um eine Veranstaltung ihrer politischen und wirtschaftlichen Eliten und Bürokratien. Diese Tatsache ruft keine Emotionen hervor. Dabei ist allerdings der Begriff des »Bürgers« klärungsbedürftig. Indem die Europa-Gegner ihre nationalen Mitbürger gegen Brüssel in Stellung bringen, verstärken sie das grundlegende Missverständnis der EU. Die Eliten mögen europäisch sein. Die Bürgerschaft ist nach wie vor in nationale Segmente zersplittert. Die EU erscheint so als eine Union ohne Bürger, jedenfalls ohne europäische Bürger. Nie wurden die Bürger der Union bisher grenzüberschreitend als europäische Bürger kollektiv und konstitutiv beteiligt. Das sollte nicht überraschend sein. Kritiker behaupten seit langem, dass es keinen europäischen »Demos« gibt. Aber wie denn auch, wenn die Bürger der EU-Länder nie gemeinsam für das europäische Projekt Verantwortung tragen durften. Dieser »Ernstfall« fehlt.

Die traurige Folge: Die europäische Revolution frisst ihre Kinder nicht, sie vergisst sie einfach. Das ist deshalb die entscheidende Zukunftsfrage der Union: Wann werden europäische Belange von ihren Bürgern als Europäer entschieden und nicht nur als Nationalbürger?[1]

Die Ergebnisse der Wahlen des Jahres 2014 belegen, dass in absehbarer Zeit eine vernünftige und überzeugende Antwort weder von Frankreich noch von Großbritannien zu erwarten ist. Deren Politik könnte Europa zerstören, nicht das »Projekt EU«, wie eine Kritikerin aus dem rechten Spektrum Österreichs behauptet, die sich noch dazu, wenn auch in fragwürdiger Weise, als »eine überzeugte Europäerin« bezeichnet.[2] Eines steht fest: Durch die verbreiteten Strategiespiele, die die politische Klasse mit sich selbst spielt, entfernt sich die Politik zunehmend von der Bevölkerung in jedem Mitgliedstaat der EU.

Die politisierenden freien und festangestellten Mitarbeiter in Zeitungsredaktionen und TV-Studios haben Begriffe wie »Wutbürger« oder »Protest-Demokratie« zwar erfunden. Sie verwenden diese Formulierungen aber nicht anerkennend, sondern abfällig. Man verteidigt dagegen die immer stärker verrottenden Meuten der Berufspolitiker und ermahnt die angeblich »Entfesselten«, also die demokratisch aktiven Bürger, zur »Contenance«. Der eine oder andere Publizistikphilosoph gab sich sogar konsterniert, da der »Wutbürger« doch mit der bürgerlichen Tradition breche, dass zur politischen Mitte auch eine innere Mitte gehöre, wie sie so eindringlich von Thomas Mann (»Buddenbrooks«) beschrieben wurde. Bei derartigen Lektüreempfehlungen, die nichts anderes sind als Belehrungen, die das Parteiensystem stabilisieren (sollen), könnten sich nach Mitsprache verlangende Bürger zu Recht noch einmal zusätzlich verhöhnt sehen. Es leuchtet auch ohne weiteres ein, dass die junge Generation einem Politikertyp wenig abgewinnen kann, dem es in erster Linie um Machterhalt geht, während er den Wählern zur gleichen Zeit Antworten auf den Zusammenbruch des gesamten Weltfinanzsystems schuldig bleibt.[3]

Das Gegenbild des Charismatikers steht jedoch unter Generalverdacht, ganz besonders als Politiker. Er könnte ja Verführer der Massen werden und seine Qualitäten für antidemokratische Zwecke missbrauchen. Spätestens mit dem Hinweis auf Adolf Hitler schrumpft die Sehnsucht nach Charisma aber zur pflichtschuldigen ängstlichen Verlegenheit. Aber selbst ein flüchtiger Blick auf die gegenwärtigen Führungseliten in Europa zeigt, dass die Sorgen vor einem demokratiegefährdenden charismatischen Politiker unbegründet sind. Die notwendige Begeisterung der Bürger für die Sache Europas muss für absehbare Zeit wohl aus anderen Quellen gespeist werden. Angesichts des unterschiedlichen Verständnisses von Europa und europäischer Wirtschaftspolitik und des aktuellen Streits über die Zukunft der EU wäre es zunächst sinnvoll, sich mit dem tiefen Unverständnis über die Verschiedenheit der Sichtweisen und ihrer geistesgeschichtlichen Hintergründe auseinanderzusetzen.

Ausgangspunkt könnte der den Franzosen von Hayek zugeschriebene »konstruktivistische Rationalismus« sein, der als Hybris von Planbarkeit der Gesellschaft verstanden wurde. Dem setzte er die britische Tradition gegenüber, die vom schottischen Empirismus geprägt war, der der Vernunft bei der Planung und Regulierung wenig bis gar nichts zutraute. Von besonderem Interesse ist bei dieser Annahme natürlich die Frage, wo die Deutschen zu verorten sind. Ihnen wurde schon von dem Philosophen Immanuel Kant ein »gemischtes englisch-französisches Gefühl« zugeschrieben. Dabei sei die Nähe zu den Engländern größer, während Kant die größere Ähnlichkeit mit den Franzosen als nur gekünstelt und nachgeahmt empfunden hatte. Auch heute kommt manch ein Beobachter zu dem Ergebnis, dass die Deutschen zumindest geistesgeschichtlich mehr mit den Briten als mit den Franzosen gemeinsam hätten und dass das kontinentale Bild von Europa gespalten sei.

Dabei scheint die von den Briten gepflegte Europa-Skepsis tiefer zu sitzen als je zuvor. Dieses Gefühl gilt vielleicht nicht Europa als solchem, sondern dem dominierenden politischen Kurs, die politische Integration voranzutreiben und das Erreichte zumindest einzufrieren. Allem Anschein nach wollen die Briten den Kurs stoppen und Teile des Erreichten umkehren. Die Wurzeln dieser Haltung könnten in der von Adam Smith formulierten Einsicht liegen, dass der um sein eigenes Wohl besorgte Einzelne im Austausch mit anderen mehr zum Gemeinwohl beiträgt als der Politiker, der angeblich das Wohl aller beabsichtigt. Dabei galt die wirtschaftliche Verflechtung als friedensfördernd. Das ist eine Position, die übrigens auch die deutschen Ordoliberalen mit Adam Smith teilten. Dabei soll für Länder das Gleiche gelten wie für Individuen: Sie können ihre Interessen alleine wahrnehmen und mit anderen Handel treiben. Eine Instanz, die zum vermeintlichen Wohl aller dieses Treiben regelt, ist nicht nötig, vor allem nicht in dem Maße, in dem Brüssel dies tut. Die Briten wären also vermutlich mit den Römischen Verträgen und der vollständigen Umsetzung der vier Grundfreiheiten (Waren, Personen, Dienstleistungen und Kapital) und mit dem im Übrigen geltenden Subsidiaritätsprinzip zufrieden.

In Großbritannien ist die Gegnerschaft gegen Zentralismus gegenwärtig jedenfalls sehr stark. Man versteht einfach nicht, warum 50 Prozent der die heimische Wirtschaft betreffenden Gesetze von der EU kommen, während nur 2 bis 5 Prozent der britischen Unternehmen Güter oder Dienstleistungen in die EU exportieren. Dennoch dürfte die britische Europa-Skepsis bei vielen Kontinentaleuropäern weiterhin Unverständnis auslösen. Im Gegenzug ist eine mythische Überhöhung der Europa-Idee jedoch keine angemessene Reaktion. Es geht darum, das Pro und Contra nüchtern zu diskutieren. Davon ist man im insularen *und* kontinentalen Europa aber noch weit entfernt.[4]

Südliche Sehnsüchte

Nach den Vorgaben politischer Korrektheit und im Rahmen paratheologisch fundierter Friedenssehnsucht nach zwei Weltkriegen wird Italien in der Öffentlichkeit kaum noch mit dem Begriff »Verrat« assoziiert. Als Deutscher kann man dies ohnehin nur um den Preis politisch-publizistischer Exkommunikation tun. Da hilft es etwas, einen leibhaftigen Italiener zu zitieren. Der ehemalige Ministerpräsident, Schatzminister und Staatspräsident Carlo Azeglio Ciampi hat in einem Buch (*Das ist nicht das Land, das ich erträumt habe*) die Bemühungen um die Aufnahme Italiens in die Währungsunion beschrieben und berichtet von der Entscheidung der Finanzminister im Jahre 1998. Ciampi beendet das entsprechende Kapitel mit folgendem Satz: »Dieser Geist der Solidarität und des Vertrauens, der in Europa gegenüber unserer neuen Kultur der Stabilität entstanden war, verdiente nicht diesen Verrat.«

Der ehemalige Notenbankgouverneur Ciampi galt während der Verhandlungen über die Europäische Währungsunion als das glaubwürdige Gesicht Italiens und als Verkörperung italienischen Reformwillens. Nach der Einführung des Euro räumte er ein, dass Italien ohne den Stabilitätsanker der Währungsunion im Staatskonkurs geendet wäre wie Argentinien. Ciampi versprach seinerzeit Haushaltssanierung durch Reformen aber nicht nur wegen der Währungsunion. Er war angeblich davon überzeugt, dass nur dieser Weg den Italienern Wohlstand bringen wird.

Über diese Weitsicht verfügten seine zahlreichen Nachfolger nicht. Schon ein Jahr nach der Entscheidung über die Aufnahme Italiens in die Währungsunion gab Ministerpräsident Massimo

D'Alema den Sanierungspfad für die Staatsschulden auf und behauptete im Haushaltsplan, dass die Sanierung der Staatsfinanzen abgeschlossen sei. Ihm war wie den meisten seiner Kollegen das Gezerre in einer wackeligen Koalitionsregierung wichtiger als die verbreitete Reformunwilligkeit. Außer Ciampi scheint keiner auf die Idee gekommen zu sein, dass sich die Vertragspartner Italiens von derartigem Verhalten verraten fühlen könnten. Es dürfte auch kein Zufall sein, dass sich die Deutschen besonders hintergangen fühlten. Bis zum Abschluss der Verhandlungen über die Währungsunion hatten sie große Verhandlungsmacht. Ohne ihre Mitwirkung wäre das Projekt gescheitert. Sie wollten aber keine »Spielverderber« sein und tauschten D-Mark und Eigenständigkeit der Bundesbank gegen einen Schritt der europäischen Einigung wie auch gegen vielerlei italienische Sanierungs- und Reformversprechen. Deren vertragliche Fixierung hat die italienischen Regierungen nicht davon abgehalten, sie zu ignorieren.

Es hat sich der Eindruck verbreitet, dass sich die italienische Politik nicht an der Theorie von Vertragstexten, sondern an den praktischen Spielräumen der Tagespolitik orientiert. Die Rhetorik der italienischen Politiker hat es jedenfalls geschafft, dass der Euro nicht als Stabilitätsanker für Italiens gebeutelte Wirtschaft beschrieben wurde, sondern als vermeintliche Ursache aller wirtschaftlichen Missstände des Landes. Die Tradition leerer Versprechungen war damit aber noch nicht zu Ende. Italien tauschte 2011 das Versprechen von Reformen gegen Interventionen der EZB auf dem Markt für Staatstitel und 2012 das Versprechen eines Abbaus von Staatsschulden gegen einen noch größeren Euro-Rettungsfonds. Das Verhaltensmuster ist immer das gleiche: Italien erhält konkrete und sofortige Leistungen gegen vage Versprechen für die Zukunft. Dann stürzt die jeweilige Regierung, und alle Nachfolger als Ministerpräsidenten können oder wollen sich nicht mehr an Zusicherungen, Beteuerungen und »Ehrenworte« der Vergangenheit erinnern. Es gibt die naive Vorstellung, dass es helfen würde, wenn Europa und Deutschland den Italienern das Prinzip von Leistung und Gegenleistung erklärten. Vorerst ist aber Zurückhaltung angebracht, da Italiens Ministerpräsident Matteo Renzi versucht, in der EU sofortige Zugeständnisse gegen vage Reformversprechen zu tauschen.[1]

In den südlichen Krisenstaaten der EU wurden bei den Europa-Wahlen 2014 in erster Linie die überkommenen Regierungsparteien abgestraft. Dort hat man entweder die Kräfte am linken Rand wie etwa in Griechenland oder die Kräfte am rechten Rand gestärkt, die teilweise mit entgegengesetzten Begründungen einen europakritischen Kurs verfolgen. Lediglich Italien machte unter dem zunächst frisch und jugendlich wirkenden Ministerpräsidenten Matteo Renzi insoweit eine Ausnahme. Er holte mit seinem sozialdemokratischen Partito Democratico (PD) immerhin 41 Prozent bei den Europa-Wahlen. Renzi sollte verstanden haben, dass dieser Vertrauensbeweis zu Reformen in Europa verpflichtet. Dabei ist klar, dass er (noch) nicht zur neuen Leitfigur der Sozialdemokraten avanciert ist. Italien hat durch diese Wahl erst einmal die Chance zur Stabilität bekommen. Wenn das Land sie nutzt und hart und wirksam reformiert, mag es sogar eine Führungsrolle in Europa beanspruchen. Dieser Gedanke ist aus italienischer Sicht nicht mit einer Kampfansage an Berlin gleichzusetzen, wie Renzi selbst beteuerte. An den Problemen der Länder ist nach seiner Auffassung auch nicht Europa schuld. Deutschland gilt ihm angeblich als Vorbild, nicht als Gegner. Die Rettung Europas fordere jedenfalls Veränderung. Europa müsse eine »Seele« bekommen, und die reine Sparpolitik der vergangenen Jahre sei zu beenden. Die Erneuerung der EU-Institutionen, die Formulierung des Haushalts für das Programm bis 2020 und ein Paradigmenwechsel in der Wirtschaftspolitik gelten dem italienischen Ministerpräsidenten als zukünftige Schwerpunkte.[2]

Bemerkenswert war unmittelbar nach der Wahl auch, dass Renzi deutlich machte, er habe als Sozialist mit dem konservativen Jean-Claude Juncker als Kommissionspräsident kein Problem, während sich die deutsche Bundeskanzlerin über den damaligen Kandidaten aus den eigenen Reihen zunächst zögerlich und mehrdeutig äußerte, nachdem sie im Wahlkampf für ihn noch geworben hatte. Es gab Spekulationen darüber, dass dies mit dem Widerstand Großbritanniens gegen Juncker zu tun gehabt hätte, das – wie schon erwähnt – mit dem Austritt aus der EU drohte, sollte Juncker gewählt werden. Juncker selbst hatte, wie auch schon erwähnt, seinerzeit betont, dass sich Europa von David Cameron nicht erpressen lassen dürfe, und bot gleichzeitig Gespräche über die inhaltlichen Schwerpunkte der neuen Kommission an. Damit kam er sowohl Matteo Renzi als auch dem französischen Staatspräsidenten entgegen.[3]

Längerfristig wird Renzi allerdings nicht nur mit derartigen Personalfragen beschäftigt sein. Er wird sich auch den Herausforderungen stellen müssen, die sein Landsmann Beppe Grillo als »Politdekonstruktivist« und Führer des »Movimento Cinque Stelle« verkörpert. Seine Bewegung wurde bei den Europa-Wahlen von dem Partito Democratico Renzis zwar geschlagen, konnte aber immerhin gut ein Fünftel der Stimmen in Italien auf sich vereinigen. Ihre Bedeutung ist nicht allein damit zu relativieren, dass Grillo nationale Ressentiments pflegt und immer wieder grobe Beleidigungen ausspricht, keine Koalitionen eingeht und die Verkehrsformen des Parlaments nicht respektiert. Als bedeutsamer gilt die »abgrundtiefe Dialektik« Grillos: »Der Populismus ist die höchste Form der Politik.«[4]

Das ändert nichts daran, dass Renzis Triumph bei den EU-Wahlen ihn zu einer zentralen Persönlichkeit im sozialdemokratischen Lager gemacht hat und ihm Gewicht im Kräftespiel verleiht. Sein Sieg war jedoch überraschend. In Italien hat der Europa-Skeptizismus angesichts der Auswirkungen der Rezession mit fallenden Einkommen und hoher Jugendarbeitslosigkeit sowie der Belastung durch den Flüchtlingsstrom aus Afrika nämlich zugenommen. Dagegen steht die Überzeugung, dass Italien als drittgrößte Volkswirtschaft in der EU in Brüssel nur dann erfolgreich auf eine Richtungsänderung dringen kann, wenn das Land seinen ineffizienten, korrupten Staatsapparat und seine eigene Wirtschaft aus eigener Kraft reformiert. In der Bewegung von Grillo sind die Widersprüche aufgebrochen. Sie hat eine Identitätskrise ausgelöst, ein bei populistischen Bewegungen mit Führerfixierung im Fall von Niederlagen üblicher Prozess. Geheime Verhandlungen zwischen Beppe Grillo und Nigel Farage über ein Bündnis im Europa-Parlament haben zu einem Aufstand der Basis geführt. Der alternde ehemalige Ministerpräsident und rechtskräftig verurteilte Straftäter Silvio Berlusconi ist unterdessen ins Abseits geraten, auch wenn über gelegentliche »Verständigungen« mit Renzi berichtet wird. Damit sind die Chancen für Renzi gestiegen, sein Reformprogramm umzusetzen. Die Strahlkraft der Argumente von Grillo ist jedoch noch nicht beseitigt. Er hält die gesamte politische Klasse Italiens, unabhängig von ihrer Farbe, für korrupt und will sie verjagen (»Tutti a casa!« – Geht alle nach Hause).

Renzi steht mit seinem neuen Gewicht daher womöglich auf dünnem Eis.[5] Gleichwohl galt er rasch als »das Gesicht des Südens«. Das ist keine ästhetische Feststellung. Renzi hat mit 40,8 Prozent ein Rekordergebnis für die italienische Linke eingefahren. Sein Partito Democratico ist die stärkste Ländergruppe der europäischen Sozialisten. Nun stellt sich die Frage nach den praktischen politischen Konsequenzen. Wird Renzi versuchen, sich als Anführer einer »Südachse« gegen die Nordländer zu profilieren? In jedem Fall scheint er anders zu sein als seine denkwürdigen Landsleute Berlusconi und Grillo. Er führt keine Brachialkampagne gegen Europa, sondern hat sich zu Hause schon praktischen Problemen zugewandt:

- Lockerung des Kündigungsschutzes
- Beschneidung der Kompetenzen der Provinzregierungen
- Verkleinerung der zweiten Kammer (Senat)

Am Erfolg solcher und anderer Projekte wird Renzi gemessen werden. Sollte auf diese Weise Berechenbarkeit und Normalität in Italien einkehren, wäre das nach zwei Jahrzehnten populistischen Selbstbetrugs die größte Revolution. Es ist auch höchste Zeit. Auf dem Land lasten Staatsschulden von circa 2 Billionen Euro, ein Wert, den Frankreich allerdings schon im September 2014 überschritten hatte. Ein gefährlicher Spagat tut sich auf. Schuldenabbau ist nötig, Geld für Investitionsprogramme auch. Die hohe und weiter wachsende Jugendarbeitslosigkeit wird sich nicht über Nacht verringern, genauso wenig wie die Verschuldung der Familien. Die Realeinkommen sinken. Es gibt kein nennenswertes Wirtschaftswachstum.

Renzi wird auch daran gemessen werden, ob er die ungeheure Verschwendung von Steuergeldern einzudämmen vermag. Er will die Dinge jedenfalls nicht nur in seinem Heimatland anpacken (Reform der verkrusteten Bürokratie), sondern fordert auch eine Reduzierung des »aufgeblasenen Apparats in Brüssel«. Für manche gehört Renzi zu einer Generation, die nach der Gemeinschaftswährung als Erbe der Vätergeneration ein einheitliches Europa mit einer gemeinsamen Finanz- und Außenpolitik schaffen will. Dazu zählt nach seinen Vorstellungen auch mehr Flexibilität in Europa. Die Defizitklausel (3 Prozent) hält er für »anachronistisch«, die Schuldendebatte für »vergangenheitsfixiert«. Für Italien schien die Personaldebatte um das Amt des Kommissionspräsidenten jedenfalls nicht so wichtig gewesen zu sein. Anders als die Briten stießen die Italiener keine Drohungen aus, sondern setzten auf Verhandlungen. Für sie hat die Macht ihren Sitz in Berlin und nicht in Paris.[6]

Vor diesem Hintergrund wird mancherorts ein finsteres Panorama der EU entworfen. Sie sei nie wirklich demokratisch gewesen und entledige sich zunehmend aller verbleibenden demokratischen Pflichten. Die Wähler, deren Ansichten von Eliten missachtet werden, wichen der Versammlung aus, die sie nominell präsentiert, indem sie nicht wählen. Bürokraten, die nie gewählt wurden, kontrollieren angeblich nationale Parlamente souveräner Nationen, denen sogar das Recht, über den eigenen Haushalt zu entscheiden, entzogen worden sei. Italien sei aber das einzige Land, in dem die systematische Enttäuschung nicht nur dumpfe Indifferenz habe entstehen lassen, sondern zu einer Revolte, zu einer radikalen Umgestaltung der politischen Landschaft geführt habe – eben zu Beppe Grillo und zu seiner Bewegung. Ihre Unversöhnlichkeit und ihr Eigensinn beruhten darauf, dass Grillo die gesamte politische Elite Italiens für unrettbar verderbt hält. Der propagierte Populismus ist womöglich die Einheit des Volkes mit dem Volk, also ein Widerspruch in sich selbst: eine Politik, die keine Politik mehr ist. Vor diesem Hintergrund erscheint es wichtig, in welchem Maße und wie lange es dem selbsternannten »höflichen Verschrotter« Matteo Renzi gelingt, mit seiner Jugend Politik zu machen – und mit dem darin liegenden Versprechen, der »Kaste« die Existenzgrundlagen zu entziehen und sich selbst an ihre Stelle zu setzen. Das ist ein Vorhaben, das durchaus dem von Grillo ähnelt.

Inzwischen hat der eine oder andere Kommentator sogar den Eindruck gewonnen, dass es Ähnlichkeiten zwischen Renzi und seinem Amtsvorgänger Silvio Berlusconi gibt. Renzi stellte eine Regierungsmannschaft auf, der sehr viele junge Leute und viele Frauen angehören, und überzog das Land mit einer ebenso populistischen wie effektiven Propaganda (»Jeden Monat eine Reform«). Natürlich soll sich auch das Verhältnis Italiens zur EU ändern. Renzi empfindet das Verhalten seines Landes gegenüber Brüssel als zu »unterwürfig«. Mit dem Versprechen, alles neu zu machen, war aber auch Berlusconi im Jahre 1994 angetreten. Es war ihm gelungen, innerhalb kürzester Zeit das Amt des Ministerpräsidenten zu erobern. Auch Renzi konnte die Hoffnungen – oder Illusionen –, die sein plötzliches Erscheinen ausgelöst hatten, sofort in politisches Kapital umwandeln. Schon zwei Monate nach seiner Ernennung zum Regierungschef fanden die Europa-Wahlen statt. Zu diesem Zeitpunkt konnten sich die Wähler noch nicht gewiss sein, ob Renzi seine Versprechungen in die Tat umsetzen kann. Die Europa-Wahlen des Jahres 2014 waren in Italien ein Referendum für beziehungsweise gegen den Ministerpräsidenten. Ihm gelang der historische Erfolg von 40,8 Prozent für seine Partei vor allem wegen der einzig bis dahin verabschiedeten Reform, nämlich einer Steuersenkung für Geringverdiener, die jetzt monatlich 80 Euro mehr in der Tasche haben.

Die erste Auszahlung sollte Ende Mai 2014 erfolgen, also am Tag nach der Wahl. Der Vorwurf des Stimmenkaufs traf Renzi nicht.

Ähnlich wie die Oppositionsbewegung des Beppe Grillo brüstete er sich damit, dass er den Staat dazu bringen wolle, etwas an die Bürger zurückzuzahlen, nachdem dieser immer nur genommen habe. Zur Realisierung seiner umfassenden Reformagenda ging Renzi ein Bündnis mit Berlusconi ein (»Nazareno-Pakt«). Zudem erhielt er zunächst die Unterstützung des seinerzeit noch amtierenden und inzwischen zurückgetretenen Staatspräsidenten Giorgio Napolitano, der als perfekter Vermittler zwischen den Mächtigen der nationalen und internationalen Politik- und Finanzwelt auftrat, die sich als Herren über Italien aufspielen. Die Einzelheiten des Bündnisses mit seinem »Partner« Berlusconi blieben vorerst unbekannt. Immerhin können die italienischen Wähler wissen, dass Renzi sich mit einem Landsmann verständigt hat, der wegen Steuerhinterziehung in letzter Instanz zu vier Jahren Freiheitsstrafe verurteilt, aus dem Senat hinausgeworfen und zum Sozialdienst in einem Alzheimer-Wohnheim verpflichtet wurde. Das scheint bedeutungslos zu sein, glaubt der junge Ministerpräsident Renzi doch, dass man Wahlgesetze und Verfassungsreformen zusammen mit Teilen der Opposition machen muss. Der wahre Grund für diese Allianz, die man auch mit weniger korrupten Parteien hätte schließen können, ist möglicherweise, dass Renzis Demokratieverständnis mit dem des Silvio Berlusconi sehr viel mehr übereinstimmt als mit dem anderer Parteien. Angeblich plädieren Renzi und Berlusconi eher für eine »vertikale Demokratie«, in der die Parteien und ihre Führer sehr viel mehr zu sagen haben als die Wähler und in der wenige Entscheidungsträger abseits der Öffentlichkeit die Politik bestimmen.[7]

An Selbstbewusstsein fehlt es Renzi offensichtlich nicht. Im August 2014 verkündete er, dass eine Verfassungsreform verabschiedet worden sei, wie sie in siebzig Jahren niemand geschafft habe. Davon scheint aber nicht jeder in Italien überzeugt zu sein. Man erinnert sich auch an einen »großen Wurf«, den Berlusconi 2005 versucht hatte. Er wollte den Senat in eine Länderkammer umwandeln, die Zahl der Abgeordneten reduzieren und vor allem die Position des Regierungschefs stärken. Berlusconi wollte einen

»Premierminister« schaffen, der direkt vom Volk gewählt wird, seine Minister selbst aussuchen darf und vom Staatspräsidenten auch die Auflösung des Parlaments und die Ausschreibung von Neuwahlen verlangen kann, ein Projekt, das von der damaligen Mitte-Links-Opposition als »Massaker an Italiens Verfassung« bezeichnet wurde. Es scheiterte kurz nach der Abwahl Berlusconis 2006 in einer Volksabstimmung. Und nun kommt also der junge und frische Matteo Renzi, der nicht nur seit Jahren die »Verschrottung« einer ganzen Generation alter Politiker fordert, sondern das ganze verkrustete Staatswesen Italiens von Grund auf überholen möchte, da es sonst nicht möglich sei, die Wirtschaft des Landes für den Weltmarkt fit zu machen.

Die Konstruktionsmängel sind seit vielen Jahren bekannt: Renzi steht der 65. Nachkriegsregierung vor. Die zwei Kammern des Parlaments (Abgeordnetenhaus und Senat) haben zusammen 950 Abgeordnete und kosten circa 1,6 Milliarden Euro im Jahr, bringen aber nur sehr wenige klare Entscheidungen zustande. In diesem System gedeihen nicht nur Klientelwesen und Seilschaften mit wirtschaftlichen Interessen besonders gut. Es gibt auch viele Ansatzpunkte, um Reformen zu verwässern oder zu blockieren. Aufgrund ihrer Schwierigkeiten mit den Kammern haben schwache Regierungen in der Vergangenheit sich während der turbulenten dreimonatigen Haushaltsberatungen regelmäßig auf einen gemeinsamen Nenner geeinigt: Mehr Ausgaben zugunsten der jeweiligen Klientel der Regierungskoalition und zusätzlich noch finanzielle Beruhigungspillen für die Opposition. Es kam, was kommen musste: In den Jahren 1970 bis 1992 wuchs Italiens Staatsschuld schließlich von 40 Prozent auf mehr als 120 Prozent des Bruttoinlandsprodukts (BIP). Unterdessen wurde Italien aufgrund des Machtzuwachses der Regionen noch schwerer regierbar. Kompetenzstreitigkeiten und Einsprüche verhindern, dass viele öffentliche Investitionsprojekte über das Planungsstadium hinauskommen.

Matteo Renzi möchte künftig vor allem mit einer Kammer arbeiten, dem Abgeordnetenhaus, das der Regierung das Vertrauen gibt und die gewöhnlichen Gesetze wie den Haushalt behandeln darf. Der Senat soll zur Regionalkammer werden. Er muss zustimmen, wenn es um Grundrechte geht, um Kompetenzen der Regionen oder die Umwandlung europäischer Richtlinien in nationales Recht. Nationale Infrastrukturvorhaben oder Energieprojekte sollen künftig Sache der Zentralregierung sein. Die Gegner Renzis sind entschlossen, ihm bei der Reform des Wahlrechts ein Bein zu stellen. Hat Renzi als Parteivorsitzender entscheidenden Einfluss bei der Aufstellung der Listenkandidaten, gewinnt er bei den Wahlen eine Mehrheitsprämie und regiert dann mit nur einer Parlamentskammer. Dann gibt es keine Möglichkeit mehr, ihn aufzuhalten. Genau diesen Entscheidungsspielraum strebt Renzi an. Die weiter beabsichtigte Verfassungsreform ist die Voraussetzung für eine grundlegende Reform Italiens.[8]

Schon im August 2014 wurde Renzi jedoch ein ungemütlicher Herbst vorausgesagt. Seine vielen Versprechungen und die großen Hoffnungen, die er gemacht und erweckt hatte, scheinen doch nicht so leicht erfüllbar. Er selbst wird zunächst einmal die Enttäuschung darüber überwinden müssen, dass in Italien das BIP seit Mitte 2011 sinkt und dass das Land seit Beginn der Wirtschaftskrise 2007 gegenüber Deutschland einen Wachstumsrückstand von fast 15 Prozentpunkten angesammelt hat. Aufgrund eines winzigen Zuwachses des BIP im letzten Quartal 2013 fühlten sich die Italiener schon in ihrer Erwartung bestätigt, dass 2014 endlich ein Wachstumsjahr werde. Tatsächlich setzte sich im ersten Halbjahr 2014 aber die Rezession fort, obschon Renzi doch mit der schnellen Bezahlung offener Lieferantenrechnungen des Staates und mit dem monatlichen Steuernachlass von 80 Euro für Kleinverdiener die Konjunktur ankurbeln wollte. Die Steuereinnahmen sind jedoch erstmals seit langer Zeit zurückgegangen. Die Rezession lässt weitere Haushaltslücken erwarten. Frühere italienische Regierungen hatten der EU für 2015 jedoch einen ausgeglichenen Staatshaushalt versprochen. Das Programm für Ausgabenkürzungen macht indes keine Fortschritte. Seine Kollegen in Europa hatten das von Renzi vorgeschlagene »Tauschgeschäft« nicht akzeptiert. Er wollte den Staatshaushalt erst 2016 ausgleichen – als Gegenleistung für vielerlei Reformversprechen.

Die europäischen Partner waren darauf jedoch zunächst nicht eingegangen. Dabei waren sie gut beraten, ist Italien doch von einem durch Reformen erzeugten Wachstumsschub weit entfernt. Fraglich ist auch, ob die im italienischen Parlament überproportional starke Linke die drastischen Veränderungen mittragen will, die Italien nötig hat, um wieder in Schwung zu kommen. Renzi scheint auch nicht rechtzeitig verstanden zu haben, dass die beabsichtigte Konjunkturbelebung durch öffentliche Investitionen nicht überall gefällt. Sein Landsmann Mario Draghi musste ihm als Chef der EZB die Bedeutung privater Investitionen in Erinnerung rufen. Renzi hat die Wahl: Entweder er setzt sich mehr für umstrittene Reformen ein oder für ebenso unpopuläre Haushaltskürzungen. Die europäische »Lizenzierung« eines höheren Haushaltsdefizits dürfte den Reformdruck jedoch verringern. Es bleibt abzuwarten, ob die Realisierung der Reformpläne Renzis aus Italien einen Wachstumsmotor Europas macht.[9]

Vielleicht geht es ja letztlich nur darum zu erkennen, dass der Anspruch auf Glaubwürdigkeit auch in Italien ein politisches Mittel ist, neben vielen anderen Mitteln, und eben kein Prinzip.[10] Der Charme des jungen Renzi konnte offensichtlich an einem bekannten Funktionsprinzip der Politik nichts ändern: Wann immer es in den eigenen Kram passt, macht man Versprechungen, die nicht einzuhalten sind. Zum Beginn des Jahres 2015 wurde bekannt, dass die Neuverschuldung mit 3,7 Prozent des Bruttoinlandsprodukts in den ersten neun Monaten des Jahres 2014 nicht nur über dem Niveau von 2013 lag. Sie übertraf auch das in den Maastricht-Regeln vorgesehene Limit von 3 Prozent. Zum anderen erreichte die Arbeitslosenquote mit 13,4 Prozent ein neues Allzeithoch. Im Gegensatz zur EU-Arbeitslosenquote, die sich im November 2014 mit 11,5 Prozent auf dem Vormonatsvergleich stabilisierte, wurden gleichzeitig in Italien 48 000 mehr Arbeitssuchende als im Oktober 2014 gemeldet. Dramatisch entwickelte sich dabei vor allem die Jugendarbeitslosigkeit mit einer Quote von fast 44 Prozent.

Zur Erinnerung: Der aufstrebende Star am europäischen Politikerhimmel hatte für 2014 ein Defizit von 3 Prozent vorgesehen und versprochen, es im Jahr 2015 auf 2,9 Prozent zu senken. Das könnte aber nur durch ein kräftiges Wirtschaftswachstum oder einen Nachtragshaushalt gelingen. Italien dürfte aber im vierten Quartal 2014 bestenfalls ein »Nullwachstum« erreicht haben. Für 2015 prognostizierten Experten ein Wachstum von 0,4 Prozent. Damit lassen sich die öffentlichen Finanzen nicht sanieren und der Arbeitsmarkt lässt sich so nicht ankurbeln. Ein Nachtragshaushalt müsste mindestens 11 Milliarden Euro ausmachen. Der italienische Wirtschaftsminister hat einen Nachtragshaushalt aber ausgeschlossen. Die Kommission hatte seinerzeit die Absicht, Anfang März 2015 zu prüfen, ob Italiens Sanierungsmaßnahmen in Einklang mit den Stabilitätsregeln stehen oder ob gegen das Land ein Strafverfahren eröffnet werden muss.

Kurz nach der Europa-Wahl zeichneten sich für Europa insgesamt zunächst zwei Varianten ab:

- Im Falle einer Wahl von Jean-Claude Juncker durch das Parlament zum Kommissionspräsidenten triumphieren die Integrationisten, also die Verfechter eines starken Europa-Parlaments. Die Vertiefungsgegner heulen auf, weil sie den Machtzuwachs für das Parlament ablehnen, und die Briten verlassen die EU.
- Der Kommissionspräsident wird wie bisher von den Regierungschefs bestellt, das Europa der Nationalstaaten setzt sich durch und der (ehemalige) Spitzenkandidat wird ignoriert. Triumphieren würden die Föderalisten, die Integrationisten würden »Verrat« schreien, und besonders in Deutschland wäre von Wahlbetrug die Rede, verbunden mit einem großen Vertrauensverlust.

Man stand also vor einem Dilemma, in dem einerseits schon klar war, dass Europa eine »gewaltige Konsensmaschine« ist, die sich bisher eher an den Zögerlichen orientiert hatte, und gleichzeitig eine Ansammlung von Nationalstaaten und ein »Gebilde sui generis« mit einem »halben« Parlament, während die Kommission eine Behörde der Nationalstaaten und nicht des Parlaments ist, die ausdrücklich keine Regierung, sondern eine (recht gute!) Verwaltungsstelle ist. Vor diesem Hintergrund standen hinter der Frage »Juncker oder nicht Juncker?« sogar systembestimmende Probleme. Verleiht man nämlich dem Parlament mehr Macht, verschieben sich die durch die geltenden Verträge gesetzten politischen Gewichte in der EU. Dann muss man aber berücksichtigen, dass die EU in Machtfragen ein »sensibles Monster« ist.[11]

Dieser Sprachgebrauch leitet fast schon zur Frage über, in welchem »seelischen« Zustand sich Europa nach und aufgrund der Wahlen befindet. Es in der Tat einerseits nicht sofort einsichtig, warum aus »Jubelbegriffen« wie Freiheit, Sicherheit, Unversehrtheit und Recht so wenig Begeisterung entsteht. Andererseits ist nicht zu bestreiten, dass durch die Umbrüche im Osten Europas und Deutschlands doch erhebliche Unsicherheit erzeugt wurde und ganze Lebensentwürfe auf einmal kaum noch etwas galten, sich also auch Leid verbreitete. Angesichts der historisch bislang geringsten Wahlbeteiligung und der größten Zahl von Europa-Gegnern, die in das Parlament gewählt wurden, ist evident geworden, dass viele Europäer keine positive Bindung an den Staatenbund der EU entwickelt haben. Das mag auch mit den ungeheuren Abstraktionen zu tun haben und mit Wahlen, in denen man sich für jemanden entscheiden soll, der kaum bekannt ist. Die Entfernung der Europapolitiker dürfte auch zu groß sein, um Bindung entstehen zu lassen. Der Prozess der »Übertragung« im Sinne einer Vertrauensbildung durch Schutzerfahrung funktioniert aber nur, wenn das tatsächliche Empfinden von Nähe da ist.

Es kommt hinzu, dass »Europa« eine politische Einheit ist, von der kaum einer eine »sinnliche« Vorstellung hat. Eine Rückbindung an entsprechend Erfahrbares fehlt. In Europa gibt es keine »Kirche im Dorf« mehr, an der man sich orientieren könnte. Noch nicht einmal eine konkret erfahrbare europäische Regierung gibt es. Zu deren Etablierung müssten die nationalen Regierungen Macht abgeben, und das Parlament müsste viel stärkere Befug-

nisse erhalten. Nach den letzten Wahlen scheinen Entscheidungs-
losigkeit und Zögerlichkeit aber eher noch zugenommen zu haben. Deshalb wird die europäische Atmosphäre von einem
Psychoanalytiker sogar als »exquisit depressiv« bezeichnet. In Europa fehle es gleichzeitig an horizontaler und vertikaler Identifika-
tion, die wie etwa Parlament und Königshaus moderne und archa-
ische Muster, erwachsene und kindliche Bedürfnisse bedienen
und befriedigen könnten.[12]

Lektionen

Die Lehren, die Europa aus den Wahlen des Jahres 2014 ziehen sollte, sind nicht einfach zu beschreiben. Immerhin konnte man schon unmittelbar danach die Empfehlung vernehmen, dass sich die neue Kommission weiteren Regelungswünschen, die oftmals aus den Nationalstaaten kommen, entgegenstemmen und dabei vom Parlament unterstützt werden möge. Dahinter steht die Hoffnung, dass etwas »weniger Europa« zum Preis einer stärkeren Differenzierung innerhalb der EU am Ende sogar mehr Europa, jedenfalls ein besseres Europa bedeuten könnte, ein Europa, das sich endlich auf seine Kernaufgaben beschränkt.[1] In der Tat scheint die rituelle Forderung nach »mehr Europa« bei immer weniger Menschen zu verfangen. Der »Hurrapatriotismus der Berufseuropäer« prallt an einer immer stärker werdenden Phalanx von Bürgern ab, die sich insbesondere in Südeuropa unterjocht fühlen, während sich die Nordeuropäer als ausgebeutet empfinden. Einerseits herrscht in den »Zahlerländern« dementsprechend die Sorge, dass ihr Geld in ein Fass ohne Boden fließt und Sparen wegen der Nullzinspolitik der EZB keinen Sinn mehr hat. Andererseits wird in den Krisenländern über mangelnde Solidarität, den erzwungenen Sparkurs und die Stabilitätspolitik geklagt.

Insgesamt erscheint Europa den Bürgern weniger als Versprechen, sondern als Bedrohung. »Brüssel« wird als undurchschaubares, bürokratisches, zentralistisches, wucherndes, teures und undemokratisches Gebilde wahrgenommen. Sie haben womöglich begriffen, dass Europa weder auf den Euro noch auf die EU zu reduzieren ist. Grenzwertig dümmliche Floskeln (zum Beispiel Angela Merkel: »Scheitert der Euro, dann scheitert Europa«) sorgen aber immer noch für Verdruss, ist doch unübersehbar, dass die Rettungsmaßnahmen eine gigantische Ausweitung der Gemeinschaftshaftung nach sich gezogen haben, ohne dass im Gegenzug hinreichend wirksame Kontrollrechte geschaffen wurden. Man vermisst das Gleichgewicht zwischen Risiko und Haftung. Es wird daran erinnert, dass die EU vor jeder Wirtschaftsgemeinschaft zuerst eine Friedensgemeinschaft ist und dass Europa als Kontinent der Freiheit und der Freizügigkeit wenig mit dem Euro zu tun hat. Wichtiger dürfte der gemeinsame Binnenmarkt als Motor für eine dynamische Wirtschaftsentwicklung sein. Das gilt sicher auch für eine gemeinsame Außen- und Sicherheitspolitik im Hinblick auf die zukünftige Friedenssicherung. Die weitere Verlagerung von Aufgaben ist deshalb kein Patentrezept. Die Zeit der Einbahnstraßen dürfte jedenfalls zu Ende gehen. Mit Hilfe des Subsidiaritätsprinzips sollte Europa vom Kopf auf die Füße gestellt werden. Der lächerliche Vereinheitlichungswahn muss ein Ende finden, weil die Stärke Europas in seiner Vielfalt liegt.[2]

Immerhin hat der ehemalige deutsche Bundeskanzler Helmut Schmidt erkannt, dass wir in schrittweiser Anstrengung mit der Schaffung der gemeinsamen Euro-Währung einen wichtigen Schritt nach vorn getan haben. Unsere gemeinsamen Institutionen hält er dagegen für zu kompliziert. Das Europäische Parlament hat aus seiner Sicht keine genügenden Befugnisse. Vor allem fehle es an einer gemeinsamen ökonomischen Politik, gegenwärtig ganz besonders mit Blick auf die Verschuldung der Mitgliedstaaten – eine zwangsläufige Folge der von den USA ausgehenden Krise der Geld- und Kapitalmärkte.[3]

Die Mitgliedstaaten der heutigen EU mag man ausnahmslos als parlamentarische Demokratien bezeichnen. Das heißt aber nicht, dass sie alle parlamentarische Regierungssysteme besitzen. Dazu gehört nämlich die Einsetzung der Regierung aus dem Parlament, zumindest aber durch das Parlament. Daneben gibt es etwa in Frankreich die Präsidialdemokratie, wo der Staatspräsident als exekutive Spitze nicht vom Parlament, sondern vom Volk gewählt ist.

Das ist eine parlamentarische Demokratie, aber kein parlamentarisches Regierungssystem. In Europa gibt es vielgestaltige demokratische Verfassungen. Die Organisation der EU ist keiner bestimmten Verfassung eines Mitgliedstaats nachgebildet. Tatsächlich folgt die Verteilung von Aufgaben und Befugnissen auf Rat, Kommission und Parlament eher dem konstitutionellen als dem demokratischen Staat, der bestenfalls als »Teildemokratie« daherkommt.

Die EU bietet also gegenwärtig einen merkwürdigen Anblick. Die Mitgliedstaaten repräsentieren einen demokratischen Verfassungstyp. Darüber wölbt sich eine Institution sui generis. Im Hinblick auf das Europäische Parlament sind grundsätzlich keine Zweifel an der demokratischen Qualität angebracht, da der europäische Wähler über seine Zusammensetzung bestimmt. Die Europäische Kommission entsteht hingegen aus einem eigenartigen Zusammenspiel zwischen allen Staats- und Regierungschefs (Europäischer Rat) und dem Parlament. Der Europäische Rat schlägt den Kommissionspräsidenten vor. Das Parlament wählt ihn (oder auch nicht).

Der Ministerrat (Rat) stellt im Einvernehmen mit dem (gewählten) Kommissionspräsidenten die Liste der übrigen Kommissionsmitglieder zusammen. Die Kommission als Ganzes erhält die parlamentarische Zustimmung. Nach den geltenden Gemeinschaftsverträgen hat das »Zweigestirn« aus Rat und Parlament die Position, die der Monarch in den konstitutionellen Verfassungen einnahm. Daher stellt sich die Frage nach der demokratischen Legitimität des Rats und der Kommission.

Frankreich möge als Beispiel dienen. Das Land ist im Europäischen Rat durch einen vom Volk gewählten Präsidenten vertreten. Im Rat ist Frankreich dann allerdings wie alle anderen Mitgliedstaaten durch einen seiner Minister vertreten, der lediglich durch Ernennung von Seiten des Präsidenten und durch parlamentarische Bestätigung legitimiert ist. Infolge dieser »doppelten Delegation« ist die Legitimation bereits erheblich verdünnt.

Um die demokratische Legitimität der gewöhnlichen Ratsmitglieder ist es im Übrigen nicht viel besser bestellt als um die der deutschen Bundesratsmitglieder, die ebenfalls immer wieder angezweifelt wird. Bei den Ratsmitgliedern, die aus reinen parlamentarischen Demokratien kommen, gibt es sogar eine zusätzliche Delegationsstufe. Dort entscheidet über die Ernennung zum Minister (und damit tauglichem Ratsmitglied) nicht ein monarchisches oder präsidentielles Staatsoberhaupt, sondern der Regierungschef, der aber seinerseits vom Parlament gewählt sein muss. Von weiteren Zwischenstufen, etwa in Koalitionsverhandlungen, ist erst gar nicht zu reden. Die Delegationskette, die über den Rat zur Kommission führt, wird noch einmal um ein Glied verlängert, das Gefühl demokratischer Bindungen und Verantwortlichkeiten wird also zwangsläufig weiter verdünnt.

Das bewirkt natürlich den Eindruck, dass in der Organisationsstruktur der EU das bürokratische Element weit stärker ausgebaut ist als das demokratische Element und dass dieser Vorsprung erheblich größer ist als in den Hauptstädten der Mitgliedstaaten, in denen allerdings auch nicht gerade überall eine Bürokratieferne herrscht. Der Anblick der EU ruft also eine gewisse Betrübnis hervor, weil sie eher an eine konstitutionelle Wahlmonarchie als an eine parlamentarische Demokratie erinnert. Jede Zuständigkeit, die sie besitzt oder die ihr weiter zuwächst, bringt eine Verschiebung von demokratischen zu teildemokratischen Verhältnissen mit sich. Hält man Demokratie für richtig, tritt damit eine beträchtliche Verschlechterung der Verhältnisse ein.[4]

Die EU stößt nicht nur wegen dieser grundsätzlichen Problematik auf Skepsis und teilweise sogar auf Ablehnung. Gleichzeitig erwartet man von ihr den Erhalt des mittlerweile erreichten Wohlstands und ein kraftvolles Auftreten in der sich neu organisierenden Welt. Das kann sie gegenwärtig aber nicht leisten, weil sie zu schwach ist, nicht über die nötigen außenpolitischen Kompetenzen verfügt und sich durch Bürokratismus und »Normenhypertrophie« selbst im Weg steht. Als notwendig gilt daher ihre alsbaldige Reform durch Änderungen in den Gemeinschaftsverträgen und durch zurückhaltenderen Gebrauch der den Organen zustehenden Befugnisse.[5] Gleichwohl zeigt aber schon ein kurzer

Blick auf den gemeinschaftsrechtlichen Ursprung der in den Mitgliedstaaten der EU geltenden Rechtsregeln, dass sich das Unionsrecht im Vordringen befindet und die EU die Mitgliedstaaten ablösen und ein allmählicher Übergang in einen Bundesstaat stattfinden könnte.

Diese Entwicklung wird aber vielleicht irgendwann in Karlsruhe zum Stillstand kommen. Das Bundesverfassungsgericht hat immer wieder betont, dass auch die Übertragung von Hoheitsrechten Grenzen hat (»Integrationsverantwortung«). Im Hinblick auf die Wirtschafts- und Währungsgemeinschaft weist das Gericht aber auch auf Entwicklungsmöglichkeiten hin und verwendet »Stabilitätsgemeinschaft« als Leit- und Rechtsbegriff. In der Präambel[6] und in Artikel 23 Absatz 1 Grundgesetz[7] wird sogar ein »Verfassungsauftrag« zur Verwirklichung eines vereinten Europas gesehen. Gleichzeitig betont das Gericht aber auch, dass die Möglichkeit, Hoheitsrechte auf zwischenstaatliche Einrichtungen zu übertragen, begrenzt ist. Inzwischen gibt es eine lange Linie einer entsprechenden ständigen Rechtsprechung. Mit der »Integrationsverantwortung« ist gemeint, dass Bundesregierung, Bundestag und Bundesrat gemeinsam die Verantwortung dafür trifft, dass Maßnahmen der EU, die im Integrationsprogramm noch nicht hinreichend angelegt sind, erst dann vorgenommen werden, wenn in Deutschland eine entsprechende Übertragung von Hoheitsrechten in Form eines Gesetzes auf der Grundlage von Artikel 23 Absatz 1 Grundgesetz erfolgt ist. Das gilt ebenso für andere zwischenstaatliche Einrichtungen, bei denen dann die ergänzende Übertragung von Hoheitsrechten auf der Basis von Artikel 24 Grundgesetz[8] erfolgen muss. Diese Bestimmung eröffnet aber nicht den Weg, die Grundstruktur der deutschen Verfassung, auf der ihre Identität beruht, ohne Verfassungsänderung, nämlich durch die Gesetzgebung der zwischenstaatlichen Einrichtungen, zu ändern. Sowohl Vertragsänderungen als auch der Erlass von Sekundärrecht sind unzulässig, wenn sie die Identität der geltenden Verfassung der Bundesrepublik Deutschland durch Einbruch in die sie konstituierenden Strukturen aufheben würden. Auch der

Grundrechtsteil des Grundgesetzes und die Rechtsprinzipien, die ihm zugrunde liegen, gehören zum unaufgebbaren Kern.[9]

Die haushaltspolitische Gesamtverantwortung des Deutschen Bundestags gehört ebenfalls zu diesem unaufgebbaren Identitätskern. In der Präambel des Grundgesetzes zeigt sich das deutsche Volk von dem Willen beseelt, als gleichberechtigtes Glied in einem vereinten Europa dem Frieden der Welt zu dienen. Die Bestimmung des Kompetenzgefüges zwischen der EU und den Mitgliedstaaten hängt aus deutscher Sicht sehr stark davon ab, ob das Grundgesetz die Errichtung eines europäischen Staates zulässt oder sogar vorgibt. Die Rechtsprechung des Bundesverfassungsgerichts schließt die Staatswerdung der EU letztlich aus. In seinem »Lissabon-Urteil« vom 30. Juni 2009 hat das Gericht klargestellt, dass das Grundgesetz die für Deutschland handelnden Organe nicht ermächtigt, durch einen Eintritt in einen Bundesstaat das Selbstbestimmungsrecht des deutschen Volkes in Gestalt der völkerrechtlichen Souveränität Deutschlands aufzugeben. Die »Kompetenz-Kompetenz« muss bei den Mitgliedstaaten bleiben.[10] Die EU darf sich nicht von ihren völkerrechtlichen Grundlagen lösen. Die Geltung und der teilweise Vorrang des Unionsrechts in Deutschland ergeben sich nach wie vor aus den Zustimmungsgesetzen zu den jeweiligen Verträgen und Vertragsänderungen.[11] Verfassungsrechtlich ist damit auch die Möglichkeit verbunden, wieder aus der Union auszutreten.[12] Diese Kernaussage des Urteils zum Vertrag von Lissabon, dass die Bundesrepublik ihre Staatlichkeit nicht aufgeben darf, fügt sich ohne Brüche in die bisherige Rechtsprechung des Bundesverfassungsgerichts zur Kompetenzverteilung zwischen der europäischen Ebene und den Mitgliedstaaten ein.

Artikel 23 Grundgesetz erlaubt indessen die Bildung einer Wirtschafts- und Währungsgemeinschaft. Die EU durfte deshalb die Währungspolitik für die Mitgliedstaaten, deren Währung bekanntlich der Euro ist, zu den Bereichen zählen, für die die Union die ausschließliche Zuständigkeit hat.[13] Der Vergemeinschaftung der Währungspolitik steht aber keine entsprechende Wirtschaftsunion gegenüber. Im Bereich der allgemeinen Wirtschafts- und Fiskalpolitik sind die Zuständigkeiten bei den Mitgliedstaaten verblieben. Sie sind also für die Gestaltung ihrer Wirtschaftspolitik und deren Folgen selbst verantwortlich. In diesem Zusammenhang wird zwar immer wieder von einer »Schicksalsgemeinschaft« gesprochen. Für das Bundesverfassungsgericht ist die Währungsunion aber als »Stabilitätsgemeinschaft« konzipiert und war als solche Grundlage und Gegenstand des deutschen Zustimmungsgesetzes. Sollte die Währungsunion die bei Eintritt in die dritte Stufe vorhandene Stabilität nicht kontinuierlich im Sinne des vereinbarten Stabilisierungsauftrags fortentwickeln können, so würde sie die vertragliche Konzeption verlassen.[14] Inzwischen ist allerdings deutlich geworden, dass diese Konzeption im Hinblick auf die Absicherung der Stabilitätsorientierung durch Haushaltsdisziplin und wirtschaftspolitische Orientierung an Konstruktions- und Umsetzungsmängeln leidet. Damit wurden auch frühere Warnungen und der Hinweis etwa der Deutschen Bundesbank auf die Währungsunion als Schicksalsgemeinschaft bestätigt.

Die erforderlichen Änderungen weisen in Richtung einer stärkeren politischen Union.[15] Dabei gab es schon frühzeitig gewichtige Stimmen, die betonten, dass eine Währungsunion zwischen Staaten, die auf eine aktive Wirtschafts- und Sozialpolitik ausgerichtet sind, letztlich nur gemeinsam mit einer politischen – alle finanzwirtschaftlich wesentlichen Aufgaben umfassenden – Union, nicht aber unabhängig davon oder als bloße Vorstufe auf dem Weg dahin verwirklicht werden könne. Das Bundesverfassungsgericht selbst wies schon früh darauf hin, dass es nachvollziehbare Gründe dafür geben mag, dass die Währungsunion politisch-faktisch nur bei alsbaldiger Ergänzung durch eine Wirtschaftsunion sinnvoll durchgeführt werden kann, die über eine Koordinierung der Wirtschaftspolitik der Mitgliedstaaten und der Gemeinschaft hinausgeht.[16] Damit ist aber keine verfassungsrechtliche, sondern eine politische Frage aufgeworfen. Das Gericht hat auch dementsprechend erkannt, dass es eine politische Entscheidung war, die Währungsunion ohne eine gleichzeitige oder unmittelbar nachfolgende politische Union zu vereinbaren und ins Werk zu setzen. Dies müssten die dazu berufenen Organe politisch verantworten. Sollte sich herausstellen, dass die gewollte Währungsunion in der Realität ohne eine (noch nicht gewollte) politische Union nicht zu verwirklichen ist, bedürfte es einer erneuten politischen Entscheidung, wie weiter vorgegangen werden soll.

Gegenwärtig versuchen die Mitgliedstaaten und die Unionsorgane, nicht nur die akute Krise zu bekämpfen, sondern auch die Währungsunion dauerhaft abzusichern. Aus früheren Äußerungen des Bundesverfassungsgerichts geht hervor, dass eine politische Union rechtlich jedenfalls nicht auszuschließen ist. Im Rahmen des verfassungsrechtlich Zulässigen wäre dies natürlich auch politisch zu verantworten. Nötig wäre eine Vertragsänderung, an der die staatlichen nationalen Organe einschließlich des Deutschen Bundestags mitwirken müssten. Damit hat das Bundesverfassungsgericht zwar keinen »Blankoscheck« ausgestellt. Es hat aber angedeutet, dass eine Intensivierung der politischen Union mit dem Ziel, die Konzeption der Wirtschafts- und Währungsunion als Stabilitätsgemeinschaft nachzujustieren und auszubauen, verfassungsrechtlich nicht von vornherein unzulässig wäre.[17] Im Gegenteil: Im Sinne des vereinbarten Stabilisierungsauftrags wäre dies verfassungsrechtlich geradezu geboten.

Während das »Maastricht-Urteil« vom 12. Oktober 1993 also die Möglichkeiten einer Verstärkung der politischen Union hervorhebt, akzentuiert das »Lissabon-Urteil« eher die Grenzen. Aber selbst dort heißt es, dass die von Artikel 23 Absatz Satz 1 Grundgesetz erlaubte Mitwirkung Deutschlands an der Entwicklung der EU neben der Bildung einer Wirtschafts- und Währungsgemeinschaft auch eine politische Union umfasst.[18] Sie darf allerdings nicht dazu führen, dass in den Mitgliedstaaten kein ausreichender Raum zur politischen Gestaltung der wirtschaftlichen, kulturellen und sozialen Lebensverhältnisse mehr bleibt. Dazu gehören auch die Einnahmen und Ausgaben einschließlich der Kreditaufnahme. Nichtsdestotrotz dürften die intensivere Koordinierung und Überwachung der Wirtschafts- und Haushaltspolitik im »Europäischen Semester«[19] oder durch den »Fiskalpakt« grundsätzlich mit deutschem Verfassungsrecht vereinbar sein.[20] Gleichwohl betonen Mitglieder des Bundesverfassungsgerichts immer wieder in öffentlichen Stellungnahmen, dass der verfassungsrechtliche Spielraum für weitere Integrationsschritte nur noch gering sei. Auf der anderen Seite haben sich die Staats- und Regierungschefs der Euro-Zone im ständigen Krisenabwehrkampf zumindest in Richtung einer »europäischen Regierung« entwickelt. Es bleibt abzuwarten, ob die Entwicklung auf einen großen Konflikt zwischen Politik und Bundesverfassungsgericht hinsteuert, der dann schließlich zu einer neuen deutschen Verfassung führen müsste. Wollte man das vermeiden, sollten Politiker weniger über eine Ablösung des Grundgesetzes nachdenken, sondern mehr über Wege, um das Konzept der Währungsunion als Stabilitätsgemeinschaft dauerhaft zu sichern, ohne damit die Grenze zur Staatlichkeit zu überschreiten.[21]

Auch jenseits der Kategorien des deutschen Staats- und Verfassungsrechts und der Ergebnisse der Wahlen von 2014 hat eine Debatte über die Zukunft der EU begonnen. Hier spielen die Erweiterung der EU und das Schicksal des Euro eine besondere Rolle. Dabei stellt sich die Frage, ob die EU seit dem Ende des Kalten Krieges und der revolutionären Wende in Osteuropa nicht allzu sehr in alten Gleisen fährt und auf neue Herausforderungen keine Antwort hat. Deshalb wird Europa aufgefordert, dringend für Klarheit darüber zu sorgen, wo die Grenzen seiner inneren Entwicklung liegen. Ausgangspunkt ist die These, dass der zentralistische Einheitsstaat das falsche und untaugliche Modell sei, weil der Mangel eines europäischen Staatsvolks den Weg dorthin zu einem »Irrweg« machen würde. Eine aus Brüssel beförderte oder angeordnete Einebnung der zwischen den Mitgliedstaaten bestehenden Unterschiede gilt als der »Tod Europas«.[22] Schon jetzt gehe den Europäern die zentralistische europäische »Staatsgewalt« zu weit.[23]

Im Wahlkampfklamauk und im technokratischen Singsang der unübersehbar zahlreichen Gipfeltreffen blüht eine Kultur des Ver-

gessens und Verdrängens. Sie erleichtert die Reduktion auf büro-
kratisch-administrative Verfahren und versperrt den Blick auf die
historischen Dimensionen Europas mitsamt ihren praktisch relevanten Bedingungen und Folgen. Die Planungen zur Zukunft des
Kontinents sollten manche Verdrängungsleistungen nicht unberücksichtigt lassen: Der technokratische Konsens der Eliten hat
das in den Völkerschlachten, Bürgerkriegen und Klassenkämpfen
erwachte und von Immanuel Kant geprägte Verfassungsbewusst-
sein der Gründung Europas nachhaltig verdrängt. Das Ziel der
Emanzipation Europas von faschistischer Herrschaft, das im Namen umfassender, demokratischer und sozialer Selbstbestimmung angestrebt worden war, wurde ebenfalls verdrängt. Das gilt
auch für die von nationalsozialistischer Herrschaft befreiende Gewalt der Waffen durch eine nachgeschobene Friedensrhetorik.
Man spricht auch nicht mehr über die verfassunggebende Gewalt
der Völker, die den regierenden Herren der Verträge die Vereinigung vorgeschrieben hatte. Es blieb nur die Herrschaft der Verträge.

Niemand will mehr wissen, dass die Einigung Europas und die
Einbeziehung Südeuropas unter striktem (auch militärisch er-
zwungenem) Ausschluss aller demokratischen Alternativen
durchgesetzt wurden, die links vom moderat sozialdemokratischen Modell des demokratischen Kapitalismus lagen. Man will
auch nicht mehr wahrhaben, dass die EU und ihre Gliedstaaten
zusammen mit der Nato und einer militärischen Drohkulisse der
USA in den 1970er Jahren die damals realistische »eurokommu-
nistische« Option in Italien, Portugal und Spanien blockierten. Es
gibt keine Diskussion darüber, dass die marktkonforme Begren-
zung des demokratischen Alternativspielraums und die Unterwerfung Südeuropas unter die Herrschaft des europäischen Wettbe-
werbskommissars Europa viel Geld gekostet hat. Das Thema ist
vielleicht auch deshalb erledigt, weil der segensreiche Strom des
Konsum- und Investitionskapitals nach Süden verebbte, als das
Geld für die Osterweiterung benötigt wurde, um, wie ein Kritiker
meint, dort den Hoffnungsschimmer des demokratischen Sozialis-

mus im Keim zu ersticken. Im Zuge der europäischen Emanzipationsgeschichte habe man auch die Kolonialgeschichte und den kolonialen Befreiungskampf verdrängt.[24] Diese Amnesie hat aber glücklicherweise nicht verhindert, dass in der EU Transnationalisierung und Individualisierung der Volkssouveränität als normative Errungenschaft erstmals in Erscheinung traten. Gleichwohl wird behauptet, dass die Entfesselung der »kommunikativen Produktivkräfte« durch die »Liberalisierungsmaschine« der gleichen EU blockiert werde, die seit der Einführung des Euro nicht nur ein Gericht, sondern auch eine Währung ohne Regierung und Parlament habe.

Es mag zwar sein, dass dies damals keiner der politischen Akteure gewollt hat. Dafür entsprach die Entwicklung aber den Träumen der Chefökonomen, der Banken und der Versicherungsgesellschaften. Sie bekamen, was sie kaum zu hoffen wagten: die Entmachtung von Parlament und Regierung, die Verabsolutierung der Judikativgewalt, die Reduktion von Politik auf Geldpolitik. Die Folgen sind nur wenigen Zeitgenossen klar: Der falsch institutionalisierte Euro nahm den ärmeren Ländern nicht nur die Möglichkeit, sich durch das Instrument der Abwertung gegen das Unrecht ungleicher Verteilung des Reichtums zu wehren: Er reduzierte ihre politischen Steuerungselemente auch auf kapitalkonforme Mikroökonomie und Betriebswirtschaft.

Mit der doppelten Entmachtung von Parlament und Regierung durch das Gericht und die Zentralbank sieht insbesondere Hauke Brunkhorst das Schicksal des demokratischen Klassenkampfs und des mit ihm verbundenen Parlamentarismus besiegelt. Er ist der Überzeugung, dass der politische, kulturelle, ökonomische und juristische Kampf materieller und ideeller Gruppeninteressen von sozialer auf nationale Differenz umgepolt wurde. Genau daran würde die Wiedereinführung der nationalen Währungen oder irgendeiner technisch äquivalenten Form der nationalen Selbstbestimmung des Wechselkurses (Abwertungsmöglichkeit) nichts ändern. In der Abwertung stecke nämlich ein Haken: Die Abwertung der Drachme oder der Lira würde nicht nur die Exporte Griechenlands oder Italiens verbilligen und zwischen Griechenland und Deutschland für ein Minimum gerechten Ausgleichs sorgen, indem die Beschäftigungslage in Griechenland auf Kosten der deutschen Rüstungsindustrie und ihrer Arbeitsplätze verbessert würde. Auch die Importe Griechenlands würden sich verteuern. Ohne diese Importe würde das Land aber in den Agrarzustand zurückfallen. Es steht zu befürchten, dass sich wie unter dem Austeritätsregime die Raten der Kindersterblichkeit und der Drogentoten weiterhin exponentiell erhöhen und die Stadtflucht zunimmt, wenn die importabhängigen Preise nicht für Panzer, BMWs und U-Boote, sondern auch für Strom, Gas, Benzin, Medikamente, Eisenbahnen und Rettungshubschrauber in die Höhe schnellen. Man könnte die Abwertung also für ein zweischneidiges Schwert halten, weil sie der Logik des Konkurrenzkampfs der Nationalstaaten unterworfen bleibt. Sie hat die Verdrängung des demokratischen Kampfs zwischen den Klassen zur Voraussetzung.

Brunkhorst meint, diese Logik lebe legitimatorisch davon, das partikularistische Nationalbewusstsein auf Kosten des wenigstens virtuell universalistischen Klassenbewusstseins immer von neuem mobilisieren zu müssen. Der Rückzug in die Festung des Nationalstaats berge das Risiko eines nicht mehr aufzuhaltenden Rückfalls hinter die bereits erreichte Zivilisierung des Gewaltkerns politischer Herrschaft. Europa habe sich mit der doppelten Entmachtung von Parlament und Regierung des national beschränkten Klassenkampfs zugunsten des Konkurrenzkampfs der Nationen entledigt. Nach der Krise begann so das »race to the bottom« (Abwärtswettlauf). Es gehört ebenfalls zu den Treppenwitzen der Geschichte, dass ein Komitee des Nordens die EU mit dem Friedensnobelpreis auszeichnete, just als der Kampf in das Stadium eines »Kalten Krieges« zwischen Nord- und Südeuropa trat.[25]

Vor diesem Hintergrund kann man zu dem Ergebnis kommen, dass die europäische Regionalgesellschaft kein Gelddefizit hat. Geld wird notfalls in unbegrenzter Menge gedruckt, ein Verfahren, das früher oder später allerdings Inflationsrisiken schafft. Es gibt auch kein Rechtsdefizit, sondern ein gewaltiges Machtdefizit, da es in Europa keine öffentlich mobilisierbare kommunikative Macht gibt. Zudem mangelt es an sozialer Ordnungsmacht, die stark genug wäre, um dem transnational hochorganisierten Kapital den nötigen Widerstand entgegenzusetzen. Das wäre klassischerweise bei einem starken Parlament und starken Gewerkschaften der Fall. Daraus könnte man die Schlussfolgerung ableiten, dass ein Ende des Kalten Krieges der Nationen durch Transnationalisierung des demokratischen Klassenkampfs zu bewerkstelligen wäre. Die Erfolgsaussichten für eine transnationale Umpolung von nationaler auf soziale Differenz dürften aber gering sein.

Die gegebene Lage erlaubt nach der Einschätzung von Hauke Brunkhorst kein Zurück hinter das gegenwärtige Integrationsniveau. Dies habe mit dem Euro eine Dichte erreicht, deren Spaltung einer unkontrollierten Kettenreaktion gleichkäme. Selbst bei einem (unwahrscheinlichen) kontrollierten Rückzug aus dem Euro würde die Wiederbelebung der nationalen Abwertungsmöglichkeit an der desaströsen Regression des sozialen Klassenkampfs zum nationalen Existenzkampf nichts ändern. Der Versuch eines Rückbaus der Gemeinschaftswährung wird mit dem Versuch verglichen, ein zerschlagenes Ei in ein heiles Ei zurückzuverwandeln und dann zu hoffen, dass dem Ei ein Huhn entschlüpft. Dabei ist ein »monetärer Sperrklinkeneffekt« erkennbar, bei dem offen bleibe, ob es sich um eine List ökonomischer Vernunft oder Unvernunft handelt. Befürchtet wird, dass jeder ernsthafte Versuch eines Rückbaus der funktionalen Integration mit hoher Wahrscheinlichkeit in den tödlichen Sog eines nicht mehr kontrollierbaren Umkehrschubs führt. Eine Eskalation nationaler Protektionismen würde als zwangsläufige Folge der Abschaffung des Euro nicht nur das Ende der EU bedeuten, sondern die europäische Wirtschaft geradewegs in die Katastrophe stürzen.

Die unter der Ägide von Merkel erfolgende »stumme Vollstreckung des Austeritätsregimes« gilt allerdings als kaum weniger riskant. Nach der Wahrnehmung von Brunkhorst befinden wir uns bereits in einem »ökonomischen Belagerungszustand«. Dessen wichtigste Instrumente seien die Troika und der ESM, angeblich jeder parlamentarischen Kontrolle entzogen, obschon ihre Beschlüsse gesetzesgleiche Wirkung haben und die Grund- und Menschenrechte in den jeweils betroffenen Ländern einschränken und marktkonform konkretisieren.

Als Alternative zum Rückzug in die Festung des nationalen Sozialstaats wird zur Flucht nach vorn in Gestalt einer »Transnationalisierung des demokratischen Klassenkampfs« geraten. Sie gilt angesichts des mit der fortgesetzten Austeritätspolitik wachsenden Problemdrucks einer nicht endenden Deflationskrise als nicht ganz aussichtslos. Zudem habe der globale Kapitalismus den schon fast überwundenen Klassenkonflikt von Lohnarbeit und Kapital auch im reicheren Teil der Weltgesellschaft wieder manifest werden lassen. Gleichzeitig werde der nationale Klassenkampf immer aussichtsloser, weil das Kapital Länder wie zum Beispiel Griechenland zwar schon längst verlassen habe, sein »abstraktes Geld« aber noch regiere, so dass der konkrete Gegner nicht mehr da sei und stattdessen auf den zum fremden Feind erklärten Nachbarn eingedroschen werde. Darüber hinaus teilten deutsche Langzeitarbeitslose mit ihren griechischen Leidensgenossen, die dem Land längst den Rücken gekehrt haben, weit mehr materielle und ideelle Interessen. Für Brunkhorst ist der gewerkschaftlich organisierbare, transnationale Arbeitskampf um das Recht auf grenzübergreifenden Arbeitskampf »der Schlüssel«. Solange es nicht die Möglichkeit gibt, glaubwürdig mit transnationalen Streiks zu drohen, so lange sitze das Kapital immer am längeren Hebel. Die Nationalstaaten und ihre Vertreter hält er schon wegen der sinkenden Wahlbeteiligung »unten links« klassen- und sozialpolitisch für viel zu fragmentiert, um die Erpressungsmacht des Wirtschaftssystems mit der nötigen Gegenmacht zu konfrontieren.

In den Verhandlungen im Europäischen Rat würden die kostenintensiven sozialstaatlichen Programme unterdessen zum Vorteil des »marktradikalen Durchmarschs« geopfert. Dadurch wird nach seinem Eindruck die demokratische Legitimation des Parlaments geschwächt. Ihm fehle es an gesellschaftlicher Organisationsmacht, um die allgemeinen Interessen der europäischen Bürger-schaft gegen den doppelten Druck des Kapitals und der Gliedstaaten angemessen zur Geltung zu bringen. In der politischen Praxis würden bestimmte Alternativen aber immer nur dann aktuell, wenn es »rumst«, es also zu massiven und öffentlich ausgetragenen Konflikten kommt, die weit über Wahlkämpfe und Wahlkampagnen hinausgehen. Nur solche Konflikte könnten das »gewaltige Potential exkludierter Passivbürger« reaktivieren, ohne dass die demokratischen Institutionen vom Kapital so lange in Geiselhaft genommen werden, bis Reste bürgerlicher Selbstbestimmung Kant'scher Prägung aus ihnen entwichen sind.

Für die erneute Unterwerfung des transnationalen Regimes der Austerität unter öffentliche Willensbildung sind nach Brunkhorst »Worte und Pflastersteine und politische Führungsfiguren« notwendig. Sie sind aber nicht hinreichend. Letztere müssten bereit und imstande sein, die diffuse Empörung über unhaltbare Zustände in konstituierende Versammlungen und Vertragsänderungsverfahren einzuspeisen. Schon durch das »Paradox« des europäischen Wahlerfolgs der rechten Anti-Europa-Parteien könnte das Parlament die öffentliche Bedeutung gewinnen, die es allein schon aufgrund seiner tatsächlichen Macht verdient. Europa könnte so zur Repolitisierung gezwungen werden. Nach einem Prozess der Europäisierung könnten sich die politischen Parteien genötigt sehen, das kommunikative Beschweigen von kolonialer und emanzipatorischer, demokratischer und technokratischer Vergangenheit, Gegenwart und Zukunft endlich zu beenden. Vielleicht gelingt es dann doch noch, die heutige Investorenverfassung in eine wirksame Sozialstaatsverfassung Europas zu verwandeln.[26]

Geschichtsklitterung

Inzwischen schreckt man auch vor gewagteren Vergleichen und einem merkwürdigen Sprachgebrauch nicht zurück. Ein italienischer Autor benutzt in einem Buch den historisch belasteten Begriff »Anschluss«.[1] In der deutschen Wiedervereinigung erkennt er den Anschluss (»annessione«), wenn nicht eine »Annexion« der DDR durch die BRD. Die gegenwärtige Konstellation des europäischen Kapitalismus und die Verhältnisse der inneren Kräfte zu ihm seien dadurch geprägt. In der durch die Wiedervereinigung erfolgten Rückkehr Deutschlands in die ökonomische Mitte Europas liege gar eine Rückeroberung (»reconquista«). Mit Blick auf die Krise der Euro-Zone wird behauptet, dass es mehr als zufällige Parallelen in der Methode gebe, ein fremdes Staats- und Wirtschaftsgebiet zu unterwerfen. In beiden Fällen sei der politischen Einflussnahme eine von (West-)Deutschland initiierte Währungsunion vorausgegangen, die als eine Art Geschenk an den ärmeren Nachbarn verkauft und erst einmal auch als solches entgegengenommen worden sei.

Gestärkt durch den »Präzedenzfall DDR«, geht Deutschland nun in den Augen dieses zitierten mehr oder weniger bedeutenden italienischen Mitbürgers auf ganz Europa los. Dabei misst er der Währungsunion eine zentrale Rolle bei. Deutschland habe zwei machtvolle Hebel in die Hand bekommen: Die ärmeren Mitglieder der Euro-Zone könnten auf das ökonomische Gefälle nicht mehr mit Abwertung reagieren und verlieren so ihre Konkurrenzfähigkeit. Deshalb könne der »siegreiche« deutsche Export weiter vorstoßen. Zudem verschafft sich Deutschland angeblich die Kontrolle über die Staatsfinanzen und Ökonomie der Krisenländer, diktiert im Gegenzug zu zweifelhaften Rettungsmaßnahmen »erpresserisch« die Sparpolitik und die Übertragung von öffentlichen Vermögen auf private Dritte als Garantie für die erteilten Kredite. Dieses Vorgehen komme – ganz nach dem Vorbild der »Treuhand« – einer Enteignung der ganzen Gesellschaft gleich.

Wie sich bei der Frage der Bankenaufsicht besonders schön zeige, wehre Deutschland zugleich alle Kontrolle, der es sich selbst fügen soll, energisch ab.[2] So sei das Land zum »Hegemon Europas« geworden. Seine Wirtschaft blühe auf Kosten seiner verarmten und handlungsunfähig gemachten Nachbarn. Deutschland verweigere jeden akzeptablen Kompromiss und verteidige »leidenschaftlich« die Interessen der eigenen Banken und Großunternehmen. Dabei handele es sich um das typische Verhalten von jemandem, der die Kraft hat, in vielen Schlachten zu triumphieren, aber den Krieg zuletzt doch verlieren müsse. In der Tat dürfte es schwierig werden, gegen jemanden zu gewinnen, den man zuvor mit Ketten an sich selbst geschmiedet hat.[3]

Anscheinend will man den Euro weiter als *das* Symbol der EU erhalten, koste es, was es wolle. Unterdessen werden die wirtschaftlichen Fliehkräfte innerhalb der Währungsunion immer stärker. Seit über vier Jahren versucht die Politik erfolglos, die Unterschiede zwischen dem europäischen Norden und dem Süden auszugleichen. Die Finanzprobleme Griechenlands und Zyperns wurden zunächst eher als »Peanuts« behandelt. Sie haben sich mittlerweile aber in ein »Systemrisiko« verwandelt. Zwei von drei Deutschen haben Angst, dass sie am Ende die Kosten für die Euro-Krise zahlen müssen. Gleichwohl war es der Bundeskanzlerin gelungen, das Thema aus den Wahlkämpfen des Jahres 2013 herauszuhalten, mit dem mindestens stillschweigenden Einverständnis einer »Opposition«, die allen Rettungsmanövern zugestimmt hatte und in Wahrheit gern noch mehr Geld für noch weniger (Reform-) Gegenleistungen zur Verfügung stellen würde (zum Beispiel Euro-Bonds). Es war ihr hingegen nicht gelungen, eine im Zuge der Europa-Wahlen 2014 angeheizte Debatte zu verhindern.

Das ist im Rückblick nicht allzu verwunderlich, hatten die rechtspopulistischen Parteien aller EU-Länder doch jede Gelegenheit genutzt, um den Euro als Hauptschuldigen an der Krise Europas zu diffamieren. Aus deren Sicht bedroht die gemeinsame Währung die Existenz der »kleinen« Leute und des Mittelstands, während gleichzeitig Vermögen und Privilegien der Reichen verschont bleiben. Sie haben keinen Zweifel daran, dass am besten ganz Südeuropa nicht in die Währungsunion hätte aufgenommen werden sollen, weil nun die Steuerzahler der übrigen Länder die Zeche zahlen müssten, die die Südländer und die Banken verursacht hätten. Zudem habe die Euro-Krise Arbeitslosigkeit, prekäre Beschäftigung und Budgetdefizite in allen Ländern massiv steigen lassen und gleichzeitig Einsparungen im Sozialbereich erzwungen sowie die Nominalzinsen so stark zum Sinken gebracht, dass nun auch das Ersparte von der Inflation weggefressen werde. Von den etablierten Parteien links wie rechts kam kaum offensiver Widerstand. Das lag womöglich daran, dass etliche der vorgetragenen Fakten als solche richtig waren, auch wenn falsche Korrelationen behauptet wurden. Auf den ersten Blick entstand so ein stimmiges Bild, das Ressentiments begünstigte.

Der »Szenenapplaus«, den diese Kritiker erhalten, dürfte aber schnell verklingen, sobald man den systemischen Charakter der Krisen der vergangenen Jahre und ihre langfristige Entstehungsgeschichte verstanden hat. Dies ist den europäischen Eliten bis jetzt weitgehend nicht gelungen.[4] Das liegt entweder daran, dass es ihnen an dem erforderlichen spezifischen Sachverstand fehlt oder allgemeine Intelligenzmängel allzu weit verbreitet sind. Eine mögliche Erklärung liegt vielleicht auch darin, dass die europäischen Eliten in viel höherem Ausmaß als die Eliten in den USA in ihrer Wahrnehmungsfähigkeit durch die neoliberale Weltanschauung beschränkt sind. Sie orientiert sich an dem Grundsatz »Wo ein Problem in Erscheinung tritt, dort liegen seine Ursachen«. Die hohe Staatsverschuldung ist also dem Staat anzulasten und die Arbeitslosigkeit dem Sozialstaat mit seinen hohen Arbeitslosengeldern und den überregulierten Arbeitsmärkten. In dieser Sichtweise ist es nur konsequent, den Euro als Ursache der Euro-Krise zu betrachten.

Dagegen würde eine systemisch orientierte Perspektive das Heranwachsen der wichtigsten Krisensymptome (Finanzinstabilität, Arbeitslosigkeit, Staatsverschuldung, Ungleichheit bei Einkommen und Vermögen) aus den massiven Änderungen in der gesamten »Spielanordnung« der Marktwirtschaften der vergangenen Jahrzehnte erklären können. Das ist auch gar nicht so schwer, ist es doch evident, dass die Umsetzung des neoliberalen Programms das Profitstreben von der Realwirtschaft auf Finanzalchemie aller Art verlagert hat. Offensichtlich ist auch, dass instabile Wechselkurse, Rohstoffpreise, Zinssätze und Aktienkurse unternehmerische Aktivitäten erschweren und es attraktiver machen, das Geld »arbeiten« zu lassen.[5]

Es müsste auch für jedermann nachvollziehbar sein, dass der Wechsel von real- zu finanzkapitalistischen Anreizen die Realkapitalbildung und damit die Schaffung von Arbeitsplätzen gedämpft hat. Niemand wird auf Dauer übersehen können, dass sich der Finanzierungssaldo der Unternehmen von einem Defizit in einen Überschuss gedreht hat und der des Staates permanent negativ geworden ist. Inhaltlich erscheint die Währungsunion als ein antineoliberales Projekt, da der freie Devisenmarkt dadurch zugesperrt wurde. Aber dafür sind ihre Regeln neoliberal, wie die Maastricht-Kriterien, der Fiskalpakt und das Statut der EZB mit seinem einseitigen Fokus auf Geldwertstabilität zeigen. Manch einer kommt auf der Grundlage dieser Erkenntnis zu dem Ergebnis, dass nicht das Euro-Projekt die große Krise in Europa verursacht, sondern der Finanzkapitalismus, »legitimiert« durch die neoliberale Theorie. Daher gilt der Euro als das »Richtige im Falschen«. Geht man davon aus, dass ein Zusammenbruch der Währungsunion Europa in eine Katastrophe führen würde und dass eine geordnete Abwicklung des Euro ebenso wenig möglich ist, müsste sich also in der Tat Grundlegendes ändern. Es sei zunächst daran erinnert, dass sich das Gewinnstreben in den 1950er und 1960er Jahren nur in der Realwirtschaft und nicht auf den regulierten Finanzmärkten entfalten konnte. Die Unternehmen übernahmen durch ihre Überschüsse das Sparen der Haushalte in Form von Investitionskrediten. Der Staat hatte einen ausgeglichenen Haushalt, obwohl der Sozialstaat ständig ausgebaut wurde.

Vor diesem Hintergrund könnte man zu dem Ergebnis gelangen, dass dieses System an seinem eigenen Erfolg zugrunde gegangen ist: Die Gewerkschaften hatten bei dauernder Vollbeschäftigung Umverteilung und Mitbestimmung gefordert. Der Zeitgeist drehte nach links und brachte die Sozialdemokratie an die Macht. Die Intellektuellen gerieten außer Kontrolle. Die neoliberalen Losungen gegen Sozialstaat und Gewerkschaften wurden für Vermögende wieder attraktiv. Aus dieser Sicht wurde der Neoliberalismus durch seine Hauptforderung nach der Entfesselung der Finanzmärkte »geschichtsmächtig«. Das Gewinnstreben hat sich danach zu Finanzinvestitionen verlagert, während das Wirtschaftswachstum von Jahrzehnt zu Jahrzehnt gesunken ist. Tatsächlich wanderte das Finanzierungsdefizit von den Unternehmen zum Staat. Arbeitslosigkeit und Staatsverschuldung stiegen. Der Abbau des Sozialstaats und die Entmachtung der Gewerkschaften schienen zur zwingenden Notwendigkeit geworden zu sein.

Mit dem Ausbruch der Finanzkrise setzte die finale Phase im Prozess der Selbstzerstörung des Finanzkapitalismus ein – so wie nach den Krisen 1873 und 1929. Der Boom auf den Märkten von Aktien, Rohstoffen und Immobilien hat zwischen 2003 und 2007 ein enormes »Absturzpotential« aufgebaut, das sich 2007 und 2008 in einer gleichzeitigen Entwertung aller Vermögensarten entlud. Das hat die »Finanzalchemie« allerdings nicht lange beeindruckt. Sie löste sich aus einer kurzen Schockphase durch ein neues Spiel in Gestalt der Spekulation gegen souveräne Staaten. Bekanntlich stiegen zuerst die Zinsen für Staatsanleihen in Griechenland, dann in Irland, Portugal, Spanien und Italien. Durch europäische verordnete Sparkuren wurde Südeuropa in eine Depression und der Rest des Kontinents in eine Rezession getrieben, mit der Folge einer Vertiefung der wirtschaftlichen und politischen Spaltung Europas. In diesem Szenario sah sich die EZB zu einer

Politik des »billigen« Geldes gezwungen. Dabei könnte ebenfalls jeder wissen, dass dadurch nicht die Realinvestition, sondern die Spekulation stimuliert wird und sich so der nächste Absturz vorbereitet. Mit den Aktienkursen, so eine Vorhersage, werden die Preise von Rohstoffen, Staatsanleihen und Immobilien sinken. Die Vermögensentwertung werde den nächsten Schub im Selbstzerstörungsprozess des Finanzkapitalismus auslösen.

Soweit die Gegner des Euro behaupten, dass die gemeinsame Währung die Krise in den südeuropäischen Ländern verschärft habe, weil ihnen dadurch die Möglichkeit genommen worden sei, ihre Lage durch Abwertung zu verbessern, können sie damit nicht durchdringen. Ein Blick auf die 1950er und 1960er Jahre und auf den Zeitraum zwischen 1999 und 2008 zeigt, dass sich die Wirtschaft dieser Länder genau in jenen Phasen am besten entwickelt hatte, in denen sie ihre Währungen nicht abgewertet haben. Zwischen 1973 und 1999 wurden Drachme, Lira, Escudo und Peseta dagegen immer wieder massiv abgewertet, mit dem Effekt einer Anheizung der Inflation. Die Realwirtschaft profitierte davon allerdings nicht. Die Aussage, dass für schwächere Volkswirtschaften die Stabilität der finanziellen Rahmenbedingungen viel wichtiger ist als die Möglichkeit von Abwertung, erscheint daher mindestens plausibel.

Für eine geordnete Auflösung der Währungsunion besteht anscheinend kein Raum mehr. Tatsächlich hat sich in den vergangenen fünfzehn Jahren ein gewaltiger Berg von Finanzforderungen und -verbindlichkeiten zwischen den Euro-Ländern aufgebaut. Deutschland und andere Nordländer sind Nettogläubiger. Die »Südländer« einschließlich Frankreich sind Nettoschuldner. Bei einer Euro-Abwicklung würde ein unlösbarer Konflikt darüber entstehen, in welche Währung die Verbindlichkeiten transformiert werden sollen. Schuldner und Gläubiger dürften jeweils auf ihrer nationalen Währung bestehen. Aber die Schuldner würden sich aller Voraussicht nach durchsetzen. Sie werden ihre Währung abwerten, sofern sie nicht gleich den Staatsbankrott erklären. Die Gläubiger müssten machtlos zusehen, wie ihre Forderungen wertlos werden. Immer mehr Länder würden nach und nach in weiteren Abwertungen Zuflucht suchen. Andere Länder würden mit »Gegen-Abwertungen« reagieren. Das Ergebnis wäre ein Wirtschaftskrieg zwischen den Staaten der EU. Schon deshalb lohnte es sich, jetzt noch intensiver über einen »New Deal« für Europa nachzudenken, der sich auch durch eine grundlegend veränderte Spielanordnung auszeichnen müsste:[6]

- Besserstellung unternehmerischer Aktivitäten gegenüber der Finanzalchemie auf allen Ebenen
- Stabilisierung von Zinssätzen und Wechskursen
- Gründung eines europäischen Währungsfonds als gemeinsame Finanzierungsagentur der Euro-Staaten
- Stärkung der Sozialstaatlichkeit
- Investitionsoffensive im Bereich von Bildung und Umwelt

Bei alledem ist grundsätzlich nicht mehr zu leugnen, dass sich in den Gesellschaften vieler Länder Unbehagen über die Kurzsichtigkeit der immer noch herrschenden Krisenstrategie verbreitet. Immer mehr Geld wird in prekär werdende Branchen gesteckt. In Deutschland und anderen Staaten nehmen unter dem Eindruck von »Schuldenbremsen« die Gestaltungsmöglichkeiten ab. Alternativen werden kaum diskutiert, da es den Reichen und Mächtigen immer noch gelingt, ihre sozialen Positionen und ihre Einflussmacht zu sichern. In dieser Lage erweist sich das Wachstumsversprechen als nach wie vor wirkungsvoll. Der Glaube an die Einlösbarkeit dieses Versprechens schwindet allerdings, auch wenn nicht zu übersehen ist, dass manche Länder mit einem gewissen Wachstum besser durch die Krise kommen. Das ändert aber nichts daran, dass viele Menschen immer weniger am zu verteilenden Wohlstand teilhaben, Wachstumspolitik in Deutschland auf Kosten der Nachbarn stattfindet und die Wachstumsraten der westlichen Gesellschaften in der Nachkriegszeit heute unerreichbar sind.

In Wahrheit verursacht Wachstum als wirtschaftspolitische Leitlinie Instabilität, wie das Beispiel der Finanzmärkte zeigt. Man kann den Eindruck gewinnen, dass die zu geringen Wachstumsraten in der »Realökonomie«, verbunden mit den enorm angehäuften Mengen von Geldkapital – etwa durch die Privatisierung der Rentenversicherung –, zu einer immer bornierteren Suche nach Rest-Profitmargen führen. Zudem verstellt das Starren auf Wachstumsraten den Blick auf ein breiteres Wohlstandsverständnis, das uns aus der engen Bindung an die kapitalistisch produzierten Waren herausführt, aus den damit verbundenen Kämpfen um materiellen Status, aus einer weniger starren Bindung an die Erwerbsarbeit, die unter dem Diktum der Wettbewerbsfähigkeit immer mehr Stress erzeugt. So zerreißt der enge Zusammenhang von kapitalistisch erzeugtem Wachstum und gesellschaftlichem wie individuellem Wohlstand. Die neoliberale Schulweisheit, die Grenzen des ökonomischen Wachstums durch Einsatz neuer Technologien hinausschieben zu können, funktioniert offensichtlich nicht mehr. So verschärft sich auch die ökologische Situation.

Im Zuge der Globalisierung hat sich die ressourcen- und energieintensive westliche Produktions- und Lebensweise durch die Ober- und Mittelklassen der Schwellenländer weltweit ausgeweitet. Daraus ergibt sich eine Paradoxie: Die hochindustrialisierten Länder müssten dafür sorgen, dass ihre global nicht zu verallgemeinernde Daseinsform geändert wird, um die fortgesetzte Naturzerstörung zu begrenzen. Dazu gehört insbesondere auch die Aufgabe einer zu unkritischen Position gegen die Dynamiken des Finanzkapitalismus. Das Kapital befindet sich aber nach wie vor unverzagt auf einer rastlosen Suche nach Verwertung, ob auf den Finanzmärkten, bei Investitionen in Industrie oder in der Dienstleistung, durch den Kauf von Land oder die Ausbeutung von Ressourcen. Offensichtlich ist der kapitalistischen Wachstumsmaschinerie die Tendenz zur Überakkumulation und Überproduktion inhärent. Die Waren müssen mittels einer mächtigen Marketingmaschinerie an die Leute gebracht werden. Dies könnte sich mit Hilfe einer »konfliktfähigen Transformationslinken« ändern, die in der Lage ist, in die Art und Weise gesellschaftlicher Produktion einzugreifen. Damit stellt sich die Frage nach dem Zusammenhang von wirtschaftlichem Wachstum und kapitalistischer Herrschaft. Die Menschen befinden sich anscheinend in einer »kapitalistischen Wachstumszange«. Eine Befreiung daraus steht unter der Strafe des Verlusts ihrer Lebensgrundlage, der Erwerbsarbeit, und ist mit der Angst vor Statusverlust verbunden.

Seit Karl Marx hat sich grundsätzlich nichts geändert: Das Kapital ist kein Akteur, sondern ein soziales und herrschaftliches Verhältnis, in dem die meisten Menschen wenig zu bestimmen und nichts als ihre Arbeitskraft zu verkaufen haben. Seine Ausgestaltung wird vor allem von jenen vorgegeben, die über die Produktionsmittel verfügen. Umso mehr wird man darüber nachdenken müssen, wie die instabilisierenden Formen des kapitalistischen Wachstums zurückgedrängt werden können. Es geht also um eine sozial-ökologische Transformation des Kapitalismus.[7]

Melkkuh

Ein Blick auf die Vergangenheit und die heutige Realität eröffnet folgende Perspektiven: Das von der Kommission wegen des angeblich zögerlichen Umbaus von der Industrie- zur Dienstleistungsgesellschaft gescholtene Deutschland hat sich trotz einer Rezession von 4,7 Prozent im Jahre 2009 am schnellsten von der damaligen Krise erholt.[1] Länder wie Großbritannien und Irland, die vor allem auf den Finanzmarkt gesetzt hatten, blieben dagegen weitgehend erfolglos. Trotz der deutschen Erfolge hat sich seither die Lage in Europa insgesamt nicht wesentlich verbessert. Der »Bankenrettung« folgt eine weitere Finanzkrise, die jetzt trotz aller Verflochtenheit mit den USA ihre Wurzeln diesmal vor allem in Europa selbst hat. Dort steht man vor einer gewaltigen Staatsschuldenkrise, die durch Stützungsaktionen im Zuge der Bankenkrise sogar noch verschärft wird. Im Zentrum der neuen Krise steht aber unverändert Griechenland. Man mag aus Gründen politischer Opportunität weiterhin darüber streiten, ob die damalige griechische Regierung den Beitritt des Landes 2001 zur Währungsunion mit »geschönten« oder mit »gefälschten« nach Brüssel übermittelten Haushaltsdaten ermöglichte und/oder de facto regelmäßig gegen die Konvergenzkriterien der EU verstieß.[2]

Tatsache ist und bleibt, dass die Staatsverschuldung Griechenlands schon vor der Bankenkrise einen Rekordstand erreicht hatte, der sich durch Stützungsaktionen für die Banken des Landes sogar weiter erhöhte. Nachdem der damalige griechische Ministerpräsident Giorgios Papandreou im November 2009 die Karten auf den Tisch gelegt hatte, kam nicht nur in Griechenland, sondern auch auf der europäischen Bühne ein »Heulen und Zähneklappern« auf.[3] Das war jedoch nur der Beginn. Mittlerweile kauern sich etliche Staaten unter diversen Rettungsschirmen zusammen. Es entstand eine Kakophonie der Wohlgesinnten und Besserwissenden. Die deutsche Forderung nach Umschuldung unter Beteiligung privater Gläubiger sollte verhindern, dass Griechenland zu einem »Fass ohne Boden« wird. Sie wurde dennoch von der Mehrheit der Euro-Partner und der EZB vehement abgelehnt, da es unklar schien, ob ein Insolvenzverfahren nicht zu einer Neuauflage der Bankenkrise geraten und damit noch kostspieliger werden würde. Frankreich wollte in dieser Lage mit seiner Ablehnung der deutschen Forderung offenkundig vor allem die eigenen Banken schützen. Es brach offener Streit aus. In dessen Verlauf kam es zunächst nicht zu einer nachhaltigen und sachgerechten Lösung der anstehenden Probleme. Vielmehr weitete sich binnen kürzester Zeit die Finanzkrise zu einer allgemeinen politischen Krise und zur Vertrauenskrise der EU aus. Innereuropäische Spannungen traten neben die Sorge um die finanzielle Stabilität Europas und des Euro-Raums.

Seit 2010 hat die Union zwar einiges unternommen, um die institutionelle Architektur der Euro-Zone zu verbessern: Es entstand eine Bankenunion mit gemeinsamem Regelwerk, Aufsicht und Krisenmechanismen. Die Spielregeln zur fiskalischen Überwachung (Stabilitätspakt, Fiskalvertrag) der Mitgliedstaaten sind ausgeweitet und präzisiert worden. Mit dem Stabilitätsmechanismus ESM kann man zur Bekämpfung von Panikattacken und damit verbundenen Liquiditätskrisen von Euro-Staaten beitragen. Das ändert aber nichts am Fortbestand eines zentralen Defizits: In der Euro-Zone gibt es kein definiertes Verfahren zur Bewältigung von Staatspleiten. Damit fehlt es an einem für die gesamte Statik des neuen Institutionengebäudes der Euro-Zone unverzichtbaren Grundstein. Darin liegt offensichtlich eine schwere Hypothek für die Glaubwürdigkeit der an die Krisenhilfe geknüpften Bedingungen. Ohne klare Regeln für die Abwicklung einer staatlichen Insolvenz dürfte sich ein System für zeitlich begrenzte Finanzhilfen in ein auf Dauer angelegtes Transfersystem verwandeln.[4]

Die Verwandlung der Währungsunion zur Haftungsunion wird als »besonders prekär« empfunden. Die Finanztransfers und die damit verbundenen Auflagen scheinen Öl in die abklingende Glut alter nationaler Gegensätze und Vorurteile zu gießen. Die Griechenlandhilfe hat möglicherweise zu einer politischen »Zwickmühle« geführt. In Deutschland muss der Steuerzahler davon überzeugt werden, dass er nicht nur für das Versagen der Banken, sondern auch für die in Griechenland angehäuften Schulden aufkommen muss. Dumpfe Vorurteile über »griechische Korruption«, »europäische Erpressung« und ministerielle Unfähigkeit haben in dieser Lage Hochkonjunktur. Gleichzeitig wächst bei den Griechen die Wut angesichts der Folgen der diversen auferlegten Sparprogramme. Es ist ein paradoxes Schauspiel zu besichtigen: Einerseits gilt die Politik des billigen Geldes weltweit immer noch als »Mittel der Wahl« zur Überwindung der Wirtschaftskrise. Andererseits war und ist die griechische Regierung gezwungen, eine geradezu brutale Konsolidierungspolitik zu exekutieren.

Die Folgen sind in den TV-Nachrichten immer wieder zu beobachten: Generalstreiks, Massendemonstrationen, Ausschreitungen. Antieuropäische Ressentiments und gar Feindseligkeit gegenüber Deutschland kommen hinzu. Mitte 2011 musste man den Eindruck haben, dass die Stabilisierungsversuche in der Euro-Zone die Atmosphäre in Europa vergifteten und die »Krise Europas« ausgebrochen war. An »guten« Ratschlägen fehlte es von Anfang an nicht. Im Angebot sind ein »Rückbau« Europas hinter den erreichten Integrationsstand, der (vertragsrechtlich nicht vorgesehene) »Austritt« Griechenlands aus der Euro-Zone und die Rückkehr zur Drachme oder die Aufgabe des Euro beziehungsweise dessen Beschränkung auf ein »ökonomisches Kerneuropa«. Auch der weitere Ausbau der supranationalen Integration wurde vorgeschlagen, insbesondere durch eine gemeinsame europäische Wirtschafts-, Haushalts- und Steuerpolitik.

Vor diesem Horizont tauchen natürliche »kardinale« Fragen der verbliebenen einzelstaatlichen Souveränität und der intergouvernementalen Zusammenarbeit auf, ebenso die Problematik mangelnder demokratischer Legitimation europäischer Entscheidungen. Insgesamt dominierte deshalb Mitte 2011 das »Gefühl einer tiefgreifenden europäischen Malaise.« Tatsächlich traten gegen Ende dieses Jahres in Italien und Griechenland die Regierungschefs zurück, und es kam die diffuse Angst vor einer nicht mehr zu beherrschenden Eskalation der Finanzkrise, dem Zusammenbruch der Euro-Zone und einer »galoppierenden Europa-Müdigkeit der Bürger« auf: Die Sorgen um den Sinn und Ausgang der europäischen Entwicklung gewannen an Gewicht.[5] Die Formel »mehr Europa« ist zwar zum Standardansatz bei der Lösung europäischer Probleme geworden. Das kann aber nicht darüber hinwegtäuschen, dass insbesondere die Krise der griechischen Staatsfinanzen als Krise des gesamten Euro-Raums der bisher härteste Test für den Mechanismus der europäischen Angleichung ist, nicht zuletzt deshalb, weil beim Beitritt Griechenlands zur Währungsunion politische Priorität über ökonomische Vernunft gesiegt hatte, um es sehr zurückhaltend zu formulieren. Hier hat Konvergenz (erneut) zentrifugale Tendenzen ausgelöst und (wiederum) paradoxe Folgen nach sich gezogen: Obwohl die Griechen sich auf die Maastrichter Stabilitätskriterien verpflichtet hatten, erlaubt ihnen die Zugehörigkeit zur Euro-Zone eine weitaus höhere Staatsverschuldung, als es zuvor möglich gewesen wäre.

Nun übernehmen vor allem die starken Euro-Länder die Haftung für das griechische Defizit. In Griechenland führt die erzwungene Sparpolitik zu massiven politischen und sozialen Verwerfungen. Gleichzeitig wird die europäische Politik nach der zügellosen Liberalisierung der internationalen Finanzmärkte durch Währungsspekulationen und von den Ratingagenturen getrieben. Die Risikobeteiligung privater Gläubiger durch eine »Umschuldung« erscheint sogar als noch riskanter für die Stabilität der Euro-Zone als die Bürgschaften der öffentlichen Hand. Dabei treten erhebliche nationale Interessendivergenzen zu Tage. Eine erhöhte deutsche Beteiligung am Euro-Rettungsschirm reduziert natürlich das Risiko nichtdeutscher Banken, die in Griechenland investiert haben. Die Konsequenz ist klar: Die Finanzkrise hat sich in eine Vertrauenskrise verwandelt, die Europa alles abverlangt. Diese Aussage erlaubt aber keine Zukunftsprognose. Gleichwohl spricht vieles für eine weitere Föderalisierung und Supranationalisierung, konkretisiert durch die Einführung gemeinsamer Staatspapiere (Euro-Bonds), Vergemeinschaftung der Steuer- und Wirtschaftspolitiken bis hin zur Abgabe weiterer Kompetenzen an die Kommission. Europa könnte sich so zu einer Fiskalunion mit eingebauter Schuldenbremse entwickeln. Bei alledem geht es nicht nur um finanztechnische Probleme. Vor allem ist eine politische Herausforderung zu bewältigen. Die Reaktionen der europäischen Bevölkerungen auf weitere scharfe nationale Sparmaßnahmen und Brüsseler Sanktionen sind nicht abzuschätzen. Die amtlichen Rettungssanitäter haben sich unterdessen auch nicht durch aktuelle Zahlen über die Vermögensverteilung in Europa aufhalten lassen. Danach sind die deutschen Haushalte die ärmsten in der Euro-Zone (51 000 Euro). Erfreulicher sieht es dafür an anderen Stellen Europas aus: Zypern: 267 000 Euro; Griechenland: 102 000 Euro; Italien: 174 000 Euro.

Zur Sicherung des Primats der Politik gegenüber der Ökonomie hat man Regeln gebeugt, Versprechen gebrochen und die Grundlagen der Währungsunion vergessen. Sie war als Gemeinschaft souveräner Staaten und nicht als Transferunion gegründet worden.[6] Es interessiert auch nicht, dass die monetäre Staatsfinanzierung durch Notenbanken verboten ist, um eine Haftung für andere Länder auszuschließen. Dennoch wird Politik auch zukünftig wirtschaftlichen Erfolg nicht erzwingen können. Sie kann nur die Realität um den Preis ständig steigender Kosten verschleiern. Ihr »Erfolg« besteht bis jetzt nur darin, dass der wirtschaftlich starke Norden noch stärker und der wirtschaftlich schwache Süden noch schwächer wurden. Das war die vorhersehbare Folge der Spaltung der Währungsunion. Nirgendwo ist zu sehen, dass die Schere zwischen Lohn und Produktivität geschlossen wird. In der Währungsunion werden in absehbarer Zeit die Staatsschulden genauso hoch sein wie die Wirtschaftsleistung. Die Staatsschulden werden sich seit Beginn der Währungsunion bald auf 9,5 Billionen Euro verdoppelt haben.

In China wurde Bundeskanzlerin Angela Merkel gefragt, ob in einer demokratischen Ordnung Wahlen nur dann zu gewinnen sind, wenn man mehr verspricht, als man finanzieren kann. In der Öffentlichkeit sind massive Zweifel daran aufgekommen, dass eine Währungsunion in Gestalt einer Transferunion Bestand haben kann. Wie dem auch sei: Zur Herbeiführung der nötigen Strukturanpassungen rufen manche nach der »Zinskeule des Marktes«. In einer Transferunion könnte indessen die »italienische Spaltung« drohen. Inflation gilt als Folge des Versuchs, dem Zwang solider Haushaltsführung mit der Notenpresse zu begegnen. Man hört hier und da Voraussagen, dass die EZB irgendwann von einem Parlament, einem Gericht oder dem Wähler daran gehindert wird, über die Bilanzen der Notenbanken in einem demokratisch nicht legitimierten Verfahren Steuergeld zwischen den Staaten umzuverteilen. Das dürfte wohl nicht in Deutschland, aber vielleicht in Österreich, Finnland, den Niederlanden oder in Frankreich geschehen.

Politiker stellen den Erhalt des Euro immer wieder als »Frage von Krieg oder Frieden« hin und erklären die Rettung dieser Währung für »alternativlos«. Dem halten manche entgegen, dass die friedvolle Einigung Europas ohne den Euro besser funktioniert habe. Eine gemeinsame Währung erspart zwar offensichtlich Umtauschkosten. Sie wird die Angleichung von Lebensverhältnissen aber nicht erzwingen können. Doch gibt es mindestens eine Alternative: ein System anpassungsfähiger Wechselkurse. Die Einsicht in die Schadensträchtigkeit der Fortsetzung der bisherigen Politik ist bei »Überzeugungseuropäern« trotz alledem nicht weit verbreitet. Vielleicht werden aber die Verhältnisse in manchen südlichen Mitgliedstaaten der EU einen Lernprozess in Gang setzen: In Portugal scheinen die Bürger nach einer mehrjährigen pausenlosen »Reformpolitik« am Ende ihrer Kräfte angelangt zu sein, ungeachtet neuerer Indizien für leichte makroökonomische Verbesserungen. Der Bundesminister der Finanzen, Wolfgang Schäuble, hat immerhin schon erkannt, dass es die Währungsunion ihren Mitgliedern (angeblich) nicht erlaubt, auf Dauer eine unsolide Finanzpolitik zu betreiben, wie die Erfahrungen mit Griechenland gezeigt hätten. Dieser Amtsträger hat zwar keine Zweifel an der Wirksamkeit des ESM ab 2013, hält aber eine Zwischenlösung für erforderlich.

Das Spektrum ressentimentbelasteter Stichworte, das von »Transferunion« über »Zahlmeister« bis »Melkkuh« reicht, wird damit in absehbarer Zeit wohl auch nicht verkleinert werden können.

Rechenfehler

Nicht nur die Politiker scheinen sich verrechnet zu haben. Man wirft inzwischen auch Zentralbankern und Finanzfachleuten vor, dass sie einen entscheidenden Fehler gemacht haben, indem sie glaubten, man könne eine Vielzahl von Nationalstaaten in einem System fester unveränderlicher Wechselkurse zusammenfassen und die negativen Folgewirkungen durch kluge institutionelle Arrangements und Verhaltensregeln im Griff behalten.

Im ersten Quartal 2014 entstand zwar der Eindruck, als ob sich die Wirtschaft in Europa erhole. Gleichwohl vergeben Banken des Währungsraums immer noch zu wenig Kredite an die Privathaushalte und Unternehmen. Diese Zurückhaltung wirkt wachstumshemmend. Die Inflationsrate im Euro-Raum war seinerzeit unter ein Prozent gefallen. Es ist die Gefahr entstanden, dass Europa in eine Deflation abrutscht, die nur durch kräftiges Wirtschaftswachstum verhindert werden kann. Eine Debatte über eine weitere Zinssenkung war unter diesen Umständen kaum zu vermeiden, obwohl der Preis für Geld in der Euro-Zone so niedrig wie nie zuvor ist. Mit einer weiteren Zinssenkung wurde auch die Frage eines Strafzinses für Europas Banken aktuell. Ein »Negativzins« könnte die Banken dazu zwingen, statt ihr Geld bei der EZB zu parken, es lieber als Kredit auszureichen. Allerdings weiß man inzwischen, dass Banken den Strafzins einfach auf den Kreditzins aufgeschlagen haben. An teureren Krediten kann die EZB aber nicht interessiert sein.

Sie spielt unterdessen mit dem Gedanken, den europäischen Banken Kredite abzukaufen, die diese an kleine und mittlere Un-

ternehmen sowie an Privathaushalte vergeben haben. Die Bünde-
lung von Verbindlichkeiten hat jedoch einen schlechten Ruf. Diese
Kreditpakete (»Asset Backed Securities« – ABS-Papiere) gingen bekanntlich in die Finanzgeschichte ein, weil sie – aus dem amerikanischen Immobilienmarkt kommend – die globale Finanzkrise ab
2008 zumindest mit ausgelöst hatten. Damals verkauften US-Ban-
ken faule Hauskredite, die in sehr komplizierte Verbriefungspa-
piere gegossen wurden (»Subprime«). Nun begann die EZB über
angeblich ganz einfache ABS nachzusinnen, mit fragwürdigen Erfolgsaussichten, gelten doch die Kreditverbriefungen selbst in Poli-
tikerkreisen als verrufene Wertpapiere, obschon die europäischen
ABS rückblickend gar nicht so schlecht abgeschnitten hatten. Als
das eigentliche Problem gelten die US-Pendants. Der gesamte ABS-
Markt wurde direkt nach Ausbruch der Krise stark geknebelt.

Heute muss eine Bank bis zu 50 Prozent der investierten Summe
mit eigenem Kapital als Verlustpuffer unterlegen, wenn sie eine
Kreditverbriefung kauft. Gegenwärtig ist der ABS-Markt weitgehend tot, weil sich das für eine Bank nicht mehr lohnt. Nur Schat-
tenbanken greifen weiter zu, weil sie kein eigenes Geld hinterle-
gen müssen. Es bleibt abzuwarten, ob der Baseler Ausschuss für
Bankenaufsicht die strengen Eigenkapitalregeln für Banken wieder aufweicht, so dass die EZB den Einkauf solcher Kreditverbriefungen ins Auge fassen mag. Sie würde allerdings nur die besten
Tranchen dieser Kreditpakete kaufen (wollen/müssen). Für den
Rest müssten sich private Investoren finden. Natürlich kann die
EZB auch schnell und ohne große Vorarbeit auf der Grundlage
des umstrittenen ersten Staatsanleiheprogramms, mit dem sie
zwischen 2010 und 2012 Staatsanleihen von Griechenland, Irland, Portugal, Italien und Spanien kaufte, viel Geld in Europas
Finanzsystem pumpen. Dieses Geld gelangte jedoch nie ins Finanzsystem, da die EZB es Woche für Woche wieder abgeschöpft
hat. Sie könnte das Geld, immerhin 175 Milliarden Euro, also im
System belassen.[1]

Ende Februar 2014 wollte der EZB-Chef Mario Draghi von einer
drohenden Deflation in der Euro-Zone jedenfalls nichts wissen. Er

sah keine Belege dafür, dass die Menschen ihre Einkaufspläne nach hinten verschieben in der Hoffnung, dieselben Waren dann günstiger kaufen zu können. Dennoch bleibt die Lage kompliziert. Einerseits erhöht Deflation in den Krisenländern Griechenland, Portugal und Spanien deren Wettbewerbsfähigkeit. Die Deflation der Verbraucherpreise in Griechenland lag (ohne Kosten für Energie, Nahrungs- und Genussmittel) im Januar 2014 bei minus 2,1 Prozent. Andererseits können flächendeckend und langfristig sinkende Preise die Wirtschaftskraft lähmen. Die künftige Wirtschaftsentwicklung in der Euro-Zone könnte auf der Kippe stehen. Die EZB strebt langfristig jedenfalls eine Inflationsrate nahe 2 Prozent an. Sie dürfte den nationalen Inflationsraten auch mehr Beachtung schenken. Sie zeigen, dass die niedrige Inflation im Euro-Raum nicht nur der Preisanpassung in den Krisenländern geschuldet ist.[2]

In der Schuldenkrise werden vielleicht auch Ursache und Wirkung verwechselt. Die Probleme haben mit den Banken begonnen, und sie werden wohl mit den Banken enden. Sie sind jedenfalls nicht (nur) durch staatliche Exzesse ausgelöst worden. Die Behauptung, dass mit der Austerität heute notwendigerweise für frühere Verschwendung gezahlt werden müsse, ist falsch oder zumindest eine völlige Verzerrung der Tatsachen. In der Staatsschuldenkrise könnte man in der Tat eine auf die öffentliche Hand abgeschobene und dadurch camouflierte Bankenkrise sehen. Dann wird Austerität zum Preis, den die Banken andere für ihre Rettung bezahlen lassen wollen. Aber: Wenige von uns waren zu der Party eingeladen, aber wir alle werden aufgefordert, die Zeche zu berappen.

Mit alledem ist eine moralische Verwandlung in Schuld und Sühne verbunden. Austerität gerät zu Buße. Sie wird zur (vermeintlich) notwendigen Qual für die Wiederherstellung der Tugendhaftigkeit nach dem Sündenfall. Das kann man auch für pure Ideologie halten, ein falsches Bewusstsein zum Zweck der Verschleierung. Mit dem Sparen dürfte der Punkt erreicht sein, an dem die Austerität in eine politische Verteilungskrise umschlägt.

Einkommensumverteilungen durch staatliche Transferleistungen gehören zu den Existenzbedingungen einer Mittelklasse. Dahinter stehen politische Entscheidungen, die zugleich eine Art Versicherungspolice für die Beständigkeit der demokratischen Staatsform sind. Manch einer ist davon überzeugt, dass sich die Reichen im Zeichen der Austerität nun weigern, die Prämien für die Versicherung zu zahlen, so dass es zu Spaltung und Polarisierung in der Gesellschaft kommt. Mangels Aufstiegsmöglichkeiten der unteren Teile bleibt dann nur noch der gewaltsame Protest. Am linken und am rechten Rand nimmt die Aggressivität zu. Mit der Sparpolitik wird die Macht der Gläubiger vermehrt, während die untere Hälfte der Bevölkerung, die auf Sozialleistungen angewiesen ist, für die Zinsen aufkommt. Es wird also eine klassenspezifische Steuer erhoben, die gegen die Mehrheit der Wähler gerichtet ist. Deshalb können Demokratien im Allgemeinen besser mit einer moderaten Inflation als mit Deflation leben.[3] Die für Europa verordnete Austerität versagt vermutlich wegen ihrer eigenen logischen Inkonsistenz.

Nicht die Spardiktate der Bundesregierung haben die Euro-Krise einstweilen entschärft, sondern die Niedrigzinspolitik der EZB und die »ominöse« Ankündigung ihres Präsidenten, alles zur Verteidigung des Euro zu tun, was nötig sei. Die angebliche Unvermeidlichkeit der Austerität ist nur deshalb begründbar, weil der Trugschluss dahinter nicht sofort sichtbar wird. Merkel liest wie viele Deutsche die Geschichte wohl einfach nur falsch. Nach katastrophalen Erfahrungen gilt in Deutschland Sparen nicht mehr als ökonomische Zweckmäßigkeit, sondern als moralische Tugend. Auch die ständig wiederholte Empfehlung, die Wettbewerbsfähigkeit zu stärken, erscheint sonderbar naiv. Würden die anderen Länder mit der Wettbewerbsfähigkeit Deutschlands gleichziehen, wäre dies das Ende des deutschen Erfolgsmodells.

Neben einer strikten Regulierung des Bankensektors gibt es womöglich nur zwei realistische Möglichkeiten für Europa: eine lange Zeit niedriger Zinsen unterhalb der Inflationsrate und höhere Steuern für die Reichen. Dabei sollte die Schwelle so festgesetzt werden, dass weniger als 10 Prozent der Steuerzahler davon betroffen wären. Wollte man mit der Austerität aber nicht aufhören wollen, würden die Wähler ihre Verfechter vielleicht aus dem Amt jagen.[4] Bei alledem müsste aber die Bankenwelt noch viel stärker in den Mittelpunkt der Aufmerksamkeit rücken. In der Krise der Euro-Zone sind bisher vor allem französische Banken ins Visier geraten. Sie arbeiteten mit sehr wenig Eigenkapital und sehr viel kurzfristiger Verschuldung, vor allem bei US-amerikanischen Geldmarktfonds. Diese Fonds zogen im Sommer 2011 ihre Mittel von den europäischen Banken ab. In der Folge sah sich die EZB zur Unterstützung nicht nur der französischen Banken durch Liquiditätshilfen gezwungen.[5]

Auch bislang zurückhaltende Wissenschaftler betonen jetzt, dass es bei vielen Politikern eine erstaunliche Diskrepanz zwischen Worten und Taten gibt. Sie kritisierten die Banken in öffentlichen Äußerungen gern, aber unternahmen wenig, um die Risiken, die die Banken den Steuerzahlern aufbürden, zu begrenzen. Dabei sollten zumindest die französischen und deutschen Politiker, die sich gegen eine strenge Regulierung wehren, aus eigener Erfahrung wissen, dass Bankenrettungen sehr teuer sein können.[6] Der Einsatz für die globale Wettbewerbsfähigkeit der Banken – ohne Rücksicht auf die Kosten – kann auch nicht im nationalen Interesse liegen, wenn Banken weltweit nur deshalb erfolgreich sind, weil sie der übrigen Wirtschaft und den Bürgern des Landes hohe Risiken und Kosten aufbürden. Solche Erfolge sind gesellschaftsschädlich und im schlimmsten Fall zerstörerisch.[7]

In der Euro-Zone liegt die Verantwortung für die Geldversorgung bei der EZB, die von den Mitgliedstaaten (angeblich) unabhängig ist. Unmittelbare Geldleihe an die Mitgliedstaaten ist ihr untersagt: »Bei Staatsanleihen, die auf Euro lauten, gibt es also keine Garantie, dass die Staaten ihre Schulden auch wirklich bezahlen können.«[8]

Das hat die europäische Bankenregulierung nicht daran gehindert, die auf Euro lautenden Staatsanleihen von Ländern der Euro-Zone als risikofrei zu behandeln. Banken können den Kauf dieser

Papiere zu 100 Prozent mit Schulden finanzieren. Wenn aber die Regulierung die Staatsfinanzierung privilegiert, dann sind Banken gern bereit, der Regierung Geld zu leihen. Werden irgendwann einmal die Steuerzahler wegen einer Bankenrettung zur Kasse gebeten, werden sie nicht ausmachen können, wer dafür verantwortlich ist. Sie werden auch den Zusammenhang nicht verstehen, wenn die Kosten der Bankenrettung die Staatsfinanzen überlasten und die Regierung Sparmaßnahmen anordnen muss. Es kommt hinzu, dass die verantwortlichen Politiker ohnehin oft schon gar nicht mehr im Amt sind, wenn die Risiken ihrer Politik sich realisieren.

Vor ihrem Ausscheiden und ihrem möglichen Wechsel in die (Finanz-)Industrie hat die wechselseitige Abhängigkeit zwischen Banken und Politik allzu häufig schon dazu geführt, dass die Politiker ihre Verantwortung für das Gemeinwesen vergaßen und es versäumten, die Volkswirtschaft und die Gesellschaft vor den Risiken zu schützen, die von den Banken ausgehen. Das Ergebnis ist mit Händen zu greifen: Den Banken gehört die Politik. In den Jahren vor der Finanzkrise hatten es die Regulierer zudem versäumt, Regeln einzuführen, die ein verantwortungsloses Verhalten der Banker hätten verhindern können. Und die Aufsichtsbehörden hatten die Einhaltung schon bestehender Regeln nicht hinreichend wirkungsvoll überwacht.[9]

Eines ist immerhin klar: Die Versäumnisse der Regulierungs- und Aufsichtsbehörden in Europa und in den USA waren mitverantwortlich für die Finanzkrise. So konnten die Banken durch die Gründung von vermögenslosen »Zweckgesellschaften« die bestehende Eigenkapitalregulierung umgehen. Diese »Vehikel« wurden zwar nicht in der Bilanz geführt, bildeten aber ein Haftungsrisiko und luden sich kräftig Schulden auf. Das alles ließen die Aufsichtsbehörden zu. Sie machten auch keinerlei Anstrengungen, die Verpflichtungen der Banken aus ihren Garantien für diese Gesellschaften zu beschränken. Die Ursachen für die Vereinnahmung der Regulierer und Aufseher durch die Regulierten (besser: zu Regulierenden) sind bekannt (»Drehtüreffekt« bei der Personalrekrutierung).[10]

Wenn aber die Politik und die zuständigen Behörden die Öffentlichkeit nicht genügend schützen, müssen sie unter Druck gesetzt werden. Die Herausforderung ist klar: Diejenigen, die für das Geld anderer Leute verantwortlich sind (vor allem Banker, Politiker und Aufsichtsbehörden), werden zukünftig die Folgen ihrer (Nicht-) Entscheidungen in größerem Umfang tragen müssen.[11] Es ist sehr fraglich, ob die optimistische Einschätzung angebracht ist, dass wir ein Finanzsystem haben könnten, das der Wirtschaft wesentlich besser dient als das System, das wir haben, ohne dass wir ein Opfer dafür erbringen müssen.[12] Das setzte nämlich voraus, dass sich Politiker und Behörden auf das öffentliche Interesse konzentrieren und die notwendigen Maßnahmen ergreifen.

Angesichts der Erwartung, dass ein weiteres wirtschaftliches Auseinanderdriften der Euro-Länder die Währungsgemeinschaft an den Rand des Untergangs bringt, ist eines beunruhigend: Von dem Gedanken einer Selbstverpflichtung einzelner Euro-Länder gegenüber einer europäischen Institution (vorzugsweise der Kommission) zur Durchführung struktureller Reformen (im Austausch mit finanziellen Zuwendungen) ist nicht viel übrig geblieben. Freiwillige Selbstverpflichtungen haben die Eigenschaft, dass sie nicht eingehalten werden, besonders wenn sie von souveränen Staaten abgeschlossen werden. An Belegen mangelt es nicht: »Euro-Plus-Pakt«; »Länderspezifische Empfehlungen«; »Europäisches Semester«. Dabei handelt es sich nicht um wirkliche Reformen, die ein weiteres wirtschaftliches Auseinanderdriften der Länder der Euro-Zone verhindern können. Das ist ein gefährlicher Befund, der zeigt, dass die Währungsunion noch nicht über den Berg ist. Das wird auch so lange nicht der Fall sein, wie man nicht verstanden hat, dass eine gemeinschaftliche Währung eine gemeinsame Haushaltspolitik braucht. Bis dahin wird jeder Reformverweigerer die Euro-Zone fast nach Belieben in den Abgrund reißen können. Selbstverpflichtungen gibt es jedenfalls schon genug. Notwendig ist aber Verbindlichkeit.[13]

Die Bundeskanzlerin sieht die EU in einer Situation, in der jeder sagt, wir können alles weiterentwickeln, aber nur nicht die Verträge ändern. Nach ihrer Logik müssten aber auch die Verträge weiterentwickelt werden, wenn die darin geregelten Grundlagen nicht mehr reichen. Wer mehr Europa will, müsse auch zur Neuregelung bestimmter Kompetenzen bereit sein und an der Einforderung der notwendigen Strukturreformen mitwirken. Bisher würden die regelmäßigen Reformempfehlungen der Kommission zwar mehr oder weniger freundlich aufgenommen. Daraus entsteht jedoch gerade nicht die geforderte Verbindlichkeit.[14]

Das jetzige Szenario erschließt sich nur, wenn man sich an die Lage erinnert, die den Gipfel im Juni 2012 charakterisierte. Seinerzeit unterzeichnete auch die Bundeskanzlerin eine Abschlusserklärung, mit der eine Kehrtwende in der bisherigen Euro-Rettungspolitik eingeleitet wurde. In deren Vollzug sollten erstmals seit der Einführung des Euro wieder nationale Kompetenzen auf eine europäische Institution übertragen werden. Die EZB sollte Kontrollrechte über die Banken der Euro-Zone erhalten. Nationale Aufsichten und politische Gremien sollten entmachtet und Banken sollten direkt auf Kredite aus dem Euro-Rettungsfonds zugreifen können. Das alles geschah vor dem damals insbesondere aus italienischer Sicht akut drohenden Untergang der Euro-Zone. Seitdem war insbesondere der deutsche Finanzminister darum bemüht, die damaligen Beschlüsse »Schritt für Schritt« nach den Maßgaben deutscher Interessen zu moderieren. Dazu gehört, dass der Euro-Rettungsfonds nicht automatisch als allerletzter Finanzier für Pleitebanken bereit steht und dass bei grenzüberschreitend tätigen nationalen Großbanken künftig nicht alle beteiligten Banken und deren Heimatländer füreinander einstehen. Der neue zentrale Abwicklungsfonds ähnelt zudem einer Bienenwabe, deren »nationale Kammern« getrennt gefüllt werden, von den nationalen Banken oder notfalls von deren jeweiligen Regierungen.[15] Das wichtigste finanzpolitische Projekt des Jahres 2013 sollte dafür sorgen, dass es ab 2016 in Europa einen einheitlichen Rahmen für die Beaufsichtigung der Finanzindustrie, die Sanierung und erforderlichenfalls die Abwicklung einzelner Institute gibt. Es ist eine Reaktion auf erkannte zentrale Schwachstellen des Bankensystems:

- Zwang für Regierungen zum Einsatz von Steuergeldern, wenn durch eine unkontrollierte Pleite ein Ansturm der Sparer zu befürchten ist
- hoher Schuldenstand vieler Staaten bei den Banken im eigenen Land wegen permanent höherer Ausgaben im Verhältnis zu den Einnahmen
- weiterer Kreditbedarf zur Stützung von Instituten in Not und damit das Risiko staatlicher Zahlungsschwierigkeiten
- Absinken des Werts der Staatsanleihen in den Büchern der Bank

An Europa fällt jedoch eine »pathologische Agentur-Schwäche« auf. Sie reicht bis zur Unfähigkeit, eine Tagesordnung zu erstellen. Hieraus folgt die Umwandlung von Politik in einen improvisierenden Reparaturbetrieb, in dem man von Tag zu Tag hinter den eigenen Fehlern her regiert, wie man am Management des Euro-Debakels zeitweise auf fast stündlicher Basis verfolgen konnte. An den USA fällt hingegen eine »aus dem Gleis gesprungene Agentur-Stärke« auf. Deren Führer haben den Globus zum Fahndungsgebiet und zum Schlachtfeld ohne Grenzen erklärt, ohne zu bedenken, wie kurz der Weg ist vom ersten Verrat an den eigenen Grundwerten bis zur vollendeten Selbstpreisgabe. Die Agentur-Schwäche wird darauf zurückgeführt, dass die Verantwortlichen zu unernst und zersplittert sind, um eine Agenda zustande zu bringen. Das europäische Projekt steht womöglich vor dem Zerfall, das amerikanische an der Grenze zu Depression. Angesichts des Umstands, dass beide Dekadenzen aufeinander verweisen, beide aber so wertvolle demokratische Erfahrungen materialisieren, könnte eine Debatte über eine »Neuformatierung« Europas sinnvoll sein – auch wenn es abwegig wäre, einer »Sezession der lateinischen Gruppe« das Wort zu reden.[16]

Unmittelbar nach der Bundestagswahl 2013 hatte sich in Griechenland schon die Hoffnung verbreitet, dass sich die SPD an einer Regierungskoalition beteiligen würde und so dem Land ein Großteil seiner Schulden erlassen und die eingeleiteten Reformen gestoppt werden, alles ein Zeichen dafür, dass die Krise keinesfalls vorbei ist. Mit ihrem Wahlsieg ist der Bundeskanzlerin offensichtlich eine gewaltige Verantwortung für Europa übertragen worden. Um die Gemeinschaft zusammenzuhalten, wird sie entscheidende Beiträge zur Überwindung der Schuldenkrise, zur Förderung starker Unternehmen, zur Reparatur der Währungsunion und zur Formulierung einer gemeinsamen Außenpolitik leisten müssen. Das wird nicht einfach sein, zumal es schon Forderungen gibt, das Einstimmigkeitsprinzip bei Entscheidungen in der Währungsunion abzuschaffen, um der vermeintlichen deutschen Dominanz entgegenzuwirken.

Nach der Bundestagswahl 2013 war indessen zunächst noch nicht absehbar, ob die Bundeskanzlerin sich auf den Sitzungen des Europäischen Rats im Oktober 2013 mit freien Händen würde präsentieren können. Das war eine wichtige Frage, weil es schon seinerzeit (wieder einmal) um bedeutende Probleme gehen sollte wie etwa die Verbesserung der Wettbewerbsfähigkeit. Im Vorfeld der Koalitionsverhandlungen in Deutschland hielt manch ein Politiker Merkel aber (noch) nicht für legitimiert, um in grundlegenden europapolitischen Fragen zu entscheiden. Seinerzeit war absehbar, dass auf zwei europäischen Großbaustellen zunächst nur »Dienst nach Vorschrift« gemacht werden konnte. Es war ebenso nachvollziehbar, dass wichtige Entscheidungen, etwa die vergleichende Messung der Wettbewerbsfähigkeit der Volkswirtschaften der EU-Länder oder die Abwicklung maroder Geldhäuser, nicht ohne Einverständnis des jeweiligen Koalitionspartners getroffen werden sollten. In der internationalen Presse gab es Mutmaßungen darüber, dass die europäische Politik zum Erliegen kommen dürfte, während Deutschland sich sortiert.[17]

Der nach den Wahlen erst nach längeren Verhandlungen zustande gekommene Koalitionsvertrag reflektiert jedenfalls nicht in genügender Weise die Tatsache, dass die Krise des europäischen Projekts nur vordergründig eine Krise des Euro-Systems ist. Manch einer geht dabei fast schon wie selbstverständlich davon aus, dass die Vorstellung, Länder ganz unterschiedlicher Wirtschaftskraft und Wettbewerbsfähigkeit könnten in einer Währungsunion vereinigt werden, um eine Konvergenz ihrer wirtschaftlichen Entwicklung herbeizuführen, als gescheitert angesehen werden müsse. Es gilt als fraglich, ob etwa Griechenland genügend Wirtschaftskraft entwickelt, um eine Wiederholung des Verschuldungsprozesses zu vermeiden, auch wenn das Land im Euro-Raum verbleibt und einen Teil seiner Schulden im Wege der Restrukturierung erlassen bekommt. Wichtiger ist jedoch die Einschätzung, dass die Staatsschuldenkrise auch eine Krise europäischer Institutionen ist. Das zeigt sich unter anderem darin, dass nicht nur die kleineren Staaten im Süden Europas die Regeln des Vertrags von Maastricht gebrochen haben. Deutschland und Frankreich haben sich als erste mehrfach vertragswidrig verhalten und damit die Grundlagen der Gemeinschaftswährung untergraben. In der Krise ist eine Regel nach der anderen verletzt worden, wie zum Beispiel die »No-bailout-Bestimmung« und das Verbot mittelbarer monetärer Staatsfinanzierung durch die EZB. Der Grundsatz der »Herrschaft des Rechts« wurde in Europa immer wieder missachtet: »Das Prinzip der Regelbindung von Regierenden und Verwaltung ist zu oft außer Kraft gesetzt worden.«[18]

Warum sollte man vor diesem Hintergrund plötzlich auf irgendwelche Koalitionsverträge setzen oder wohlfeilen Wahlkampferklärungen von Politikern glauben? Das ist nicht leicht zu beantworten. Glücklicherweise werden hin und wieder – vor allem jenseits des etablierten Politikbetriebs – sachlich fundierte und analytisch qualifizierte Überlegungen entwickelt. Sie kommen allerdings gelegentlich zu etwas irritierenden Ergebnissen: »Europa braucht weniger Politik.«[19]

Es ist doch immer wieder erstaunlich, wie leichtfüßig den Banken oder den anonymen Märkten eine Verantwortung für das zugeschoben wird, was die Politik zu verantworten hat, indem sie die Entfesselung der Finanzmärkte im heutigen Ausmaß zuließ. Da sind Kontrollmechanismen beseitigt worden, die heute mühevoll wieder eingeführt werden müssten, damit der Primat der Politik gesichert werden kann. Das gilt für alle Mitgliedstaaten der EU.[20] Nach einer sehr wechselvollen Geschichte hat allerdings die Idee von der ökonomischen Expansion überlebt, die zwischen den Politikern Oskar Lafontaine und Gerhard Schröder auch im europäischen Rahmen auf unterschiedliche Weise interpretiert wurde.

Nach der Amtsübernahme durch Merkel haben sich die Grundlagen der Weltpolitik anscheinend stark verändert: Die Idee von der »europäischen Finalität« ist tot. Die EU und der Euro-Raum sind dafür zu schnell gewachsen. Rumänien, Bulgarien oder Ungarn hinken politisch-demokratisch weit hinterher. Griechenland, Zypern oder Portugal sind ökonomisch nicht stark genug, um mit Deutschland einen gut funktionierenden Währungsraum zu bilden. So wird man nicht weiterkommen. Allerdings scheint man es auch nicht zu wollen. Europa wird die Nationalstaaten als Akteure der Politik in absehbarer Zeit nicht ablösen. Die Einheit des Kontinents bleibt eine wunderbare Idee, es fehlt jedoch das Fundament. Damit brechen zwei Säulen der deutschen Staatsräson ein, hinter denen man sich bisher verstecken konnte. In dieser Situation griff Merkel die »kleine Tradition der ökonomischen Expansion der Bundesrepublik« auf, um dafür zu sorgen, dass die anderen Staaten des Euro-Raums nach deutschen Vorstellungen wettbewerbsfähig werden. Dann könnten sie deutsche Waren kaufen und würden das deutsche Wachstum und die deutsche Wettbewerbsfähigkeit nicht behindern, indem sie den deutschen Staatshaushalt belasten, weil sie deutsche Hilfszahlungen brauchen.

So viel »deutsch« in einem Satz war tatsächlich selten. Die gegenwärtige Lage scheint aber damit zutreffend beschrieben zu sein. Nach der Vorstellung von Merkel entscheidet sich die Frage eines starken Europa jedenfalls an der Wettbewerbsfähigkeit gegenüber den Effektivsten und Effizientesten weltweit. Das scheint ihr Programm zu sein, »gepresst in das Deutsch von Unternehmensberatern«. Das empfindet der Journalist Dirk Kurbjuweit nicht nur als peinlich, sondern er hält es auch für Nationalismus. Für die Bundeskanzlerin sei Wohlstand nationale Erfüllung. Das deutsche Interesse werde von ihr definiert als Selbstschonung und

Geschäftemacherei. Merkels kühler Nationalismus komme aber zu spät. Deutschland sei zu klein für diese Welt, in der mehr und mehr die »Einwohnergiganten« China, USA, Brasilien, Russland oder Indien dominieren werden. In dieser Welt könne die Bundesrepublik Deutschland nur noch über Gemeinschaften politischen Einfluss nehmen. Wenn das stimmte, wäre das in der Tat eine unerfreuliche Erkenntnis in Zeiten, in denen unsere beiden Heimaten, der Westen und die EU, zerfleddern. Aber sie blieben unsere Heimaten. Andere gibt es nicht. Eine Politik gegen den Trend liege daher im nationalen Interesse. Das Fundament deutscher Politik, bestehend aus Demokratie und Freiheit, könne nur stark bleiben, wenn der Westen zusammenhält. Aus der Perspektive von Kurbjuweit wäre Deutschland ohne Europa ein »Winzling«. Ihm ist es aber zu wenig, auf Wettbewerbsfähigkeit zu drängen und sich fast nur um den Euro und den Binnenmarkt zu kümmern. Die Außenpolitik müsse ein Schwerpunkt der EU werden. Europa brauche eine gemeinsame Stimme nach draußen und irgendwann auch eine gemeinsame Armee. Dafür würde es sich lohnen, auf Souveränität zu verzichten. Kurbjuweit hält es für die Aufgabe eines »kühlen Nationalismus«, mit Diplomatie zu glänzen, nicht mit Zahlen zu herrschen. Andernfalls gebe es für Deutschland nur ein Schicksal: »Gewerbegebiet der Welt«.[21]

Noch im Wahlkampf zur Bundestagwahl 2013 waren viele Euro-Debatten unterdrückt worden. Eine Bestandsaufnahme wird jetzt immer dringender, weil sich in der Währungsunion die Probleme häufen. Sollte man das einfach weiterlaufen lassen, würde dies bedeuten, dass es auseinanderläuft. Die bis jetzt organisierte »Erfolgsgeschichte«, die vor allem auf den Rettungsversprechen der EZB beruht, hat Risse bekommen. In Europas Mitte gähnt ein »riesiges Fragezeichen«: Frankreich und Italien. Die zweit- und drittgrößten Mitglieder der Währungsunion befinden sich womöglich auf dem »Weg ins Nirgendwo«. Beide haben die Wende zur Wettbewerbsfähigkeit nicht geschafft, so dass grundsätzliche Zweifel an der dauerhaften Überlebensfähigkeit des Euro aufgekommen sind. Das muss Folgen haben.

Entweder die Italiener und Franzosen nehmen Abstriche an ihrem gegenwärtigen Lebensstandard hin oder sie modernisieren ihre Volkswirtschaften so, dass sie ihn sich weiterhin leisten können. Danach sieht es aber derzeit nicht aus. Frankreich hat eine Rentenreform beschlossen, die die Arbeitskosten sogar noch erhöht, während in Italien die wenigen Errungenschaften »Knetmasse wackliger politischer Mehrheiten« sind. Das ist schon deshalb besonders beunruhigend, weil das Land im Falle eines Bankrotts keinen Platz unter einem Euro-Rettungsschirm finden könnte. Die Gefährlichkeit der Krise ist auch dadurch begründet, dass die vor über 150 Jahren begonnene Einigung Italiens immer noch nicht abgeschlossen ist.

Dabei geht es übrigens nicht nur um die Unterschiede zwischen Nord und Süd. Italien ist in mehrfacher Hinsicht eine »unversöhnte Nation«. Über Jahrzehnte haben die Politiker dieses Landes versucht, die bestehenden Spannungen mit großzügigen Zuwendungen zu mildern. Die Geldverteilung folgte klientelistischen Kriterien. Unterdessen wuchs der Schuldenberg. Die politische »Elite« Italiens funktionierte nur als Geldverteilungsmaschine. Sie entwickelte und gestaltete nichts, und sie führte nicht. Ihr Konzept bestand nur darin, sich den gesellschaftlichen Frieden zu erkaufen. Das konnte nur so lange gut gehen, bis der Euro Italiens Modell zum Vergleich mit anderen Modellen erzwang. Es dürfte sehr schwer werden, das Land aus der Krise zu führen, wenn seine Elite tief zerstritten und gelähmt bleibt und die durchschnittliche Verweildauer von Ministerpräsidenten im Amt sich bei zehn Monaten einpendelt.

Diese »Elite« scheint nie gelernt zu haben, inhaltliche Kompromisse zu schließen. Vielmehr wurden immer nur bequeme Abmachungen darüber getroffen, wer wie viel Geld bekommen soll. Solche Politiker gleichen »Krämernaturen«, die nicht in der Lage sind, über den eigenen Tellerrand hinauszusehen. Die Gefährlichkeit Italiens rührt also daher, dass das Land so ist, wie es ist.[22] Aber vielleicht wird ja jetzt alles gut.

Zur nochmaligen Erinnerung: Ein neuer Stern strahlt über dem Land. Der ehemalige Bürgermeister der Stadt Florenz, Matteo

Renzi, hat den Bemühungen seines Landsmannes Enrico Letta als Ministerpräsident nach zehn Monaten ein Ende gesetzt und diese Funktion Ende Februar 2014 selbst übernommen. Noch vor Amtsantritt hatte dieser aufstrebende junge Mann von damals 39 Jahren, wie bereits erwähnt, dazu aufgerufen, die alte Politikerkaste und deren System zu »verschrotten«. Renzi will gegen die eigentlichen Herren im Staat Italien – die Bürokraten in den Ministerien und im Rechtswesen – das lähmende Netz aus Gesetzen und Durchführungsverordnungen, das sie über Jahrzehnte geflochten haben, zerschneiden.[23]

Es bleibt abzuwarten, was Italien nach dem Ende der angekündigten Verschrottungskampagne von einem Schrottplatz unterscheidet. Vielleicht ist neben der Energie eines Schrotthändlers noch mehr das Engagement eines Architekten vonnöten, der in der Lage ist, die Währungsunion mit einem stabilen Fundament auszustatten. Zu den Kernelementen einer potentiell erfolgreichen Strategie müssten unter anderem eine Flexibilisierung bei den Sparzielen und die Fixierung einer wettbewerbsbezogenen Wirtschaftspolitik gehören. Es gibt zwar bereits einverständliche Budgetziele und sachdienliche wirtschaftspolitische Empfehlungen der Kommission. Die EU-Mitgliedstaaten müssten sich nur alle daran halten, und es müssten insoweit wirksame Kontrollinstanzen eingerichtet werden. In diesem Zusammenhang dürfte die Abgabe nationaler Souveränität unvermeidlich werden. Bundeskanzlerin Merkel hat bislang jedoch nicht den Eindruck erweckt, dass ihr eine derartige Vision zugänglich ist. Sie zieht es vor, mit ein paar Regierungschefs in den berühmten »Brüsseler Hinterzimmern« auf die jeweils aktuelle Herausforderung der Krise zu reagieren. Der Bau eines »neuen Hauses Europa« erfordert aber angesichts des Zustandes der Währungsunion eher mutige Aktion. Der Optimismus hält sich jedoch in Grenzen. Hier und da ist die Befürchtung aufgekommen, dass die Euro-Staaten unter dem alten, morschen Dach bleiben – und sich weiter auseinander entwickeln.[24]

Die gegenwärtige Lage zeigt Parallelitäten zu jener großen europäischen Krise am Vorabend des Ersten Weltkriegs. Damals wie heute laden sich Nationalismen, medial verstärkt, dramatisch auf. Das Misstrauen zwischen den europäischen Völkern wächst. Deutschland wird als das größte Land in der Mitte des Kontinents immer stärker als Bedrohung empfunden – ehemals wegen seiner militärischen, aktuell wegen seiner wirtschaftlichen Macht. Umgekehrt sieht sich Deutschland durch Koalitionen anderer Länder ausgegrenzt und eingekreist, früher militärisch, gegenwärtig im Rat der EZB und auf den Gipfeln der europäischen Staats- und Regierungschefs. Man fühlt sich zunehmend übervorteilt.[25] Ein vages Unbehagen, dass es wie bisher nicht mehr lange weitergehen kann, verbreitet sich immer stärker, verschärft durch den Eindruck, dass das Recht seine Verbindlichkeit verliert und durch die machtpolitische »Logik des Ausnahmezustands« ersetzt wird.[26]

Die überkommenen historischen Begründungen der europäischen Einigung, so ein Fazit, verkehren sich in der aktuellen Krise in ihr Gegenteil.[27] Die verstärkte Wirtschaftsdominanz Deutschlands gefällt kaum einem. Das institutionelle Übergewicht Frankreichs und der krisengeschüttelten Südländer im EZB-Rat hat niemand als Ergebnis des Maastrichter Vertrags und der Währungsunion gewollt. Es ist so wenig kohärent und tragfähig, dass es an seinen inneren Widersprüchen zu zerbrechen droht.[28] Schon jetzt ist der Eindruck entstanden, dass im Zuge der Schuldenkrise die ohnehin zerklüfteten europäischen Erinnerungslandschaften weiter geborsten sind und Europa allenthalben immer noch durch das Prisma der Nationen gesehen wird.

Es wird sogar ein direkter Zusammenhang zwischen historischen Schuldzuweisungen (»Drittes Reich«, Zweiter Weltkrieg) und der aktuellen Krise hergestellt. Teilweise wird aus dem Massenmord an den europäischen Juden sogar eine Verpflichtung Deutschlands zu großzügiger Hilfe abgeleitet. Dabei lässt sich anhand der historisch gewachsenen Wahrnehmungsunterschiede belegen, wie schwierig es ist, die verblassende Mahnung des »Nie wieder Krieg« durch eine andere große »europäische Erzählung« zu ersetzen, mit der die verschiedenen Nationen umgriffen und geeinigt werden können.

In Deutschland gab es zwar lange Zeit eine besondere Vorliebe für die idealistische Idee, die Nationalstaaten in einem vereinten Europa aufzuheben. Die meisten anderen Länder setzen aber immer stärker den Akzent auf die europäische Rettung des Nationalstaats. Dessen ungeachtet wollte Bundeskanzler Helmut Kohl zu seiner Zeit mit dem Euro den entscheidenden Durchbruch zu einem europäischen Bundesstaat schaffen. Schon im Zusammenhang mit den Beratungen über den Vertrag von Maastricht hielt er ein Auseinanderbrechen der EU oder den Rückfall in früheres nationalstaatliches Denken für unmöglich. Das war vielleicht eine der größten Fehlkalkulationen der neueren Geschichte.

Unter seiner Nachfolgerin Merkel hat sich möglicherweise eine »Schubumkehr« ereignet, durch die die Abwendung von den supranationalen Institutionen und die Rückkehr zu einer von den nationalen Regierungen bestimmten Politikgestaltung verstärkt wurden. Sie steht unter dem Verdacht, nicht die gleiche emotionale Bindung an den Europa-Mythos zu haben, wie ihr Amtsvorgänger Kohl sie hatte. Zudem schlug in der Schuldenkrise, wie in jeder anderen Notlage, die Stunde der Exekutive, die in den jeweiligen Hauptstädten und nicht in Brüssel oder Straßburg verortet ist. Das ist vielleicht auch richtig, sollte es wirklich darum gehen, ob Deutschland bald für alle Schulden der Euro-Zone haftet. Für den Transfer der in Betracht kommenden Riesensummen fehlt den Institutionen der EU nicht nur das Geld, sondern auch die demokratische Legitimation. Das hat jedoch die Länder nicht besonders beeindruckt, die die in Berlin durchgesetzte Rettungspolitik mit ihren Reformanforderungen als neue Form eines deutschen Imperialismus wahrnehmen. Vor diesem Hintergrund kann man den Eindruck gewinnen, dass die schleichende Erosion der europäischen Integration bereits begonnen hat und ein Ende nicht absehbar ist.[29]

Risikofaktor Währungsunion

Das europäische Projekt wurde nach einem verspäteten Vollzug der institutionellen Reform nicht nur durch Irritationen im Bereich der Gemeinsamen Außen- und Sicherheitspolitik belastet. Für die zukünftigen Entwicklungschancen Europas dürften allerdings die Probleme, die sich aus dem Vollzug der Währungsunion ergaben und weiter ergeben werden, viel gefährlicher sein. Dabei fing alles eigentlich ganz gut an. Der EZB war es zunächst gelungen, die Inflationsrate auf einem Niveau von unter 2 Prozent zu halten, mit leichten Ausschlägen in der Zeit der beginnenden Finanzmarktunruhen in den Jahren 2007/2008.

Im Durchschnitt der Jahre 1999 bis 2010 gab es eine Inflationsrate von 2,2 Prozent. Von einem »Teuro« konnte also berechtigterweise keine Rede sein. Preisstabilität, große und liquide Finanzmärkte und der Wegfall der Zinsrisikoprämie hatten zur Verteidigung des Wechselkurses gegenüber der D-Mark zu niedrigen Zinsen beigetragen. Das niedrige Zinsniveau führte in denjenigen Mitgliedsländern der Währungsunion zu einem Wachstumsschub, die zuvor von inflationären Tendenzen geplagt waren (Spanien: 3,6 Prozent; Griechenland: 4 Prozent; Irland: 8 Prozent; Frankreich: 2,1 Prozent im jährlichen Durchschnitt im ersten Jahrzehnt der Währungsunion). In der gesamten Euro-Zone belief sich das Wachstum im gleichen Zeitraum auf durchschnittlich 2,2 Prozent im Jahr. Darüber hinaus kam es zu einer stärkeren Verflechtung der beteiligten Volkswirtschaften (Steigerung des Anteils des Handels der Euro-Länder innerhalb der Euro-Zone von etwa 26 Prozent des BIP im Jahre 1998 auf etwa 33 Prozent im Jahr

2008). Auch grenzüberschreitende Investitionen nahmen dank der Ausweitung der Finanzmärkte und des Wegfalls des Währungsrisikos deutlich zu.[1]

Grundsätzlich ist festzuhalten, dass Deutschland ohne die Währungsunion einmal mehr unter starken Aufwertungsdruck geraten wäre, mit entsprechenden negativen Folgen für den Export und damit für das Wachstum. Die Vorteile des Euro schienen zunächst so offenkundig, dass sich eine Reihe von Neumitgliedern der EU der Währungsunion anschloss, sobald sie (vermeintlich) die Konvergenzkriterien erfüllten. Der Euro wurde darüber hinaus zur »Ankerwährung« für etwa 35 Länder, die mit der EU eng verflochten sind. Der Handel in dieser Währung weitete sich ebenfalls aus. Schließlich wurde der Euro zur zweitwichtigsten Währung nach dem US-Dollar, den er im globalen Bargeldumlauf sogar überholt hat. Über die Bedeutung der D-Mark war er jedenfalls weit hinausgewachsen. Das Wasser im Wein ließ allerdings nicht lange auf sich warten. Die schwächeren Euro-Länder nutzten die Zinssenkungen nicht zur energischen Fortsetzung von Strukturreformen und Modernisierungsinvestitionen. Im Gegenteil: Sie ließen Lohnsteigerungen über den Produktivitätszuwachs hinaus zu und nahmen neue Schulden auf. Die niedrigen Zinssätze heizten auch die private Verschuldung an. Die Ungleichgewichte in den Leistungsbilanzen der beteiligten Volkswirtschaften wuchsen und bewirkten eine erhebliche Spreizung der Zinssätze, die für Staatsanleihen verlangt wurden.

In den ersten zehn Jahren der Währungsunion stieg die Leistungsbilanz Deutschlands um 9 Prozent des BIP, in Österreich um 6 Prozent und in den Niederlanden um 3 Prozent, während sie in anderen Ländern zurückging, etwa in Finnland (3 Prozent), Belgien, Italien (4 Prozent), Frankreich, Portugal (5 Prozent), Irland (6 Prozent), Spanien (9 Prozent) und Griechenland (13 Prozent). Deutschland blieb indessen nicht nur »Weltmeister« im Export. Das Land belegte auch bei der Steigerung der Exporte in den Euro-Raum die führende Position. In diesem Klima blieben nicht nur die Versuche zur Eindämmung der wachsenden Verschuldung halbherzig. In der Wachstumskrise des Jahres 2002 steigerte auch Deutschland die Staatsausgaben, um die Konjunktur zu beleben. Dort wuchs die Neuverschuldung über jene 3 Prozent des BIP hinaus, die nach dem Stabilitäts- und Wachstumspakt zulässig waren. Im November 2003 verlangte die Kommission eine Reduktion des strukturellen Haushaltsdefizits für das Jahr 2004. Aufgrund des entschlossenen Widerstands mehrerer EU-Mitgliedstaaten erfolgte wenig später eine Aussetzung der entsprechenden Verfahren gegen Deutschland und Frankreich. Damit wurde der Stabilitätspakt politisch schwer beschädigt. Im Zuge einer Reform des Stabilitätspakts hatte man anschließend vielfältige Möglichkeiten eröffnet, eigentlich fällige Defizitverfahren und Korrekturmaßnahmen hinauszuzögern oder ganz zu verhindern.

Wer glauben wollte, dass die Regierungen daraus irgendetwas gelernt hätten, der brauchte nur bis zum Frühsommer 2014 abzuwarten. Damals drängte eine Staatengruppe unter der Führung von Frankreich und Italien vehement auf eine Abkehr von der bisherigen, allein auf die Haushaltssanierung zielenden Stabilitätspolitik in Europa. Die Regierungen wollten erreichen, dass kreditfinanzierte staatliche Investitionen in Wachstum und Beschäftigung nicht mehr auf das Budgetdefizit angerechnet werden. Damit hätten die Krisenländer mehr Zeit, ihre Finanzen in Ordnung zu bringen. Im Gegenzug sollten sich die Regierungen dazu verpflichten, wichtige Strukturreformen anzupacken. Die Initiative ging von der sozialdemokratischen Parteienfamilie in Europa aus. Die »Sozialisten« im Europa-Parlament machten ihre Zustimmung zu den seinerzeit anstehenden Personalentscheidungen in Brüssel von einer Aufweichung des Stabilitäts- und Wachstumspakts abhängig. Insbesondere Italien und Frankreich betonten, dass die rigide Sparpolitik ihren Volkswirtschaften schade, weil sie das Wachstum hemme. Das deutsche Bundesministerium der Finanzen betonte dagegen, dass der Stabilitätspakt genug Flexibilität böte, um eine wachstumsfreundliche Konsolidierung zu ermöglichen, während Wirtschaftsforscher erklärten, dass die Idee, höhere Defizite zuzulassen, aber eng an Reformen zu knüpfen, richtig sei, weil viele Länder in Europa gar nicht in der Lage seien, ihre Haushalte im bis dahin vorgesehenen Tempo zu sanieren.[2]

Im Winter 2008/2009 wuchsen die Defizite in fast allen Ländern der Euro-Zone als Folge der weltweiten Finanzkrise und des damit verbundenen Konjunktureinbruchs rasch beträchtlich über die 3-Prozent-Grenze hinaus. Die Einnahmen sanken. Gleichzeitig mussten enorme Summen in die Stabilisierung der Bankensysteme und in die Konjunkturförderung investiert werden. Deutschland landete 2009 wieder bei einem Defizit von 3,3 Prozent (Österreich: 4,1 Prozent; Italien: 5,4 Prozent; Frankreich: 7,5 Prozent; Portugal: 10,1 Prozent; Irland: 14,2 Prozent und Griechenland: 15,8 Prozent). Dennoch: Die dramatische Neuverschuldung war kein spezifisches Problem der Währungsunion!

Im Jahre 2009 betrug das Haushaltsdefizit der Euro-Länder im Durchschnitt 6,4 Prozent des BIP. In Großbritannien belief es sich auf 11,5 Prozent und damit noch etwas mehr als in Spanien (11,2 Prozent). Das Problem lag darin, dass die strukturschwächeren Länder der Euro-Zone größere Schwierigkeiten hatten, aus dem Konjunkturtief wieder herauszukommen. Auf den Finanzmärkten entstanden daher starke Zweifel daran, ob die Länder in der Lage sein würden, ihre Schulden zu begleichen. Dementsprechend stiegen die für die Staatsanleihen dieser Länder geforderten Zinssätze dramatisch an. Die Zinsen für deutsche Staatsanleihen tendierten dagegen gegen null. So entwickelte sich aus der Finanz- und Wirtschaftskrise in Europa eine Staatsschuldenkrise, die fälschlicherweise als »Euro-Krise« etikettiert wird.

Der Kern der Problematik liegt woanders: Die Politik hat ihre Aufgabe nicht erfüllt, die internationalen Jongleure des Kapitals in einen leistungsfähigen regulatorischen Rahmen einzubinden. Dafür hätte man unter anderem den Handel mit komplizierten Derivaten auf öffentliche Börsen verlagern müssen und so transparent machen können. Ökonomen halten den Handel mit Wertpapieren zwar für eine historische Errungenschaft. Aber die Börsengeschichte beschreibt eine Abfolge von Manipulationen,

Skandalen und Wirtschaftskrisen.[3] Spekulationsgeschäfte der Investmentbanken auf eigene Rechnung müssen stark begrenzt werden. Die Aufsicht muss drastisch verschärft werden, und die Marktmacht von Investmentbanken ist spürbar einzuschränken. All die entsprechenden Maßnahmen und Gesetze können aber nichts ausrichten, wenn die Investmentbanker nicht verstehen, dass es bei jedem Deal, den sie machen, nicht nur um ihren Bonus geht, sondern um die Stabilität der Wirtschaft und das Wohl der Gesellschaft.

Die Regierung in Athen wird in den kommenden Jahren die größte Reduzierung eines Budgetdefizits zu leisten haben, die jemals von einem Mitglied der Euro-Zone in so kurzer Zeit unternommen wurde. Die politischen Nebenwirkungen sind schwer zu kalkulieren. Es wird eine »nicht auszuschließende Wahrscheinlichkeit des Scheiterns« diagnostiziert. Man hält es dennoch für fatal, einen Fahrplan zum freiwilligen oder erzwungenen Austritt Griechenlands aus der Euro-Zone aufzustellen.[4] Damit würden Hedge-Fonds und andere Finanzspekulanten eine erstklassige Handreichung erhalten, um einen solchen Fahrplan zu testen – zunächst am Beispiel Griechenlands, anschließend an Spanien, Portugal, Irland und so weiter.

Ein Ausschluss des Landes aus der Euro-Zone würde die Griechen in die Eiszeit zurückschleudern. Griechenland wäre im gleichen Moment bankrott, da es seine Staatsschulden in Euro zahlen müsste und eine neue Währung umgehend an Wert verlöre. Aber auch EU-Mitgliedstaaten wie Bulgarien und Rumänien schlägt Misstrauen entgegen. Bulgarien wird nach manchen Einschätzungen ein latentes Vertrauensdefizit bekämpfen müssen. Es ist mit der Frage zu rechnen, ob die Angaben dieses Landes zum Haushaltsdefizit sich an den »Rechentricks« der Fachleute in der griechischen Statistikbehörde orientiert haben. Der bulgarische Ministerpräsident Bojko Borrissow hat jedenfalls das Projekt eines Euro-Beitritts auf unbestimmte Zeit verschoben und seiner Hoffnung Ausdruck verliehen, dass sein Land nicht wegen Griechenland bestraft werde.[5] Die Zukunft scheint absehbar. Nicht nur die Rettung Griechenlands ist ein Dauerprojekt. Eines kommt zum anderen: Portugal verschuldet sich zu höheren Zinsen als den 5 Prozent, zu denen es das Geld im Rahmen des Hilfsprogramms an Griechenland weitergibt. Mit einem »Federstrich« wird auch hier ein Ausgleich beschlossen. Die Portugiesen könnten es bald leid sein, dass ihre Schulden höher verzinst sind als die der Griechen. Man sah das Land schon Ende Januar 2011 finanziell bis zum Hals im Wasser stehen. Das Land hat zwar nicht seine Bücher gefälscht und leidet auch nicht mit den Banken unter einer geplatzten Immobilienblase. Aber die Folgen der Stagnation eines »verlorenen Jahrzehnts« sind unübersehbar.[6] Ein eigenes Hilfsprogramm wurde dadurch verlockend, mindestens aber die Forderung nach einem »saftigen« Ausgleich aus der Gemeinschaftskasse.[7]

Solche Gedanken mag man als unausgegorene Phantasien irgendwelcher Journalisten zurückweisen. Das ändert jedoch nichts daran, dass kein aktuelles Problem europäischer Politik zumindest die Bürger in Deutschland jemals so bewegt hat wie die Rettung des griechischen Staatshaushalts: »Die Tatsachen über den systematischen Statistik- und Subventionsbetrug, den Athen betrieben und Brüssel geduldet hat, gewinnen demokratische Brisanz.«[8]

In der Nähe von Griechenland liegt die Insel Zypern. Sie gilt in mancherlei Hinsicht als Sonderfall. Das war und ist Irland allerdings auch, eine weitere Insel. Dort gibt es zwar keine lange verschleppten Strukturreformen, und das Land verfügt über eine wettbewerbsfähige Wirtschaft. Aber man fand dort auch viel zu große Banken und einen aufgeblähten Bausektor. Als die irischen Banken kollabierten, fing sie der irische Staat auf und trieb so die Staatsschulden in historische Höhen. Das Ausmaß der irischen Bankenkrise ist mit keinem anderen Euro-Land vergleichbar. Die Bankenrettung verursachte Kosten von circa 64 Milliarden Euro, knapp die Hälfte davon allein für die Anglo Irish Bank und ein weiteres Pleiteinstitut. Das geschah dadurch, dass die irische Notenbank bei der Finanzierung des Anglo-Pakts half, und zwar durch Rückgriff auf die kurzfristige Liquiditätshilfe der EZB, mit der systemrelevante Banken vorübergehend gestützt werden dürfen, um eine »Kernschmelze« im Bankensystem zu verhindern.

Systemrelevante Banken genießen übrigens auch in Deutschland enorme Finanzierungsvorteile. Der Staat muss sie stützen, wenn sie in Schieflage geraten. Das ist eine Subvention, die kleinere Banken benachteiligt. Sie müssen für Anleihen höhere Zinsen zahlen. Die Subvention gibt es in der ganzen Welt. In den Jahren 2011 und 2012 haben Banken im Euro-Raum mehr als 200 Milliarden Euro erhalten. Der Betrag dürfte in der Bankenunion sinken, weil zunächst die Gläubiger der Banken, etwa die Anleiheinvestoren, haften.[9]

In Irland registrierte man natürlich schnell, dass in Griechenland und anderen südeuropäischen Krisenstaaten im Laufe der Krise die Zinsen für Kredithilfen erst gesenkt und dann praktisch auf null gesetzt wurden und wie man die Rückzahlung erst stundete und dann teilweise strich. Es ist nicht wirklich überraschend, dass in Irland angesichts dieses Szenarios der Wunsch nach Erleichterungen für den Schuldendienst aufkam. Wäre man ehrlich gewesen, hätte man einräumen müssen, dass das Land seine Bankenlasten allein so nicht tragen kann und ein zweites Rettungspaket benötigte. Der deutsche Bundesminister der Finanzen war aber offensichtlich an der Aufrechterhaltung der Legende über die Rettung Irlands interessiert. Jörg Asmussen sollte es richten, ein ehemals für unentbehrlich gehaltener Staatssekretär im Finanzministerium und zwischenzeitlich als Direktor in der EZB beschäftigter früherer Mitarbeiter von Schäuble, der nach der Bundestagswahl 2013 im Bundesarbeitsministerium als Staatssekretär eine neue Beschäftigung gefunden hat. Plötzlich waren anderthalbjährige Verhandlungen mit der EZB zu Ende, und das irische Parlament erklärte die Anglo-Abwicklungsgesellschaft für insolvent.

Wohlgemerkt: Die Politik, nicht der Markt, führte die Insolvenz herbei. Irlands Notenbank übernahm den Schuldschein des Staates und tauschte ihn in langlaufende Staatsanleihen. Dadurch wuchs das Volumen ausstehender Staatsanleihen um ein Viertel auf 115 Milliarden Euro. Die irische Regierung kann sich bis auf weiteres über einen Zahlungsaufschub von 25 Jahren freuen. Die erste Tilgung wird 2038 fällig sein. Dieser »Deal« mit der Notenbankfinanzierung erspart dem Land die Ausgabe von Staatsanleihen in Höhe von 20 Milliarden Euro.

Ein weiterer angenehmer Effekt ist, dass das Budgetdefizit Irlands in drei Jahren auf 2,4 Prozent sinken könnte. Sollten die Notenbanken künftig regelmäßig einspringen, wenn die Finanzminister der Euro-Zone bei Schieflagen von Banken nicht handeln wollen, dann wäre Vorsicht geboten. Sobald die EZB keine Vorwürfe mehr befürchten muss, dass sie den einen oder anderen Staat finanziert, könnte es auch mit den letzten Hemmungen vorbei sein. Mit dem irischen Manöver wurde die Trennung zwischen Fiskal- und Geldpolitik jedenfalls aufgehoben.

In einer Kultur des Kuhhandels zeigt der geldpolitische Kompass nie in die richtige Richtung. Die EZB hat das Handeln im »Musterland Irland« zur Kenntnis genommen. Das war's dann auch schon. Eine Notenbank des Euro-Systems unterliegt politischem Druck und finanziert die Regierung. Und die EZB nickt alles mehr oder minder verschämt ab. Die Sache wird natürlich nicht dadurch besser, dass der Deal von einem Vertreter der EZB eingefädelt wurde. Es bleibt nicht nur ein fader Nachgeschmack. Das Verbot der monetären Staatsfinanzierung wurde durch die langfristige Finanzierung des Fiskus durch die irische Notenbank missachtet. Das ist kein Erfolg, sondern eines von zahlreichen Beispielen, dass europäisches Recht zur Verfügungsmasse der Mächtigen geworden ist. Irland ist insoweit kein Vorzeigeland, sondern ein Menetekel. Opportunistische Willkür von Politikern und blinder Gehorsam von Technokraten gefährden die EU als Rechtsgemeinschaft. Als bloßes Machtkartell verdient sie aber keinen Bestandsschutz.

Angesichts der seinerzeit dramatisch zugespitzten Finanzlage irischer Banken wies man in Deutschland schon im November 2010 darauf hin, dass es um mehr geht als nur um Irland. Die irische Gesellschaft schien damals tatsächlich aus den Fugen zu geraten. Der wirtschaftliche Absturz war umso dramatischer, als das Land noch vor wenigen Jahren als europäischer »Musterknabe«

galt. Wie bereits angedeutet, gab es mit billigen Krediten und niedrigen Steuern einst einen Boom. Jetzt müsste aber allen klar geworden sein, dass ein Tanz auf dem Vulkan stattfand. Mit der Finanzkrise platzte auch die Kreditblase, die den Bau- und Immobilienmarkt jahrelang angefeuert hatte.[10] Viele Iren glauben, dass sie immer wieder belogen wurden. Erst versicherten ihre Politiker, die Banken seien stabil. Kurz darauf mussten sie notverstaatlicht werden. Dann versprach der damalige Regierungschef Brian Cowen einen Aufschwung, der nicht kam. Mitte November 2010 bestritt er noch, dass Irland Hilfe aus Brüssel brauche. Zwei Tage später quartierten sich Beamte der Kommission in Dublin ein, um die Details der »Kapitulation«[11] zu verhandeln.

Der damalige Vorsitzende der Euro-Gruppe, der Ministerpräsident von Luxemburg und derzeitige Kommissionspräsident, Jean-Claude Juncker, erklärte, dass ein »Eindruckschinden vor nationaler Kulisse« sehr störend sei und der europäischen Idee schade. Berlin habe nicht gegen andere einen permanenten Krisenmechanismus zur Lösung von Euro-Finanzkrisen durchsetzen müssen. Alle hätten das gewollt. Für ihn war es schleierhaft, warum man so tat, als habe es nur einer gemacht. Und an den Finanzmärkten wurden die von Deutschland erzwungene härtere Regulierung der Hedge-Fonds, das einseitige Vorpreschen beim Verbot der Leerverkäufe, die Wankelmütigkeit bei der Griechenland-Krise, die – auch von der Bank von England kritisierten – Ausfälle gegen die Geldpolitik der Fed (Federal Reserve System) und eben die erzwungene Diskussion über die Einbindung von privaten Gläubigern als kontraproduktiv und oft sogar als sachlich falsch kritisiert.

Vor diesem Hintergrund ist es für die Bewältigung der in der Währungsunion anstehenden Aufgaben nicht gerade hilfreich, dass auch die Deutschen den Euro nie geliebt haben. Sie dürften sich in ihrer Haltung bekräftigt fühlen, ist dieses Experiment nach einer Schönwetterperiode von zehn Jahren nun in einen Sturm geraten, in dem diese Union in Gefahr ist, von Schuldenbergen förmlich zerdrückt zu werden. Der Chorgesang der politischen Eliten mit dem Titel »Wir retten den Euro auf jeden Fall« erinnert immer mehr an das berühmte ängstliche Pfeifen im Walde. Nachdem Irland unter den Rettungsschirm geschlüpft war und die EZB mit dem Kauf von Staatsanleihen munter weitermachte, war nicht mehr zu bestreiten, dass Tabus zum alltäglichen Handlungsmuster mutiert sind. Es fanden Haftungsübernahmen für fremde Schulden und indirekte Staatsfinanzierungen fast als tägliche Notfallübungen statt. Die Währungsunion brach ihre Grundprinzipien in immer schneller werdendem Tempo. Man könnte versucht sein, dies alles mit dem Primat der Politik zu erklären. Das wäre fast schon konsequent logisch, stand doch am Anfang auch eine »politische« Entscheidung.

Es ist wiederum daran zu erinnern, dass die Aufgabe der D-Mark der Preis war, den Frankreich für die Zustimmung zur deutschen Wiedervereinigung forderte. Ökonomische Argumente für die angebliche Vorteilhaftigkeit einer Gemeinschaftswährung wurden nur nachgeschoben. Die Risiken, die mit einer Zusammenführung starker und schwacher Länder verbunden sind, waren von Anfang an bekannt. Die Behauptung, dass Deutschland größter Profiteur der Euro-Einführung sei, wird auch für den berühmten Mann auf der Straße immer schwerer nachvollziehbar. Insbesondere die Arbeitnehmer haben sich in Konsumverzicht üben müssen, während in Südeuropa eine wilde Party begann. Es ist zwar nicht zu bestreiten, dass der überflüssig gewordene Devisenumtausch auch zum Wegfall eines Kostenfaktors führte. Das ändert aber nichts daran, dass sich Länder außerhalb des Euro-Raums durchaus sehr dynamisch entwickelt haben. Es ist nicht letztgültig bewiesen, dass sich Deutschland ohne den Euro wirtschaftlich schlechter entwickelt hätte. Wie bereits angedeutet war er für südeuropäische Länder ein »Geschenk des Himmels«. Steil sinkende Zinsen brachten diesen Ländern gewaltige Kostenersparnisse und verführten sie zu übermäßiger Kreditaufnahme. Die neue Währung geriet zur »Schuldenfalle«, da die realen Zinsen in der europäischen Peripherie zeitweilig unter null lagen. Die Folgen sind nicht zu übersehen: Absurd aufgeblähte Bausektoren in Spanien und Irland und Konsum auf Pump in Griechenland führten direkt in wirtschaftliche »Crashs«, als die Kreditblasen platzten.

Deutschland wird sogar vorgeworfen, sich »wie ein Vampir« verhalten zu haben, weil es mit seinen Warenexporten dem globalen System Kaufkraft entzogen habe. Das Land habe seine Exporterlöse nicht wieder vollständig für den Kauf von Importen verwendet. Die Absorption der Kaufkraft habe ihm massive Wachstumsimpulse verschafft, bei ausländischen Partnern aber eine Nachfrageschwäche mit Wachstumsverlusten erzeugt. Dieser Position wird entgegengehalten, dass die deutschen Exportüberschüsse Ergebnis einer von den Kapitalanlegern gewünschten Portfolioumschichtung seien. Der Umschichtungswunsch betraf Anlagen in aller Welt, aber vor allem in Südeuropa, wo der Wunsch durch den Euro induziert worden sei. Die unwiderrufliche Ankündigung des Zeitplanes für die Einführung des Euro auf dem Gipfeltreffen von Madrid im Dezember 1995 habe den Investoren das Investitionsrisiko genommen. In der Folge fielen dort jedenfalls die Zinsen. Das ließ die Kreditnachfrage der dortigen Wirtschaft steigen und führte zu einer Erhöhung der Staatsverschuldung, zu vermehrter Einstellung von Staatsbediensteten und zur Steigerung ihrer Gehälter. Es entstand ein nachfragegetriebener Boom, der die Einkommen und mit ihnen die Importe erhöhte, während die Wettbewerbsfähigkeit der Exporte durch kreditfinanzierte Lohnerhöhungen unterminiert wurde.

In der Folge wurde in Deutschland kaum noch investiert. Es kam zu einem Ausfall der Binnennachfrage, zu einer hohen Arbeitslosigkeit und zu nur noch moderat steigenden Löhnen. Wegen der Flaute blieben die deutschen Importe ohne Dynamik, während die Lohnzurückhaltung die Exporte belebte. Der Ausfall der Binnennachfrage wurde zwar teilweise im Export wettgemacht. Die für wirtschaftliches Wachstum unerlässliche Ausweitung der Produktionskapazitäten durch Investitionen war aber zu schwach. Es wurden in sehr großem Ausmaß deutsche Ersparnisse ins Ausland verlagert. Damit geschah eine Übertragung von Kaufkraft von deutschen Kreditgebern an Kreditnehmer in anderen

Ländern. Das sei aber keineswegs ein »Raub von Kaufkraft« gewesen, wie es andere Exegeten sehen.[12]

Mittlerweile scheinen jedenfalls immer mehr Menschen zu begreifen, dass der Euro-Raum wegen seiner Heterogenität alles andere als ein optimaler Währungsraum ist. Geringe Flexibilität und Faktormobilität erzeugen zusammen mit einem einheitlichen Leitzins bei divergierenden Konjunkturverläufen die Gefahr wandernder Blasen in der Europäischen Währungsunion. Die Frage, ob deutsche Steuerzahler nach jeder Schuldenorgie die Reste einsammeln beziehungsweise die Rechnungen bezahlen sollen, stellt sich immer dringender. Von der Antwort darauf wird es abhängen, ob die Deutschen davon zu überzeugen sind, dass sie »Hauptprofiteur« des Euro sind.[13]

Keine marktkonforme Demokratie

Im Vorfeld der Wahlen zum griechischen Parlament am 25. Januar 2015 begann (wieder einmal) eine lebhafte und kontroverse Debatte über die Mitgliedschaft Griechenlands in der Europäischen Währungsunion. Bemerkenswert daran war, dass sich insbesondere in Deutschland zunächst anscheinend eine Neuorientierung abzeichnete. Hatte man zuvor weitgehend keinen Zweifel daran, dass der weitere Verbleib Griechenlands in dieser Union aus wirtschaftlichen und politischen Gründen erstrebenswert sei, war man nun in Berlin zumindest teilweise zu dem Ergebnis gekommen, dass ein Austritt des Landes aus der Währungsunion »verkraftbar« sei. Die Presse berichtete, dass Bundeskanzlerin Merkel und Finanzminister Schäuble angeblich eher den Ausstieg Griechenlands aus der Währungsunion hinnehmen wollten, als einer schon vor der Wahlentscheidung für möglich gehaltenen neuen »Linksregierung« größere Zugeständnisse zu machen. Man prognostizierte eine Rückkehr der Euro-Krise als politischen Nord-Süd-Konflikt. Zur gleichen Zeit wurde übrigens der Eintritt Litauens als neunzehntes Mitglied der Währungsunion gefeiert.

Diese (»neu-alte«) Debatte konzentrierte sich von Anfang an auch auf den von Deutschland geprägten Reform- und Sparkurs in Europa, auf den etliche Krisenstaaten der Euro-Zone einschwenken mussten, um Milliardenbeträge aus den Rettungsfonds zu erhalten. Man erkannte einen Gegensatz zwischen dem (möglichen) demokratischen Willen der Griechen, der Sparpolitik ein Ende zu setzen, und den Gesetzen der Finanzmärkte, die dann keine Kredite mehr gewähren würden, verbunden mit dem (möglichen) »Nein« der anderen Euro-Staaten, ihre Steuergelder für weitere Hilfen einzusetzen. Bislang galt die Fortsetzung der Mitgliedschaft nach einem Wort von Merkel allerdings als »alternativlos« für die Rettung des Euro insgesamt. Nun aber wurde darüber spekuliert, dass ein Austritt Griechenlands (»Grexit«) durchaus eine Option sein könnte, wenn Alexis Tsipras wirklich einen großen Schuldenschnitt in Angriff nehmen und der bisherigen Reformpolitik ein Ende setzen würde. Damit sind einige schwierige Rechtsfragen verbunden, sehen die geltenden Verträge doch ein Verlassen der Währungsunion nicht vor, wohl aber einen Austritt aus der EU. Merkel und Schäuble wurde dessen ungeachtet die Zuversicht darüber zugeschrieben, dass die gemeinsame Währung ein Ausscheiden Griechenlands überleben würde.

Das mag auch auf die seit 2012 erzielten Fortschritte zurückzuführen sein, die auch die »Ansteckungsgefahr« für Länder wie Portugal und Irland und selbst für Zypern vermutlich verringert hat. In der Tat steht mit dem ESM jetzt ein Rettungsfonds zur Verfügung, und die neu eingerichtete Bankenunion mag die Sicherheit europäischer Kreditinstitute auch erhöhen können. Vor diesem Hintergrund schien die bisherige »Dominotheorie« nicht mehr unangefochten sein. Womöglich folgt man jetzt der »Kettentheorie«: Der Rest einer Kette wird stärker, wenn das schwächste Glied wegfällt. Es bleibt aber abzuwarten, wie Länder wie Frankreich oder Italien reagieren, wenn in Griechenland der seit geraumer Zeit umstrittene Spar- und Reformkurs nachhaltig in Frage gestellt wird. Europaskeptische Bewegungen wie der Front National in Frankreich, die spanische Bewegung »Podemos« und die »Fünf Sterne« in Italien könnten einen politisch schwer zu kalkulierenden weiteren Aufschwung erhalten, wenn sich die kritischen Kräfte in Griechenland durchsetzen.

Dagegen steht womöglich nicht nur in Deutschland der Wunsch, eine »marktkonforme Demokratie« zu betreiben, der vielleicht den Beginn eines Abgesangs auf den Vorrang demokratischer Regeln vor jenen der internationalen Kapitalmärkte markierte. Im griechischen Wahlkampf kristallisierte sich zu Beginn des Jahres 2015 demgemäß die Frage heraus, wie viel Solidarität die Euro-Staaten einer griechischen Wählermehrheit schulden, die gern im Euro bleiben will – auch wenn die nicht zu leisten bereit ist, was die Finanzmarktanleger verlangen, wenn sie Griechenland ihr Geld leihen sollen.

Die gegenwärtige politische Führung Deutschlands ist durch diese Fragestellung nicht amüsiert, kommen doch für sie weitere Zugeständnisse oder Forderungsverzichte nicht in Betracht. Sie müsste eine weitere Stärkung eurokritischer Parteien wie der AfD befürchten, die den immer wieder propagierten Erfolg der Euro-Rettungspolitik ohnehin für »ein Märchen« hält. Der Grexit wäre indessen unvermeidlich, sollte sich insbesondere die EZB weigern, griechische Banken mit Geld zu versorgen. Das gilt auch für den Fall, dass der griechische Staat kein Geld mehr aus den Hilfsfonds oder von den Finanzmärkten bekommt, um seine laufenden Ausgaben zu decken. Dann wäre man gezwungen, wieder eine eigene Währung zu drucken. Sie würde nichts am Fortbestand der alten Staatsschulden in Euro ändern, die zu circa 80 Prozent von dem ESM, der EZB, dem IWF und einzelnen Partnerländern gehalten werden. Mit einer massiv abgewerteten neuen Drachme könnte Griechenland jedoch nicht das Geld für Zins und Tilgung aufbringen. Ein Forderungsverzicht der Geberländer wäre wohl unvermeidlich. In diesem Zusammenhang könnten Populismus und Extremismus zu politischen Krisen führen, in denen der Zusammenhalt in Europa akut gefährdet wäre.[1]

Im Wahlkampf hatte Tsipras zwar behauptet, dass er Griechenland im Falle eines Wahlsieges nicht aus der Währungsunion führen wolle, dass er aber das Ziel eines Primärüberschusses, das die Kreditgeber verlangen, aufgeben, den Mindestlohn erhöhen und die neue Immobiliensteuer wieder abschaffen werde. Gleichzeitig wurde der Schutz von Bankguthaben angekündigt, augenscheinlich, um bereits entstandene Ängste vor einem weiteren Absturz des Landes zu dämpfen. Tsipras hält die bisherige Sparpolitik für irrational und destruktiv, will aber keine einseitigen Maßnahmen

ergreifen, die Griechenland womöglich aus der Euro-Zone kata-
pultieren könnten.[2]

Für den bayerischen Finanzminister Markus Söder war wenige
Wochen vor der Neuwahl in Griechenland hingegen klar, dass es
keinen Schuldenerlass und keine Rabatte geben wird, nur weil
jetzt eine neue Regierung kommt. Eine »Lex Griechenland« schloss
er aus. Bei einem Abbruch des bisherigen Konsolidierungskurses
würden die Griechen selbst am meisten leiden. Politische Konkur-
renten von der (angeblich) linken Seite des Spektrums wie der
SPD-Fraktionschef Thomas Oppermann bekräftigen allerdings
auch die Erforderlichkeit einer Fortsetzung der begonnenen Strukturreformen.[3]

Keiner scheint sich gern mehr daran erinnern zu wollen, dass
der Glanz Griechenlands als offiziell anerkannter Ursprungsort
der Demokratie verblasste und zu einem schwarzen Schuldenloch
mutierte. Im Frühjahr 2010 versuchte man reichlich mühsam und
gequält zu erklären, dass Griechenland in die Euro-Zone aufgenommen werden musste, weil die Griechen doch die Demokratie
erfunden hätten. Die athenische Demokratie ruft aber heutzutage
im restlichen Europa vor allem Misstrauen hervor. Die Berufung
auf alte Zeiten beeindruckt kaum noch. Der Glaube, man könne
zwischen dem antiken Modell und der neuzeitlichen Demokratie
oder gar der aktuellen athenischen Demokratie Verbindungslinien
ziehen, ist nur eine Illusion. Im 21. Jahrhundert gibt es jedenfalls
keine demokratischen Idyllen mehr, die sich in einem verklärten
Ursprung spiegeln ließen.

Sinnvoller wäre es, den gegenwärtigen Klientelstaat Griechenland als einen Rivalen der Demokratie zu analysieren. Dabei könnte
die Erinnerung an eine schon seit längerem vertretene These hilfreich sein, wonach es für die Herausbildung der griechischen
Philosophie und Tragödie mitentscheidend gewesen sei, dass die
griechische Polis die erste Gesellschaft der Geschichte war, die vollständig monetarisiert war und in der dasselbe Zahlungsmittel für
die meisten Transaktionen sowie zur Aufbewahrung von Reichtü-
mern und als universeller Wertmaßstab verwendet wurde.[4]

Vor den jüngsten Wahlen in Griechenland wurde auch die Frage aufgeworfen, ob insbesondere Deutschland als selbsternannte Vorzeigenation, die von ihren »Euro-Freunden« als ökonomischer Halb-Hegemon und politisches Schwergewicht wahrgenommen wird, gut beraten war, »Wahlwarnungen« abzusetzen. Dies hielten manche im Hinblick auf die Partei Syriza einerseits für gerechtfertigt, weil ihr Vorsitzender Tsipras tatsächlich Hoffnungen bei seinen Wähler weckte, die am Ende nur auf Kosten anderer europäischer Staaten und Geldgeber eingelöst werden können. Andererseits war schon klar, dass entsprechende Warnungen das Gegenteil auslösen und Trotzhaltungen an den Wahlurnen hervorrufen können. Es bleibt offen, ob sich die deutsche Politik an dieses Dilemma rechtzeitig gewöhnt hat. Der Bundesregierung wird vorgeworfen, dass sie es in all den Jahren der Euro-Krise nicht geschafft habe, den zentralen Konflikt in der Währungs- und Wirtschaftspolitik auszuräumen: »Sollen sich die Volkswirtschaften gesundreformieren und -sparen, oder sollen sie sich gesundstimulieren?«[5]

Tsipras gab im Wahlkampf eine Antwort, aber offenbar ohne den Preis dafür zahlen zu wollen. Der Erfolg seines Geredes über einen Schuldenerlass und das Ende der staatlichen Zurückhaltung könnte auch andere in Spanien, Italien und Frankreich ermuntern. Man hat weitgehend wohl immer noch nicht verstanden, dass die Euro-Krise ein »Dekadenereignis« ist, das man nicht durch ein Dekret beenden kann. Nicht nur in Griechenland hat die Rettungslogik der deutschen Regierung kaum überzeugt.[6]

In Kommentaren der griechischen Presse wurde vor den Wahlen jedenfalls deutlich, dass dieses Land nicht noch mehr Drama vertragen kann und der Wunsch nach einer großen Koalition im Jahr 2015 stark war. Das war aber seinerzeit nicht Teil des politischen Konsenses. Der damalige Premier Antonis Samaras sah sein Land immerhin schon auf dem Weg in die Staatspleite, sollte sein Konkurrent Tsipras die Wahlen gewinnen. Er versprach zwar drei Wochen vor dem Urnengang noch, »die ganze Wahrheit« über den Zustand des Landes zu offenbaren, so als ob er seinem Volk das

Schlimmste bisher verschwiegen hatte. In der Tat ist es mit der Wahrheit in Griechenland vor Wahlen so eine Sache. Aber das ist sicher nicht nur in diesem Land der Fall. Eine deutliche Mehrheit der Griechen glaubte kurz vor den Wahlen des 25. Januar 2015, dass die Warnungen vor einem Austritt oder Rauswurf ihres Landes aus der Euro-Zone ein Bluff seien.[7]

Dessen ungeachtet wurde dem deutschen Ökonomen Hans-Werner Sinn unterstellt, dass er ganz offensichtlich seine Liebe zu dem (damaligen) griechischen Oppositionsführer Tsipras entdeckt habe. Dieser Politiker sei einer der wenigen in Griechenland, die die Natur des Problems verstanden hätten und deshalb bereit seien, Wagnisse einzugehen. Nur wenn die neu gewählte Regierung in Athen aus der Europäischen Währungsunion austrete, könne sie eine Staatspleite verhindern. Dagegen scheint Sinn seinerzeit nicht verstanden zu haben, dass Tsipras gar nicht die Absicht hatte, sich von der Währungsunion zu verabschieden und die Drachme wieder einzuführen. Insgesamt konstatierte man damals eine »schräge« Diskussion, hieß es doch auch, dass Merkel und Schäuble einem Verzicht der Griechen auf die Gemeinschaftswährung mittlerweile recht gelassen gegenüberstünden. Ihnen wurde die Auffassung zugeschrieben, dass sie solch einen Verzicht sogar für die bessere Lösung hielten als eine neuerliche Lockerung jener Reformvorhaben, die die EU-Partner und der IWF Athen als Gegenleistung für die Gewährung von Milliardenkrediten auferlegt haben.

Diese Nachrichten wurden als so richtig eingeschätzt, wie sie gleichzeitig falsch gewesen seien. Richtig sei, dass ein Euro-Verzicht der Griechen die Währungsunion längst nicht mehr so erschüttern würde wie noch Mitte 2012, als es den (angeblich prall gefüllten) Rettungsfonds ESM und die Europäische Bankenunion noch nicht gab. Die Kehrseite der Medaille lautet: Gäbe Griechenland tatsächlich auf und kehrte zur Drachme zurück, wäre das Land praktisch über Nacht zahlungsunfähig, weil es zu einer massiven Abwertung der neuen gegenüber der alten Währung käme. Dann müsste Bundeskanzlerin Merkel eingestehen, dass zumindest ein Teil des Griechenland geliehenen Gelds für immer verloren sein könnte.

Zur Erinnerung: Es geht um circa 240 Milliarden Euro (es kursierten auch Zahlenangaben von knapp 280 Milliarden Euro), die die Euro-Staaten und der IWF zur Verfügung gestellt haben. Die Bundesregierung ist mit Bürgschaften in Höhe von 53 Milliarden Euro beteiligt. Die Rückzahlung der Kredite soll allerdings erst nach 2020 beginnen. Bis dahin stehen lediglich Zinszahlungen an. Sollte Tsipras nach einem Wahlsieg tatsächlich den Schuldendienst ganz oder teilweise einstellen, käme also erst im Laufe der Jahre ein größerer Ausfall auf die deutschen Steuerzahler zu. Die EU-Kommission bekräftigte seinerzeit wieder einmal, dass ein Euro-Austritt der Griechen rechtlich kaum möglich erscheine – ein Rauswurf erst recht nicht. Die Mitgliedschaft in der Währungsunion sei also »unwiderruflich« und wäre damit nur beim Verlassen der EU möglich. Das dürfte allerdings das Letzte sein, was Tsipras anstreben wird. Auch und gerade ihm ist klar, dass sich der Haushalt seines Landes außer aus dem Euro-Rettungsfonds nicht zuletzt aus den Fördertöpfen speist, die in Brüssel für wirtschaftsschwache Mitgliedstaaten bereit stehen.[8]

Die Debatte vor den Wahlen nahm einen wechselhaften Verlauf. Alle Stimmen, die von der Absicht Merkels sprachen, es im Falle eines Wahlsiegs von Tsipras auf einen Euro-Austritt Griechenlands ankommen zu lassen, wurden als »blanker Unsinn« zurückgewiesen. Die Bundeskanzlerin ließ erklären, dass sie die Währungsunion als Ganzes erhalten wolle und sich mit jedem gewählten griechischen Regierungschef an einen Tisch setzen werde. Unterdessen warf Tsipras der Bundesregierung vor, seine Absichten falsch darzustellen. Er wolle nicht den Zusammenbruch, sondern die Rettung des Euro. Seine Partei sei daher nicht eine Bedrohung für Europa, sondern »die Stimme der Vernunft«. Die Rückzahlung von Schulden dürfe nicht dazu führen, dass ein Land in der Rezession ersticke und die Menschen in die Armut getrieben würden. Die Regierung und Teile der Presse in Deutschland würden dies nicht anerkennen, sondern weiter das »Ammenmärchen vom Austritt Griechenlands« verbreiten. Der Fraktionschef der Sozialdemokraten im Europäischen Parlament plädierte damals auch dafür, dass die »deutschen Rechten die Sheriff-Spielchen beenden«. Drohungen aus Berlin würden nur Tsipras in die Hände spielen. Merkel wurde vorgeworfen, dass sie auf den Applaus der islamkritischen Pegida und der AfD schiele.[9]

Tsipras versprach vor den Wahlen viel. Sein Programm blieb aber bemerkenswert vage. Möglicherweise wissen er und seine Partei selbst nicht so genau, was sie wollen. In Griechenland sind detaillierte Wahlprogramme wie in Deutschland nicht üblich. Man vermeidet dort auch schriftliche Festlegungen, um sich bei späteren Koalitionsverhandlungen den notwendigen Spielraum zu erhalten. Es gab auch kurz vor den Wahlen keinen verbindlichen Text über die politischen Ziele der Partei, die den am höchsten verschuldeten Staat Europas regieren möchte. An der Finanzierbarkeit vieler der Versprechungen, die Tsipras im September 2014 in Thessaloniki in einer wirtschaftspolitischen Grundsatzrede machte, bestehen begründete Zweifel. Er will:

- die Verabschiedung eines Sozialprogramms, das 2 Milliarden Euro umfasst
- eine Erhöhung des auf Betreiben von EU, EZB, IWF gesenkten Mindestlohns
- ein Paket zur Stimulierung der griechischen Wirtschaft über 5 Milliarden Euro, das von der EU finanziert werden soll
- die Rücknahme der Kürzungen von Renten und Beamtenbezügen
- einen Erlass des größten Teils der griechischen Schulden
- die Bedienung der noch verbleibenden Schulden in Abhängigkeit von der jeweiligen Wirtschaftslage

Tsipras wurde wegen dieser Aussagen als »Zauberer« verspottet, der vom Himmel über Thessaloniki Milliarden habe regnen lassen. Andere Kommentatoren folgen ihm zwar zum Beispiel in der Aussage, dass der von den Geldgebern geforderte Primärüberschuss im Haushalt Athen die Möglichkeit nehme, die Wirtschaft zu stimulieren. Skepsis besteht aber im Hinblick auf die Verhandlungsstrategie für einen Schuldenerlass, da Syriza weder in der EU-Kommission noch in der EZB die erforderlichen institutionellen Partner habe. Tsipras dürfte indessen wissen, dass Griechenland allein oder im Bündnis mit machtlosen Oppositionsparteien in Europa nicht viel ausrichten kann. Deshalb redet er auch seit Jahren einer Allianz der südlichen Nehmer gegen die nördlichen Geber das Wort und verlangt die Einberufung einer europäischen Schuldenkonferenz, auf der sich Deutschland und andere Staaten bereit erklären sollen, nicht nur Griechenland, sondern auch Zypern, Spanien, Portugal und Italien einen großen Teil ihrer Schulden zu erlassen. Ein solches Bündnis würde die europäische Peripherie gegen jene Staaten der Euro-Zone in Stellung bringen, die noch die beste Bonität der Ratingagenturen genießen. Nicht nur die Griechen dürften daher nach dem 25. Januar 2015 gespannt darauf blicken, was von all den zitierten Ankündigungen übrig bleibt.[10]

Unabhängig vom Ergebnis dieses Wahltags handelt es sich dabei aber wohl nur um eine weitere Etappe im Drama dieses Landes. Es wäre jedenfalls sehr beunruhigend, wenn die Behauptung von Tsipras zuträfe, dass Griechenlands Krise die Krise Europas sei. Als Mitglied der Euro-Zone sei sein Land Zielen verpflichtet, aber nicht den politischen Mitteln, sie zu erreichen. Diese Bemerkungen verweisen womöglich auf die historische Fehlleistung Europas und insbesondere der Regierung Deutschlands, die nach dem Empfinden eines Beobachters die Griechen in ein »selbstmörderisches Laufrad« gesetzt haben, statt im Mai 2010, auf dem bisherigen Höhepunkt der Finanzkrise, den griechischen Schuldenberg zu zerlegen. Am Ende werden zwei Drittel der Rekordfinanzhilfe von mindestens 240 Milliarden Euro für die Bedienung von Zinsen und die Rückzahlung von Anleihen verwendet worden sein und nicht für den Aufbau einer griechischen Wirtschaft, die dann selbst in der Lage wäre, eine Staatsschuld zu bedienen, so wie fast alle anderen Staaten es auch tun. Das war allerdings eine bewusste Entscheidung der Kreditgeber der Troika. Natürlich ist es das Recht der politischen Linken, den Bruch mit dieser »Sparlogik« zu fordern, auch wenn ihr Erfolg bei den Gläubigern sehr zweifelhaft erscheint.[11]

Bundeskanzlerin Angela Merkel war fünf Jahre lang darum bemüht, die Griechen mit einem Mix aus Zuckerbrot und Peitsche auf den Pfad der Tugend zu führen: Solidarität gegen Solidität. Nach dem Wahlsieg von Tsipras steht das Konzept auf der Kippe. Ein Verzicht Griechenlands auf den Euro könnte allerdings ein Gewinn für die Kanzlerin werden, wäre sie dann doch vom Dauervorwurf rechtskonservativer Kritiker befreit, sie sei mit den Südeuropäern viel zu nachsichtig. Das ist zwar plausibel. Es ist aber vermutlich Unsinn. Tauschte Griechenland nach fünf Jahren härtester Konflikte und Reformbemühungen den Euro doch gegen die Drachme ein, wäre das für die Bundeskanzlerin wohl die schwerste politische Niederlage ihrer Amtszeit. Es wäre das Eingeständnis, dass ihr Kurs gescheitert ist, vielleicht sogar, dass diese Politik von Anfang an falsch war. Schlimmer noch: Ein Austritt aus der Euro-Zone hätte unweigerlich den Staatsbankrott Griechenlands zur Folge, und Merkel müsste vor dem Deutschen Bundestag einräumen, dass entgegen allen Ankündigungen ein Großteil der deutschen Kredite an Athen verloren wäre und Milliardenverluste auf die deutschen Steuerzahler zukämen, vermutlich ein »Festtag« für AfD und Pegida. Der dürfte allerdings ausfallen, weil Merkel selbstverständlich auch mit Tsipras reden wird.[12]

Unterdessen haben die Griechen die »Euro-Europäer« schon seit einiger Zeit der Illusionen über ihre Währungsunion beraubt. Sie alle sollten nun wissen, dass sie in einer Haftungsgemeinschaft sitzen.

Tsipras erfuhr sogar schon Unterstützung, weil eine Staatsverschuldung von 175 Prozent in der Tat auf Dauer kaum tragbar sein dürfte. Wegen der Tatsache, dass nun die griechischen Schulden überwiegend in öffentlicher Hand liegen, träfe der Verzicht jetzt aber nicht mehr die Banken, sondern die Steuerzahler der anderen Euro-Staaten. Sie sollen allem Anschein nach weiter in dem Glauben gewogen werden, die Hilfen für die Griechen seien Kredite, die marktnah verzinst und irgendwann getilgt werden, seien also ein Geschäft für die Retter. Blieben die Gläubiger dennoch den griechischen Wünschen gegenüber hart, trügen sie ein Restrisiko, dass die Griechen unter einer Tsipras-Regierung doch empört aus dem Euro fliehen. Dann wäre das Geld der Gläubiger allerdings auch weg, und Ansteckungsrisiken würden noch unkalkulierbarer. In jedem Fall stehen den Euro-Rettern unruhige Zeiten bevor. Manch einer sagt voraus, dass die nächste griechische Regierung darauf beharren wird, die Schuldenlast abermals zu senken. Aber die Zinsen liegen längst weit unter dem Marktniveau und die Laufzeit der Kredite beträgt im Mittel schon dreißig Jahre. Mit jeder Verlängerung dürfte den Gläubigern noch klarer werden, dass mit einer Rückzahlung nicht zu rechnen ist. Nähmen sich andere Länder daran ein Beispiel, wäre das wohl tatsächlich ein Förderprogramm nicht nur für die AfD in Deutschland. Überall drohten heftige Verwerfungen. Die Gläubiger säßen in der Zwickmühle. Vor diesem Hintergrund wird der Währungsunion vorausgesagt, dass sie nicht zur Ruhe kommen werde, solange man ihre Spielregeln nicht respektiert, sondern sie immer aufs Neue als bloße Verhandlungssache betrachtet.[13]

In Deutschland haben indessen nicht alle die Befürchtungen deutscher Politiker geteilt, die angesichts des vor der Wahl möglich erscheinenden Siegs des Linksbündnisses Syriza laut geworden waren. Insbesondere der Chef des Deutschen Gewerkschaftsbundes (DGB), Reiner Hoffmann, konnte die damalige Aufregung nicht nachvollziehen, da es sich um einen demokratischen Prozess handelte, den man respektieren müsse. Außerdem sei in Griechenland über eine verfehlte Sparpolitik abgestimmt worden, die vor allem Deutschland vorangetrieben habe. Das sei auch für die Bundesregierung kein Grund, sich in die Wahl einzumischen. Er mahnte vor der Wahlentscheidung zu Recht, sich erst einmal die Umsetzung mancher Ankündigungen anzuschauen. Hoffmann plädierte dafür, die griechische Bevölkerung nicht länger durch ständige Einschnitte für Fehler zu bestrafen, die bei der Aufnahme in die Euro-Zone gemacht worden seien. Aus seiner Sicht steht das von deutschen Steuerzahlern aufgebrachte Geld »erst mal nur auf Papier« und ist nicht verloren. Deutschland sei der große Gewinner der Währungsunion. Die Deutschen würden Milliarden verlieren, wenn es den Euro nicht gäbe. In D-Mark würden unsere Waren deutliche teurer, die Exporte wären gefährdet. Und Deutschland würde bei seinen Staatsschulden nicht wie derzeit davon profitieren, dass die EZB die Zinsen niedrig hält.

Die Sparpolitik habe auch in Spanien und Portugal keine Verbesserungen gebracht. Für Hoffmann ist der Glaube, die Südeuropäer hätten über ihre Verhältnisse gelebt, das »Ergebnis einer Gehirnwäsche«. Das Lohnniveau in den Krisenländern liege bis heute unter dem deutschen, die Arbeitszeiten seien zum Teil deutlich länger. Der DGB-Vorsitzende ist der Überzeugung, dass die Länder und die Menschen in Südeuropa dort für die Fehler eines unregulierten Finanzmarkts haften müssen, während die Verursacher sich »zum Nulltarif« davonstehlen. Darin sieht er die Ursache der Krise.[14] Gleichzeitig warnte der Präsident des Europäischen Parlaments, Martin Schulz, vor einer Fortsetzung der Debatte über einen Austritt Griechenlands aus der Europäischen Währungsunion. Er sprach von »unerbetenen Ratschlägen«, die den Menschen in Griechenland das Gefühl geben würden, Brüssel oder Berlin entschieden über ihr Schicksal und nicht sie selbst. Schulz kündigte an, dass die Wähler womöglich auf diese Weise »gerade in die Arme der radikalen Kräfte« getrieben würden.[15]

Schon der Wahlkampf in Griechenland hatte eine wahrhaft europäische Dimension. Die europäische Politik wurde seinerzeit erstmals seit Beginn der Wirtschafts- und Finanzkrise zu etwas gezwungen, was Politik eigentlich auszeichnet: das Denken in Alternativen, deren Skizzierung und Begründung, um sich dann zu entscheiden. Dabei geht es vor allem um Macht und Interessen.

Was denn sonst?!

Immerhin konnte man dabei die Macht der Troika, der Banken und Vermögensbesitzer in Frage stellen und sie zur Begründung ihrer Politik veranlassen. Es bestand auch die Chance, die »lähmende Alternativlosigkeit« der neoliberalen Austeritätspolitik aufzubrechen. Man sagte seinerzeit auch voraus, dass unter Syriza Griechenland zu einem Experimentierfeld für einen anderen Umgang mit der Krise werden könnte. Das Kriterium für eine erfolgreiche Krisenpolitik wäre nicht mehr die »Beruhigung der Finanzmärkte« oder die Fortsetzung der Austeritätspolitik. Die Neuverhandlung der Schulden »auf Augenhöhe« gilt dabei als erster Schritt, um einer neuen griechischen Regierung den notwendigen Spielraum zu geben.

Eine proeuropäische Syriza mag dann sogar zum Katalysator eines ganz anderen Auswegs aus der Krise werden, der sich auf einer überfälligen europäischen Schuldenkonferenz eröffnen könnte. Dabei wird es auch um einen Teilschuldenerlass gehen müssen und im Übrigen um angemessene Tilgungsleistungen. So könnte vielleicht auch deutlich werden, wer derzeit von dieser Krise besonders profitiert. Damit verbindet sich die Hoffnung, dass so den rechten antieuropäischen und nationalistischen Kräften der Wind aus den Segeln genommen wird. Letztlich geht es um die Konturen eines gerechten, demokratischen und ökologischen Wohlstandsmodells in Europa. Syriza sollte dafür sorgen, dass über konkrete wachstumsfördernde Investitionen nicht Hedge-Fonds, sondern verantwortliche Unternehmer in wirtschaftsdemokratischen Verfahren entscheiden.[16]

Unterdessen wurde der Ruf nach einer Wende in der rigiden Währungspolitik des Euro immer stärker. Natürlich lag in den Wahlen zum griechischen Parlament eine Machtprobe. Darüber hinaus war die Lage aber wegen der Attentate von Paris politisch geradezu explosiv geworden. Die nationalistischen und fremdenfeindlichen Parteien in Italien und Frankreich, die schon seit längerem einen Anti-Euro-Kurs fahren und Volksabstimmungen über die Rückkehr zu nationalen Währungen fordern, profitieren offensichtlich von der Angst vor dem islamistischen Terrorismus. Sie setzten vor dem Urnengang in Griechenland auf einen Durchbruch der Euro-Skeptiker, obwohl es sich bei der Syriza um einen ideologischen Gegner handelt. Aber wie schon angedeutet, strebt man dort nicht den Ausstieg aus der gemeinsamen Währung an, sondern fordert eine Neuorientierung des Euro.

Die Grenzen der Belastbarkeit der Währungsunion werden unterdessen immer deutlicher spürbar. Angesichts weiter wachsender Schuldenberge gelingt es den nationalen Wirtschaften immer noch nicht, die anhaltende und deprimierende Stagnation zu überwinden. Die unverändert große Kluft zwischen den starken und schwachen Volkswirtschaften erhöht die Spannung innerhalb der Währungsunion. Die hohe Jugendarbeitslosigkeit und die steigende Armut in einigen Ländern der EU sind Wasser auf die Mühlen der nationalistischen Parteien und tragen so zur Gefährdung des gesamten europäischen Projekts bei. Es bleibt abzuwarten, ob von Griechenland wirklich ein wichtiger Anstoß für eine Neuausrichtung der EU kommen wird.[17]

Im Vorfeld stellen sich dabei komplizierte Fragen, die noch nicht alle beantwortet sind. Auch bei einer Regierung unter der Führung von Syriza wäre offen, ob sie ihre Gläubiger zwingen kann, einem neuen Schuldenschnitt und einem Ende der Sparpolitik zuzustimmen. Nach den derzeit vorliegenden »Statistiken« erzielt Griechenland angeblich (!) Primärüberschüsse. Die laufenden Einnahmen sind also höher als die Ausgaben ohne Zinsen. Bei Einstellung oder drastischer Reduzierung des Schuldendienstes könnten die konsumtiven Staatsausgaben auf Kosten der Gläubiger erhöht werden. Umso interessanter ist die Frage, warum sich die Gläubiger gezwungen sehen könnten, ihre Zustimmung zu erteilen und Griechenland den Verbleib in der Euro-Zone zu erlauben. In diesem Zusammenhang kommen mehrere Gesichtspunkte zum Tragen:

- mögliche Befürchtungen des Rests der Euro-Zone: Zahlungsausfall und Austritts Griechenlands aus dem Euro; Destabilisierung der Finanzmärkte, Spekulation auf den Austritt anderer Eurostaaten
- Abschreibung der an Griechenland in Milliardenhöhe vergebenen Hilfskredite

- volle Sichtbarkeit der Verluste samt Haushaltswirksamkeit
- Abstrafung der Regierungen durch die Wähler in den nächsten Wahlen
- Erpressbarkeit der Regierungen, die dieses Szenario um jeden Preis vermeiden wollten, also Zwang zur Erfüllung der griechischen Forderungen

Es könnte sein, dass ein Erfolg dieser Syriza-Strategie für das Euro-Krisenmanagement fatal wäre. Einige Wirtschaftswissenschaftler sind zu der Überzeugung gelangt, dass die Grundlagen der Krisenbekämpfungspolitik, das Gewähren von Liquiditätshilfen und Erleichterungen beim Schuldendienst mit der Auflage, wirtschaftspolitische Reformen für mehr Wachstum durchzuführen, gescheitert wären. Die Bereitschaft anderer hochverschuldeter Staaten, schmerzhafte Anpassungen und Reformen zu durchlaufen, würde sinken. Manche Analytiker sagen voraus, dass die Euro-Zone über kurz oder lang an inneren Konflikten und wegen ihrer Unfähigkeit zur Anpassung zerbrechen würde. Europa habe bisher nichts getan, um den Eindruck der Erpressbarkeit zu vermeiden. In Brüssel mehrten sich im Gegenteil die Forderungen, Tsipras entgegenzukommen, was die Syriza-Strategie so verlockend gemacht habe. Europa werden dringend Maßnahmen empfohlen, mit denen die Kosten eines eventuellen Austritts Griechenlands aus der Euro-Zone sinken könnten. Ziel dieser Maßnahmen solle aber nicht der tatsächliche Austritt sein. Vielmehr solle verhindert werden, dass Griechenland seine Reform- und Konsolidierungsversprechen aufkündigt und sich damit durchsetzt. In jedem Fall zählten nicht die im Wahlkampf abgegebenen Versprechungen, sondern das tatsächliche Regierungshandeln. Man hält indessen sofortige glaubwürdige Signale für erforderlich:

- Durchführung eines »Griechenland-Stresstests« zur Simulierung eines Ausfalls griechischer Staatsanleihen bei einem Bankenkonkurs

- Schließung von Kapitallücken bei Banken im Rest der Euro-Zone, die bei diesem Test in Schwierigkeiten geraten
- Vorbereitung der anderen Staaten der Euro-Zone auf Ausfälle der Kredite an Griechenland
- Ankündigung der Kommission, dass eine einmalige Steigerung der Haushaltsdefizite wegen dieser Ausfälle im Rahmen der europäischen Schuldenaufsicht geduldet wird
- Nichtberücksichtigung Griechenlands bei dem anstehenden Anleihekaufprogramm der EZB
- Stopp der Auszahlung weiterer Tranchen der ESM-Hilfskredite bis zur Herstellung von Klarheit über den Kurs der neuen griechischen Regierung
- Aufklärung durch die europäische Politik darüber, dass die erforderlichen Maßnahmen nicht der Diskriminierung Griechenlands dienen und den Austritt des Landes aus der Euro-Zone erzwingen sollen
- kein Ausschluss von Erleichterungen für Griechenland für alle Zeiten, aber Hinweis auf das Erfordernis eines Konsenses bei der Umsetzung und auf die Notwendigkeit der Realisierung aller mit der Troika vereinbarten Reformen
- Vorbereitung eines geordneten Umschuldungsverfahrens zur Vermeidung von Konflikten zwischen den Mitgliedstaaten[18]

Alle diese mehr oder minder klugen und präzisen Vorstellungen haben die harschen Töne im griechischen Wahlkampf nicht verhindert. Tsipras warb schon seinerzeit für eine Konferenz zur Reduzierung aller Staatsschulden vor allem in Südeuropa, unterstrich gleichzeitig aber die Bereitschaft zu »ehrlichen und offenen Gesprächen ohne die Notwendigkeit, die Pistolen zu ziehen«. Seine Mitstreiter verglichen das Verhalten Europas gegenüber Griechenland sogar mit der bei der CIA üblichen Foltermethode des »Waterboarding«, bei der das Opfer bis kurz vor der Erstickung unter Wasser gehalten wird, ganz kurz Luft schnappen darf, um sich dann wieder unter Wasser zu finden.

Tsipras selbst sieht Griechenland zu einem »Versuchskaninchen« für Europa degradiert, mit dem man auch anderen Ländern

Schrecken einjagen wolle. Für ihn ist eine europäische Konferenz für ein Schuldenmoratorium »der einzige Ausweg aus der zerstörerischen und Unglück bringenden Austerität«. Es gebe keinen Grund, Merkel als informellen Chef der EU anzusehen. Sie sei »nur einer von 28 Regierungschefs und nicht als Präsidentin oder Päpstin gewählt und auf keinem Gebiet unfehlbar«. Nach den Prophezeiungen von Tsipras wird Griechenland künftig die Trommel schlagen, nach der die Märkte zu tanzen hätten, nicht umgekehrt. Gleichzeitig versuchte man im Wahlkampf den Eindruck zu erzeugen, dass ein Wahlsieg von Syriza keine ökonomische Katastrophe für Griechenland und keinen Ausschluss aus der Europäischen Währungsunion bedeuten würde.

Besondere Phantasie bewies die Kandidatin der Syriza, Rachil Makri, die vorgeschlagen hatte, einfach der griechischen Zentralbank zu befehlen, 100 Milliarden Euro zu drucken, um damit Staatsschulden abzuzahlen. Einer ihrer Mitstreiter, der Wirtschaftsprofessor und jetzige Finanzminister Yanis Varoufakis, der als einer der ersten den Begriff »Waterboarding« in die Diskussion eingeführt hatte, bezeichnete die Perspektive eines Ausscheidens oder eines Ausschlusses Griechenlands aus der Euro-Zone als »reine Angstmache und zynisch«. Der Führer eines sich bislang als orthodox-kommunistisch gerierenden Flügels der Syriza verlangte dagegen den Austritt Griechenlands aus der Währungsunion. Alle Abkommen für die Sanierung des Landes seien »durch Wahlen delegitimiert« und damit ungültig.[19]

Die politischen Gegner von Syriza haben demgegenüber bis zur letzten Minute des Wahlkampfs versucht, ein Schreckensgemälde zu entwerfen: Staatsbankrott, Rentner, die auf ihr Geld warten, Tankstellen ohne Benzin. Die Aussicht auf einen Machtverlust hat insbesondere die konservative Partei Nea Dimokratia des bis dahin regierenden Premiers Antonis Samaras zu einer Angstkampagne veranlasst. Beide Kontrahenten haben sich vor dieser Schicksalswahl des 25. Januar 2015 erneut dafür entschieden, den Griechen Wahrheiten zu verschweigen und stattdessen Sündenböcke vorzuführen.[20]

Zur Wahrheit gehört in der Tat, dass Griechenland auch nach dem Ablauf des EU-Kreditprogramms (28. Februar 2015) nicht ohne Unterstützung der Euro-Länder auskommen kann. Gegen die dabei geltenden Reformauflagen wehren sich alle griechischen Politiker verständlicherweise. Natürlich wird auch eine Syriza-Regierung mit ihren Partnern in Brüssel und Berlin reden müssen. Anders als die beteiligten Politiker hat der eine oder andere Beobachter schon verstanden, dass es in der gegenwärtigen Lage nicht besonders klug ist, die EU zum Popanz aufzubauen, der für die Probleme Griechenlands die Hauptverantwortung trägt. Es ist insoweit entweder politische Dummheit, Wahlkampfklamauk oder jugendliche Leichtfertigkeit, wenn Tsipras von »nationaler Erniedrigung« faselt und seinem Land eine »neue Autonomie« verspricht.

Dabei wird er wie die meisten Griechen nur allzu gut wissen, dass ein Griechenland ohne europäische Lebensader eine Illusion ist. Drei Viertel seiner Landsleute wollen den Euro deshalb auch behalten und hätten auf Wahlen zum jetzigen Zeitpunkt gerne verzichtet. Bis jetzt konnte der Nepotismus auch unter Samaras problemlos überleben. Wenn Tsipras sein Versprechen eines gestärkten Staates wahrmacht, wird die neue Kraft womöglich nur das Alte fortsetzen. Griechenland braucht aber dringend einen Modernisierungsschub: statt Filz Förderung privater Investoren und kreativer Innovatoren, die nach manchen Feststellungen von den heimischen Banken Kredite nur zu Bedingungen bekommen, die sie schon im Wettbewerb mit Albanien alt aussehen lassen. Die EU-Aufseher haben zugelassen, dass die diversen Athener Regierungen auch eine humanitäre Krise aufkommen ließen und die Lasten erst auf den Schultern der Schwächsten abgeladen haben und nach deren Erschöpfung jetzt die Mittelschichten mit immer neuen Steuern zur Ader lassen. Das war ein schwerer Fehler des Rettungsprogramms, der eine breite Akzeptanz der Härten verhindert hat. Keine zukünftige Regierung wird es sich leisten können, die von der EU miterzwungene Sparpolitik unmodifiziert fortzusetzen, weil sie dem Land vermutlich den letzten Atem nehmen würde.[21]

Besonders klug hat in dieser Lage die versammelte Politelite in Deutschland aber auch nicht geredet. Manche der unverzichtbaren Führungskräfte haben mit ihrem verzichtbaren Gemurmel über das im Falle eines Wahlsiegs von Tsipras in Griechenland angeblich ausbrechende Chaos, den Austritt dieses Landes aus der Euro-Zone, den Euro-Kollaps, den Zusammenbruch der Wirtschaft, die Pleite der Banken sicher ihren eigenen, wenn nicht eigenartigen Beitrag zum Wahlergebnis geleistet und bei dieser Gelegenheit ihr reichlich seltsames Verständnis der demokratischen Souveränität eines Mitgliedslandes der EU enthüllt. Es ist nachvollziehbar, dass die Griechen diese und andere Faxen dick haben. Angesichts der »Leistungsbilanz« der bekannten alten Politiker könnten sie sich durchaus an der Lebensweisheit der Bremer Stadtmusikanten orientiert haben: »Etwas Besseres als den Tod finden wir allemal.«

Weder in der EU noch bei den Deutschen muss nach dem Wahlsieg von Tsipras Weltuntergangsstimmung ausbrechen. Selbstverständlich wird Berlin auch die Vertreter einer neuen demokratisch legitimierten griechischen Regierung nach den Regeln der Demokratie empfangen, sich deren Wünsche und Erwartungen vortragen lassen und prüfen, wie man die Zusammenarbeit unter angemessener Berücksichtigung der unterschiedlichen Interessen und Möglichkeiten verbessern kann. Was denn sonst?! Selbst »die Märkte« werden nicht den Verstand verlieren, wissen sie doch nur zu gut, dass man sich wegen der meisten griechischen Schulden angesichts öffentlicher Gewährleistungen keine allzu großen Sorgen machen muss. Zudem wird das beschlossene Programm der EZB zum Ankauf von Staatsanleihen den Zusammenbruch für absehbare Zeit verhindern.

Die Damen und Herren auf den Finanzmärkten können sich also mit Spekulationen auf den Niedergang der europäischen Währung noch etwas gedulden. Sie wissen im Übrigen sehr gut, dass die Staats- und Regierungschefs in Wahrheit nicht die stärksten Entscheider in Europa sind. Auch als Zeitungsleser kann man erfahren, dass Mario Draghi als Präsident der EZB und als »Herr des

Geldes« der mächtigste Mann Europas ist. Die EZB gilt vielen als eine Art »Über-Regierung«, weil sie mit billigem Geld in die Bresche gesprungen ist, als die Politik mit der Wirtschaftskrise (wieder einmal) überfordert war. Das hat das Weiterschwelen der Euro-Krise jedoch auch nicht verhindert.

Nun hat Draghi mit dem Ende Januar 2015 beschlossenen Staatsanleiheprogramm die »geldpolitische Atomwaffe« hervorgeholt und eingesetzt. Er hat Zweifel daran geweckt, ob er damit eine legitime Geldpolitik betreibt. Südeuropa und Frankreich mögen die geldpolitischen Lockerungen für gut und richtig halten. Deutschland, Österreich und die Niederlande sind dagegen gar nicht amüsiert, weil Draghi mit seiner Nullzinspolitik die Sparer schädige. Er kaufe »Ramschanleihen« aus Südeuropa und wolle heimlich die Banken retten, behaupten Kritiker.[22]

Die Banken und Finanzmärkte sind dagegen freudig erregt. Mehr als 1,1 Billionen Euro für den Ankauf von Staatsanleihen sind Wasser auf ihre Mühlen. Die Tatsache, dass die Märkte ohnehin schon in einem Meer von Liquidität schwimmen und die Preise von vielen Aktien, Anleihen und Immobilien noch nie so hoch waren wie heute, hindert die EZB nicht daran, noch mehr Geld in die Märkte zu pumpen und damit das Stabilitätsrisiko zu erhöhen. Draghi hat Widerstand im Zentralbankrat der EZB elegant umschifft, indem er nationale Notenbanken einen Großteil ihrer Staatsanleihen auf eigenes Risiko kaufen lässt, eine auch für die Zukunft wirksame Entscheidung: »Wer heute zustimmt, kann morgen schlecht gegen eine Änderung des Haftungsdeckels stimmen.«

Die Haftungsgrenzen sind in diesem Zusammenhang nur Kosmetik. Tatsächlich wird es zur Vergemeinschaftung von Milliardenrisiken zwischen Ländern über die Bilanz der Zentralbank kommen, die hierfür jedoch demokratisch nicht legitimiert ist. Zudem verbieten die EU-Verträge die Übernahme von Staatsschulden durch andere Länder. Das gilt auch für die Einführung von Euro-Bonds durch die Hintertür der EZB. Während niederländische Abgeordnete deutlich erklärt haben, dass sie eine Neuverteilung der finanziellen Risiken zwischen den Euro-Staaten durch den Ankauf von Staatsanleihen nicht wollen, folgen die Abgeordneten des Deutschen Bundestages in ihrer großen Mehrheit der »Bundeskanzlerin der Alternativlosigkeit« und Erfinderin der »marktkonformen Demokratie«.

Man mag den Hinweis als »putzig« empfinden, dass Politiker der EZB keine Empfehlung geben dürften. Es ist schlimmer: Eine solche Position ist einfach nur anmaßende Dummheit oder konventionelle Feigheit. Bekanntlich macht sich die Zentralbank von der Politik abhängig, wenn sie mit dem Zins auch den Druck für Reformen wegnimmt. Draghi müsste sich natürlich auch keine Rückendeckung aus dem Kanzleramt holen, wenn er nur Geld- und keine Finanzpolitik betriebe. Es spricht zudem einiges dafür, dass das Gerede über eine drohende Deflation in die Irre führt. Von einem breiten Rückgang der Preise kann keine Rede sein. In Südeuropa korrigiert man die übertriebenen Lohn- und Preissteigerungen der Vergangenheit, um wieder wettbewerbsfähig zu werden. Die Banken wurden zu schmerzhaften Einschnitten gezwungen. Ein Vergleich mit den Staatsanleihekäufen der amerikanischen Fed (Zentralbank) verbietet sich im Übrigen, weil sie nie auf die Idee käme, Anleihen einzelner Bundesstaaten zu kaufen. Es ist tatsächlich unerfindlich, warum eine Umbuchung von Staatsanleihen in den Depots die lahme Konjunktur im Euro-Raum beflügeln soll. Kein Unternehmer wird mehr investieren, nur weil der Zins noch ein Zehntelpunkt niedriger ist. Die EZB mag noch so viele Anleihen kaufen. Es ist fraglich, ob sie damit ihr Inflationsziel erreicht. Entscheidend sind und bleiben wachstumsfördernde Reformen. Dies ahnen natürlich auch die Regierungschefs, die allerdings alle das Schicksal ihres ehemaligen Kollegen Gerhard Schröder vor Augen haben. Jenseits rechtlicher Beurteilungen steht fest, dass der Kauf von Staatsanleihen (unzulässige) monetäre Staatsfinanzierung ist. Die Folgen sind vorhersehbar: Beschleunigung des Abwertungswettlaufs und Aufweichung des Euro. Bis jetzt scheint das nur die Nationalbank der Schweiz begriffen zu haben. Sie hat im Januar 2015 die Notbremse gezogen und die Kopplung des Franken an den Euro beendet. Mit ihrem Staatsanleihekaufbeschluss hat die EZB als mächtigste Behörde Europas in eigener Machtvollkommenheit die Prinzipien der Währungsunion beerdigt und Europa vielleicht das Schlimmste angetan, indem sie das Vertrauen in den Euro zerstörte.[23]

Voraussetzungen und Folgen der hier nur andeutbaren Auffassungsunterschiede wären nur durch eine eigene monographische Abhandlung angemessen darstellbar. Es ist anhand der Wahlergebnisse in Griechenland vom 25. Januar 2015 nicht erkennbar, ob die Wählerinnen und Wähler diese Zusammenhänge bei ihrer Entscheidung schon bedacht hatten.

Unmittelbar vor dem Wahltag meldete sich noch der Chef der Euro-Gruppe, der niederländische Finanzminister Jeroen Dijsselbloem, zu Wort und erklärte, dass auch nach einem Regierungswechsel das »Diktat« der Gläubiger-Troika nicht beendet sei. Er wirkte am 31. Januar 2015 aber recht konsterniert, als er bei einem Besuch in Athen die Erklärung des griechischen Finanzministers entgegennahm, dass Griechenland sich weigere, zukünftig mit der Troika zu kooperieren. Kurz zuvor hatte der Euro-Gruppenchef noch erklärt, dass die Beteuerungen aller griechischen Politiker (einschließlich Tsipras), in der Währungsunion bleiben zu wollen, die Akzeptanz der Regeln und Vereinbarungen erfordere. Seinerzeit bestand der Anschein, als ob sich die Euro-Gruppe (vorerst?) nicht erpressen lassen wollte. Sie wähnt sich im Hinblick auf die Fortsetzung des Hilfsprogramms am längeren Hebel. Die Regierung unter Samaras hat die Reformvereinbarungen nicht vollständig eingehalten. Die Auszahlung der letzten Tranche aus dem bisherigen Hilfsprogramm in Höhe von 1,7 Milliarden Euro stand im Januar 2015 noch aus. Sie wird auch nach der Wahl vom 25. Januar 2015 nicht einfach freigegeben. Das bisherige Hilfsprogramm sollte im Februar 2015 enden.

Bleibt ein Anschlussprogramm aus, wird Griechenland früher oder später erhebliche Finanzierungsprobleme haben, nicht zuletzt deshalb, weil die EZB griechische Staatsanleihen mit schlech-

tem Rating nur aufkaufen will, wenn das Land mit einem Hilfsprogramm ausgestattet ist. In Brüssel keimte zu jener Zeit (schon
oder noch) die Hoffnung, dass ein zukünftiger Regierungschef
Tsipras seine Forderungen nach einem Ende des Sparkurses und
einem Schuldenschnitt relativieren werde. Seine im Vorfeld der
Wahl immer wiederholte Behauptung, dass die hohe Staatsschuldenquote von fast 180 Prozent der Wirtschaftsleistung die griechische Wirtschaft fast erdrücke, begegnet Skepsis, da sie als mindestens kurzfristig nicht richtig angesehen wird. Die Kredite des
Euro-Krisenfonds (EFSF) haben eine durchschnittliche Laufzeit
von 32 Jahren und sind sehr niedrig verzinst. Griechenland hat
also vorerst genügend Luft. Laufzeitverlängerungen und Zinssenkungen kommen ökonomisch einem Schuldenschnitt gleich. Gemessen an ihrem Nettokapitalwert sind angeblich 40 Prozent der
EFSF-Forderungen schon abgeschrieben. Es herrschte Anfang des
Jahres 2015 aber immer noch die Annahme vor, dass sich die
Euro-Staaten als Hauptgläubiger Griechenlands einen offenen
Schuldenschnitt nicht leisten könnten. Er würde dort zu einem er-
heblichen Anstieg der Staatsdefizite führen. Der Charme der
»schwarzen Null« wäre zumindest in Deutschland dahin. Die
Euro-Gruppe dürfte auch einen Präzedenzfall vermeiden wollen.
Nicht nur Länder wie Irland und Portugal würden schnell den
Zauber der »Gleichbehandlung« entdecken.

Das alles wird jede neue Regierung in Griechenland nicht davon
abhalten, weitere Zugeständnisse zu fordern. Die Gläubiger werden davon nicht unberührt bleiben können. Als Mittel der Wahl
kommen abermalige Laufzeitverlängerungen (»ad calendas grae-
cas«, das heißt bis zum »Sankt-Nimmerleins-Tag«?) und sehr milde
Reformauflagen in Betracht. All diese Dinge und noch vieles mehr
wird die neue Regierung in Griechenland diskutieren.[24]

Das Wahlergebnis vom 25. Januar 2015 war jedenfalls hinreichend deutlich. Syriza wurde mit Abstand Wahlsieger und verfehlte die absolute Mehrheit der Parlamentssitze nur sehr knapp.
Dennoch rechnen die lebensklugen Griechen damit, dass ihr Chef
Tsipras früher oder später eine Turnübung besonderer Art ma-

chen wird, die man in Griechenland »Kolotumba« (Purzelbaum) nennt. Die Vorbereitungen für diese Übung hat Tsipras womöglich schon vor der Wahlentscheidung getroffen. Nach seinen temperamentvollen Ankündigungen, die Milliardenkreditverträge mit der EU wie Altpapier zu zerreißen, dauerte es nicht lange, bis manche seiner hochrangigen Genossen versicherten, dass einseitige Maßnahmen Athens auch unter ihrer Ägide ausgeschlossen seien. Gleichwohl wird der Wahlsieg von Tsipras für Europa eine Herausforderung werden, auch wenn er sich aller Voraussicht nach gegenüber den Staats- und Regierungschefs der anderen EU-Mitgliedsländer nicht wie ein »Rambo«-Verschnitt aufführen dürfte. Sie werden dennoch früher oder später anerkennen müssen, dass die »Rettung« Griechenlands noch nicht zu einem dauerhaften Erfolgsstück geworden ist. Es wäre ja aber schon ein Fortschritt, wenn nicht mehr diejenigen die Reformauflagen zu erfüllen versuchen, die das Land in die gegenwärtige verzweifelte Lage geführt haben. Das waren zweifellos nicht Tsipras und seine Syriza. Sie werden jetzt daran gehen müssen, das etablierte korrupte System zu demontieren und den bisherigen »Gefälligkeitsstaat« in einen halbwegs funktionierenden Rechtsstaat zu verwandeln, in dem die Verwaltung und insbesondere die Steuer- und Finanzbehörden einigermaßen effizient arbeiten.

Es ist schwer zu beurteilen, ob dies in naher Zukunft auch tatsächlich gelingt. Das jetzt entstandene Übergewicht der Parteien, die die Sparpolitik zum Teil sehr vehement ablehnen, hat zu einer kaum kalkulierbaren Konstellation geführt. Einerseits ist den meisten klar, dass Griechenland außerhalb der Währungsunion keine angemessenen Entwicklungschancen hat. Andere werden ihre Wutgefühle im Bauch nicht abbauen, wenn Tsipras weit unterhalb der von ihm als »Volkstribun« geweckten Erwartungen bleibt. Niemand kann gegenwärtig das Ausmaß der Frustration und die damit verbundenen politischen Folgen präzise abschätzen. Es steht jedenfalls ein schmerzhaftes Erwachen bevor, wenn die Griechen wirklich weiter glauben sollten, dass ihre Regierung wieder unabhängig von anderen Staaten und den Kapitalmärkten handeln könnte. Tsipras ist durch das Wahlergebnis natürlich auch keine Richtlinienkompetenz in und für Europa zugewachsen, auch wenn es ihm gelungen ist, dem Nationalgefühl seiner Landsleute zu schmeicheln und ein Drittel der Wähler ihm deswegen ihre Stimme gegeben haben.

Tsipras selbst steht vor einer pikanten Wahl: Entweder er riskiert die Abwendung seiner Klientel, wenn er realistisch handelt, oder Europa zeigt ihm die »rote Karte«, wenn er weiterhin mit demagogischen Maximalforderungen herumhantiert. Die Struktur seiner »Partei« lässt kaum verlässliche Prognosen zu. Syriza ist ein Konglomerat linker Gruppierungen, das von orthodoxen Stalinisten bis zu anarchistischen akademischen Linken reicht. Sie sind nicht gerade durch realitätsbezogenen Pragmatismus miteinander verbunden. Vielleicht kommt es sogar zu einem Wiederaufleben alter marxistischer Dogmen. Damit erwirbt man natürlich nicht die Macht, um den von Tsipras angekündigten Schuldenschnitt durchzusetzen. Das werden zuerst die lohn- und gehaltsabhängigen Mittelschichten verstehen, die schon bisher die Zeche gezahlt haben und erst einmal den frohen Botschaften des Kandidaten geglaubt zu haben scheinen. Die Figur des »Rettungsheilands« wurde gerade von den zahlreichen entlassenen und unzufriedenen Staatsbediensteten mit bunten Farben versehen. Sie waren schon früher durch den Nepotismus ihrer »Abgeordneten-Patrone« versorgt. Jetzt vertrauten sie auf die Wiedereinstellungsversprechen von Syriza. Die Umsetzung wäre aber nichts anderes als die Rückkehr zu dem altbekannten System der Korruption und des Klientelismus. Es wird unterhaltsam sein zu beobachten, ob und wie sich Tsipras aus der selbst gebauten Glaubwürdigkeitsfalle befreien kann.

Das wird nicht leicht, haben die meisten Bürger der starken und solide wirtschaftenden Staaten mittlerweile doch verstanden, dass sie für die Misswirtschaft und die Korruption in den Ländern des Südens aufzukommen haben. Insbesondere die Behauptungen der deutschen Regierung, wonach der Euro doch so vorteilhaft für die exportorientierte Wirtschaft Deutschlands sei, werden immer skeptischer aufgenommen. Die Exportdynamik zielt ohnehin immer stärker auf den pazifischen Raum und nicht auf Länder wie Griechenland, Portugal oder Spanien. Es auch ist alles andere als überraschend, dass sich im EZB-Rat die Fronten verhärtet haben. Die Länder des Nordens sind dort nicht angemessen vertreten und können keine Regeln mehr durchsetzen, die zur Aufrechterhaltung der Wettbewerbsfähigkeit der Währungsunion unverzichtbar sind. Es ist so eine konstitutive Weichheit, wenn nicht Erpressbarkeit der »Rettungseuropäer« gegenüber den griechischen Ansprüchen entstanden. Bereits unmittelbar nach der Wahl wurde deshalb die Befürchtung laut, dass Griechenland mit einer Syriza-Regierung den letzten Rest von Respekt und Glaubwürdigkeit im Westen verlieren wird.[25]

Der Europaabgeordnete von Syriza, Dimitris Papadimoulis, erinnerte dagegen sogleich daran, dass die neue Regierung das Memorandum zwischen Athen und der Troika, der EZB und dem IWF durch »aggressive Neuverhandlungen« abschaffen werde, und behauptete, dass ein großer Teil der politischen Landschaft in Europa den »großen Sieg von Syriza« als »Niederlage für die einseitige, destruktive Austeritätspolitik des deutschen Finanzministers« verstehe.[26] Namhafte Politiker in Europa waren nicht nur deshalb sofort darum bemüht, herauszufinden, wie ernst man die im Wahlkampf gemachten Versprechungen eines Schuldenschnitts nehmen muss. In Brüssel legte man indessen Wert auf die Aussendung einer einzigen Botschaft: Ein Schuldenschnitt ist keine Option. Sollten sich jedoch die Anzeichen für ein Entgegenkommen gegenüber der neuen Regierung verdichten, dann könnte dies weitreichende Folgen haben. In Rom und Paris könnten sich jene Kräfte im Aufwind sehen, die lieber heute als morgen in der Hoffnung auf Wachstumsimpulse auf verstärkte staatliche Investitionen setzen.[27]

Nach Schließung der Wahllokale vergingen noch nicht einmal 24 Stunden bis zur Vereidigung des neuen griechischen Ministerpräsidenten Tsipras. Damit war ein Paukenschlag verbunden. Die linksgerichtete Bewegung Syriza musste sich mit der rechtsgerichteten neuen Partei »Unabhängige Griechen« (Anel) im Vorfeld verständigt haben, so dass die 13 Abgeordneten dieser Partei der Syriza mit ihren 149 Stimmen eine Mehrheit der insgesamt 300 Parlamentssitze im Rahmen einer Koalition verschafften. Anel wird geführt von einem ehemaligen Mitglied der konservativen früheren Regierungspartei Nea Dimokratia (ND). Es handelt sich um Panos Kammenos, der bei jeder Gelegenheit die orthodoxe Kirche verteidigt, etwas gegen Homoehen hat und seinem Land empfahl, sich Kredite in Russland zu holen.[28]

Solch eine Koalition ist eine Premiere für Europa. Zwischen diesen unterschiedlichen Partnern gibt es zwar eine Gemeinsamkeit: die Ablehnung der Sparbeschlüsse der konservativen Vorgängerregierung. Ansonsten tun sich zwischen diesen politischen Kräften aber tiefe ideologische Gräben auf. Tsipras war es jedoch gelungen, sie teilweise durch manche Zusicherungen zu überbrücken. Er kündigte am Wahlsonntag an, dass es weder einen katastrophalen Zusammenbruch geben noch ein fortwährendes »Katzbuckeln« akzeptiert werde. In manchen EU-Mitgliedsländern kam sofort Skepsis darüber auf, ob der vereinbarte Stufenplan zur Befreiung Griechenlands aus der Abhängigkeit seiner Nachbarn unverändert umgesetzt werden kann. Sollte die griechische Regierung wirklich in der Euro-Zone bleiben wollen, ginge das nur, wenn sie zusätzlich zu den zwei bereits vereinbarten Hilfspaketen in Höhe von 240 Milliarden Euro ein weiteres Hilfsprogramm beantragt. Dann dürfte Tsipras möglicherweise sogar mit neuen Auflagen konfrontiert sein. Das ist umso bemerkenswerter, wenn auch er bereit wäre, zur Kenntnis zu nehmen, dass die im Zusammenhang mit dem zweiten Hilfsprogramm erteilten Auflagen in einem beträchtlichen Umfang nicht erfüllt wurden:

- Der Verkauf staatseigener Betriebe hat nicht die geplanten 50 Milliarden Euro, sondern nur 11 Milliarden Euro eingebracht.

- Die gesetzlich beschlossenen Lohnkürzungen für die Bediensteten des öffentlichen Dienstes wurden mit mehreren kleinen Änderungsgesetzen rückgängig gemacht.
- Der Aufbau des Katasterwesens zeigt nur wenige Fortschritte.
- Die Steuerpolitik ist unverändert intransparent.

Wegen solcher und anderer Mängel wurden bis Januar 2015 etwa 7 Milliarden Euro nicht ausgezahlt, die der griechische Staat aber dringend für Kredittilgungen braucht. Im Sommer 2015 könnten es schon 8 Milliarden Euro sein.[29]

Unter den möglichen Geberländern hat sich eine gewisse Skepsis über die Vertretbarkeit weiterer Kredite und die Schuldentragfähigkeit Griechenlands verbreitet. Ob stattdessen Zinssenkungen und Laufzeitverlängerungen sowie weitere Modifikationen der Kreditgewährung ausreichend sein könnten, dürfte Gegenstand schwieriger Verhandlungen werden. Der Präsident der Europäischen Kommission, Jean-Claude Juncker, versicherte indessen, dass ein Schuldenschnitt derzeit nicht zur Debatte stehe, da kein »akuter Handlungsbedarf« bestehe. Die deutsche Bundesregierung will jedenfalls mit Tsipras da weitermachen, wo sie mit seinem Vorgänger Samaras aufgehört hat. In Wahrheit hat aber das Nachdenken über die Konsequenzen aus der Griechenland-Wahl in Berlin schon längst begonnen. Dabei geht es um die Bewältigung eines Dilemmas. Einerseits ist das Leitmotiv der bisherigen deutschen Politik (»Hilfe nur gegen Reformen«) weiter bindend. Andererseits ist nach dem Sieg von Tsipras ein »Weiter so« kaum möglich.

In Spanien und anderen südeuropäischen Ländern wird der Diskussionsprozess jedenfalls sehr aufmerksam verfolgt werden, weil hier ein möglicher Dammbruch droht. In Italien und Frankreich wittern Oppositionsbewegungen und nationalistische Parteien ihre Chance. Die Regierungen in Spanien, Portugal und Irland werden die Entscheidungen in Berlin ebenfalls sehr genau verfolgen. Sie könnten irgendwann den Eindruck gewinnen, dass sich jugendlich-ungestümes Auftreten à la Tsipras durchaus lohnt und dass sie selbst sich unnötigerweise den Mühen einer politisch riskanten Reformpolitik unterzogen haben.

Ein Teilschuldenerlass gilt gegenwärtig jedenfalls nicht als ökonomisches Wundermittel. Die Laufzeiten der Hilfskredite sind schon auf dreißig und mehr Jahre verlängert worden. Wie schon erwähnt, muss Griechenland bis 2020 keinen einzigen Euro zurückzahlen. Es fallen nur Zinsen an. Entwickeln sich die Haushalts- und Wirtschaftskennziffern wie erwartet, wird die Staatsschuldenquote von circa 170 Milliarden Euro bis 2022 quasi von allein auf gut 100 Prozent sinken, ein Wert, der niedriger wäre als derzeit in Italien und Belgien. Zudem muss man zur Kenntnis nehmen, dass der IWF und die EZB sich von einem Teilerlass ausgenommen haben, unter anderem weil die Notenbank keine Staatsfinanzierung betreiben darf. Vor diesem Hintergrund ist die Forderung an die Euro-Länder, Milliardensummen in ihren Staatshaushalten abzuschreiben, ein seltsames Modell »gerechter« Lastenteilung.

Nach einer Wahl erleiden auch noch so temperamentvolle und erfolgreiche ehemalige Oppositionspolitiker häufig einen Realitätsschock. Vielleicht wird sich auch Tsipras demnächst daran erinnern, dass sein Vorgänger Samaras sich gegenüber den Reformforderungen zunächst erfolgreich als großer Verweigerer stilisierte und sich dann unter dem Eindruck unbestreitbarer Fakten und unabweisbarer Zwänge zu einem Reformer und »Merkel-Anhänger« wandelte.[30] Ob der neue griechische Ministerpräsident den in der Politik bewährten Kreislauf von Selbstbetrug, Wählertäuschung und pragmatischer Einsicht durchbrechen wird, bleibt abzuwarten. Unabhängig davon war schon seit geraumer Zeit bekannt, dass der Währungsunion ein »Zieleinlauf«[31] am 28. Februar 2015 bevorstand. Zu diesem Zeitpunkt sollte nach der bisherigen Vereinbarung das zweite griechische Hilfsprogramm auslaufen. Kurz zuvor musste man den Eindruck haben, dass Griechenland, aber auch die Kreditgeber genau dies verhindern wollten. Andernfalls hätten nämlich die griechischen Banken komplett die Notversorgung mit Liquidität beantragen müssen, weil die EZB die bis dahin hinterlegten Sicherheiten nicht mehr akzeptieren könnte.

Bei einer derartigen zeitlich eng begrenzten Nothilfe besteht natürlich die Gefahr eines »Bank Run«, das heißt, die Griechen würden ihre Konten leeräumen. Die Zahlungsunfähigkeit des Landes wäre unvermeidbar (geworden). Die Diskussion über den Verbleib Griechenlands in der Euro-Zone würde wieder aufflammen. Eine Streckung des Hilfsprogramms bis zum Sommer 2015 mag das zunächst noch verhindern können. Im Januar 2015 war allerdings noch nicht entschieden, ob die neue Regierung in Athen einen dazu erforderlichen Antrag stellen würde und welche Bedingungen dabei zu gelten hätten. Der Verlängerungsantrag hätte umgehend gestellt werden müssen, damit er bis Mitte Februar 2015 in der Euro-Gruppe beraten werden könnte. Wegen des Termins für die Drucklegung dieses Buches war über die tatsächliche Entwicklung hier nicht mehr zu berichten.

Zuvor war immerhin schon die Frage gestellt worden, ob das »Mutterland der Demokratie« den Verstand verloren hat, kam dort doch eine Koalition zustande, die, auf deutsche Verhältnisse übertragen, einem Bündnis zwischen der Partei »Die Linke« und der AfD gleichkäme. Die Griechen dürften sich aber sehr wohl bei Sinnen fühlen, haben alle anderen Parteien, die bisher an der Macht waren, das Land doch mit einer korrupten Klientelpolitik heruntergewirtschaftet. Dies legitimiert die neue Regierung aber in der Tat nicht, die geschlossenen Verträge zu missachten. Andernfalls wäre abzusehen, dass die Einführung des Euro ein misslungenes Experiment war mit unabsehbaren Folgen für ganz Europa. Spätestens nach der Wahl vom 25. Januar 2015 wurde offenkundig, dass die Zeiten vorbei sind, in denen alle maßgeblichen Kräfte des Kontinents das Heil in der europäischen Einigung sahen. Da hilft es nicht, an den Griechen »ein Exempel zu statuieren«. Die dann entstehende griechische Agonie wäre hochinfektiös. Selbst in Deutschland und anderen wirtschaftlich solideren Staaten wäre der Aufstand vieler Bürger zu besorgen. Pegida wäre dann nur ein harmloses Vorspiel gewesen. Die Fragestellungen werden immer dramatischer: Wie können die Wirtschaft und die Staatsfinanzen in der EU gesunden, ohne dass Politik und Gesellschaft erkranken und die Völker einander zu Feinden werden?

Wenn die Fortsetzung des harten Sanierungskurses zur weiteren Stärkung radikaler, im Zweifel europafeindlicher Parteien führt, sollten Politiker möglichst rasch anfangen, über notwendige Kompromisse nachzudenken. Aber auch ein Kompromiss hat unverzichtbare Bestandteile:

- Aufräumen mit der Korruption (nicht nur in Griechenland, sondern auch in den anderen EU-Ländern!)
- keine Gefälligkeitsjobs mehr im Staatsdienst
- strikte Besteuerung der griechischen »Oberschicht«
- Ausgleich der Interessen starker und schwacher Länder und der Finanzwirtschaft

Das wäre das politische und moralische Minimum dafür, dass die bis jetzt nur floskelhaft benutzte Formel »Solidarität gegen Solidität« funktioniert.[32] Es sollte sich von selbst verstehen, dass Deutschland in diesem Zusammenhang und im Hinblick auf Zins, Tilgung und Investitionen eine wichtige, wenn nicht die tragende Rolle hat. Für die deutsche Bundesregierung ist das der Lackmustest auf ihre europäische Gesinnung. Es ist derzeit nicht vorhersehbar, ob und wie sie ihn bestehen wird. Ihr bisheriges Vorgehen lädt zu Spekulationen über das Ausmaß der bei ihr noch vorhandenen staatspolitischen Klugheit ein. Sie hat zwar oft in naiv anmutender Monotonie erklärt, dass man sich doch bitte, bitte an geschlossene Verträge halten möge, anscheinend inspiriert von der Offenbarung der amtierenden Bundeskanzlerin, dass Europa scheitert, wenn der Euro scheitert.

Der neue griechische Ministerpräsident hat eine andere Tonlage: »Die Diktatur der Gläubiger-Troika ist zu Ende.« Sie ist mehr als nachvollziehbar. Effektiver als jedes kriminelle Netzwerk ist es den Oligarchen in Griechenland weitestgehend gelungen, allzu lästige Steuerzahlungen zu vermeiden. Dafür musste der Rest des Volkes in den vergangenen sechs Jahren umso mehr

bluten. Tsipras ist jetzt gezwungen, für einen dritten Schuldenschnitt zu kämpfen. Die bisherigen entsprechenden Maßnahmen
(Inanspruchnahme der Besitzer griechischer Staatsanleihen,
mehr oder minder heimliche Abschreibung der Hälfte der Kredite der Euro-Partnerstaaten und der Euro-Rettungsfonds durch
Zinssenkung nahe null und Verlängerung der Rückzahlungsfris-
ten) haben nicht zu dem gewünschten Erfolg geführt. Die griechische Staatsverschuldung ist so hoch wie nie zuvor. Solange
sich die angebliche Elite Europas von der Drohung eines Austritts
aus der Währungsunion trotz gegenteiliger Beteuerungen beeindrucken lässt, werden die starken Euro-Länder nicht verhindern
können, dass sie in absehbarer Zeit wieder und weiter zur Kasse
gebeten werden. Die Ankündigung, man werde nicht nachgeben,
klingt so laut wie das schon erwähnte Pfeifen eines ängstlichen
Kindes im Wald. Sie ist auch so wirkungsvoll. Natürlich ist der
»Grexit« eine Option für Tsipras. Die Erklärung ist ebenfalls ganz
einfach: Die allermeisten Kredite befinden sich in öffentlicher
Hand. Die Euro-Partner müssten diese abschreiben und frisches
Geld bereitstellen, und eine Abwertung käme für Griechenland
einem Befreiungsschlag gleich.

Wer unterdessen glaubt, dass in Madrid, Rom oder Paris nur
entschlossen reformorientierte Regierungen amtieren, irrt. Auch
dort richten sich die Erwartungen und Hoffnungen auf ein Ende
des angeblichen Spardiktats aus Berlin. Ein dritter Schuldenschnitt wird konsequenterweise kommen, in welcher Form auch
immer. Hat man sich immer wieder erpressen lassen, werden Er-
pressungen auch kein Ende nehmen. Der neue griechische Finanzminister hat das schon seit längerem verstanden: »Was immer die
Deutschen sagen, am Ende werden sie zahlen.« In diesem Zusammenhang auf die EZB zu setzen, liegt schon jenseits der Naivitäts-
grenze. Wer glaubt, sie könne mit ihrem neuen Billionen-Kaufpro-
gramm die Probleme der Währungsunion lösen, bewegt sich in
Wunschvorstellungen und hat Halluzinationen. Er bedarf weniger
der Beratung durch Wirtschaftswissenschaftler als der Hilfe von
Psychotherapeuten.

Man scheint nicht erkennen zu können oder zu wollen, dass es in der Währungsunion zwei Gruppen von Ländern gibt, zwischen denen die relativen Preise und Löhne einfach nicht stimmen: Die deutschen Löhne sind im Vergleich zu den französischen und italienischen zu niedrig, beziehungsweise die Löhne im Süden sind zu hoch im Vergleich zu Deutschland. Die Folgen könnte auch ein mittelmäßig begabter Schüler erkennen: Der Süden fällt zurück, weil er zu teuer ist. Und selbst durchschnittlich qualifizierte Politiker könnten in der Zwischenzeit eingesehen haben, dass man sich für eine der folgenden Möglichkeiten entscheiden muss: Inflation, Deflation oder Abwertung. Sie sollten allmählich auch verstanden haben, dass die gegenwärtige Inflation im Norden und die Deflation im Süden nicht funktionieren. Abwertung ist in den europäischen Führungszirkeln offensichtlich ein Tabu, und jedes Nachdenken über eine Teilung der Währungsunion scheint verboten zu sein.

Andere denken da anders. Aus Amerika kommt der Vorschlag, den schwachen Ländern einschließlich Frankreich ihren eigenen Euro zu geben und ihnen bis zu einer angemessenen Preisbildung eine Abwertung des schwachen Euro gegen den starken Euro zu ermöglichen, damit die südlichen Länder wieder Wachstum erreichen können. Zu gegebener Zeit mag man dann Frankreich und Italien eine Rückkehr in den starken Euro gestatten, vorausgesetzt, sie haben die notwendigen Reformen auch tatsächlich durchgesetzt und nicht nur versprochen. Andernfalls könnte Europa nicht nur aus wirtschaftlichen, sondern auch aus politischen Gründen in Gefahr geraten, wie schon allein der anhaltende Zuwachs euroskeptischer Parteien in Frankreich und Großbritannien zeigt. Nicht nur angesichts eines möglichen Siegs des FN bei den nächsten Wahlen in Frankreich ist die Bedrohung der EU eine realistische Perspektive. Sie ist jedoch in jedem Fall wichtiger als die EZB.[33]

Jenseits solch hochmögender Gedanken dürfte die Betrachtung der griechischen Staatspraxis und des Verhaltens der Steuerzahler in diesem Land weiterhin hohen Unterhaltungswert haben. Die neue Regierung, die schon einen Tag nach der Ernennung des

neuen Ministerpräsidenten Tsipras ins Amt kam, wird sehr kurzfristig Finanzierungslücken in der Staatskasse stopfen müssen.[34]
Der Amtsinhaber wird sich dabei mit der Tatsache beschäftigen
müssen, dass viele griechische Steuerzahler seine Ankündigungen
ernst genommen haben und seit November 2014 gleich weniger
Steuern zahlten, so dass allein von November bis Dezember 2014
ein Fehlbetrag in Höhe von 4 Milliarden Euro aufgelaufen ist. Im
Januar 2015 lagen die Einnahmen schon um 1 Milliarde hinter den
Plänen zurück. Die Griechen haben auch weniger Immobiliensteu-
ern abgeführt, hatte Tsipras doch versprochen, auch diese Steuern
zu senken. Ähnliche Effekte hat auch die Ankündigung ausgelöst,
dass der griechische Staat auf uneinbringliche Steuer- und Abga-
benschulden verzichten werde. Daher fehlen angeblich auch Ra-
tenzahlungen für alte Verbindlichkeiten auf Sozialabgaben. Die
entstandenen Einnahmelücken haben natürlich die Haushaltser-
gebnisse 2014 verschlechtert. Von dem ursprünglich immer noch
stolz in die Welt hinausposaunten Primärüberschuss (ohne Zins-
aufwendungen) in Höhe von 1,5 Prozent des BIP anstelle des zuletzt angestrebten Wertes von 1,8 Prozent dürfte nicht viel übrig
bleiben, hatten die Griechen in diesen Überschuss doch auch Gewinne der EZB aus aufgekauften griechischen Staatsanleihen, die
nach Athen überwiesen wurden, eingerechnet. Lässt man diese
Beträge unberücksichtigt, ergibt sich für 2014 ein Primärdefizit.

Ursprünglich hatte man in bewährter Manier und mit südländi-
schem Temperament eine Übererfüllung der Sanierungsverspre-
chen und einen Primärüberschuss von 2,9 Prozent in den Haus-
haltsplänen kalkuliert. Der neue Finanzminister Yanis Varoufakis,
der die EU-Länder kurz zuvor immerhin noch der Folter (»fiscal
waterboarding«) bezichtigt hatte, wird zur Kenntnis nehmen
müssen, dass die Schätzungen der flüssigen Mittel in der Staatskasse auf 5 Milliarden Euro nicht mehr aufrecht gehalten werden
können. Sie dürften weniger als 1 Milliarde Euro betragen. Dieser
Amtsträger wird sich auch mit der Tatsache auseinandersetzen
müssen, dass er schon im ersten Quartal 2015 rund 5 Milliarden
Euro an Zinsen und Tilgungszahlungen wird leisten müssen. In

den Monaten Juli und August 2015 werden gegenüber europäischen Institutionen und dem IWF weitere 15 Milliarden Euro fällig. Insgesamt dürfte es sich in diesem Jahr um rund 22 Milliarden Euro handeln. Tsipras hat indessen laut und vernehmlich Verhandlungen mit der Troika abgelehnt. Es bleibt unerfindlich, wie er dann noch mit der letzten Kredittranche rechnet. Sollte mit der Troika kein Sanierungsprogramm mehr vereinbart werden können, würden die griechischen Banken möglicherweise auch nicht mehr kurzfristige Anleihen vom griechischen Staat kaufen und dann bei der EZB beleihen können. Die EZB hat auch für dieses Verfahren ein Sanierungsprogramm als Bedingung gefordert und zugleich vor dem Kauf von zu vielen griechischen Staatsanleihen gewarnt.[35]

In dieser Lage scheint der Finanzminister Varoufakis, der wohl noch nie unter mangelndem Selbstbewusstsein gelitten hat, in besonderer Weise guten Mutes zu sein.[36] Neben der Voraussage, dass Deutschland »in jedem Fall« bezahlen wird, unabhängig davon, was seine Regierung sagt oder tut, entwickelt dieser Wirtschaftsprofessor fast eine poetische Kraft, indem er erklärte, dass Frankreich mit Deutschland einen »Todestanz« aufführe. Er meint damit offenbar, dass Deutschland und die anderen Euro-Länder und Institutionen Griechenland entweder mit einem Schuldenerlass entgegenkommen müssten oder eben mit einem Konkurs Griechenlands konfrontiert würden.

Varoufakis empfindet darüber anscheinend Bedauern (»schade«), aber tröstet auch (sich selbst?), indem er daran erinnert, dass die vielen Milliarden von Deutschland und anderen »Euro-Rettern« ohnehin in einem »schwarzen Loch von Schulden« verloren seien. Das hält er zwar für eine »Tragödie«, betont aber auch, dass die Griechen diese Gelder nur unter der Bedingung bekommen haben, die soziale griechische Wirtschaft zu zerstören und Menschen zu liquidieren. Dieser empfindsame Minister wollte innerhalb von 15 Tagen nach seiner Ernennung ein Umschuldungsprogramm für Griechenland vorlegen. Im Hinblick auf die Zahlungsverpflichtungen gegenüber der EZB soll ein »Kompromiss«

gesucht werden. Im Übrigen sollen Europas Wirtschafts- und Finanzinstitutionen völlig umgekrempelt werden. Die Europäische Investitionsbank (EIB) wird nach den Vorstellungen dieses griechischen Finanzfachmanns öffentliche Investitionen in großem Stil (was denn sonst?) finanzieren, das heißt in einem Volumen von 6 bis 7 Prozent des europäischen BIP. Es geht noch weiter: Die EZB solle dann bei ihrem Programm für den Kauf von Staatstiteln keine deutschen Papiere erwerben, sondern lieber die Papiere der EIB. Dieser Experte hat auch herausgefunden, dass die ganze Währungsunion völlig falsch konstruiert ist. Das sei Schuld der Franzosen, die Hand auf die deutschen Währungsreserven legen wollten, um über ihre Verhältnisse zu leben. Dafür habe Frankreich alle Entwicklungen der Währungsunion akzeptiert und eben den »Todestanz« begonnen.

Diese Erkenntnisse haben den jetzt amtierenden Finanzminister aber nicht dazu veranlasst, für einen Austritt aus der Währungsunion zu plädieren, weil das Land damit nicht auf den Entwicklungspfad zurückkehren könnte, den es ohne Eintritt in den Euro genommen hätte. Ein Austritt hätte auf jeden Fall »Chaos« zur Folge. Er hat in monographischer Ausführlichkeit übrigens auch bestritten, dass sich Deutschland gegenüber anderen europäischen Ländern einen wirtschaftlichen Vorsprung aus eigener Kraft erarbeitet hat.[37] Deutschlands Aufstieg sei vielmehr den strategischen Planungen der Amerikaner zu verdanken, die angeblich aus reinem Machtkalkül ihre Investitionen nach Deutschland geleitet und dort die Industrie finanziert hätten. Griechenland sei dagegen zu einem großen Teil »Opfer«: Das eigentliche Defizit in Griechenland ist ein Defizit an »Würde«.

Es werden sogar historische Kenntnisse sichtbar: Griechenland müsse »nein« sagen können, so wie 1940 der damalige griechische Diktator die Bündniswünsche des Italieners Benito Mussolini abgeschlagen habe. Der sich prononciert links gebende gegenwärtige griechische Finanzminister ist übrigens ein Kabinettskollege des Anel-Vorsitzenden Panos Kammenos, der als neuer Verteidigungsminister einen Bereich zu verwalten hat, der wie kaum ein anderer durch Korruption geradezu verseucht ist. Seine Parteigenossen entstammen als Abgeordnete nur formal einer neuen Partei. In Wahrheit handelt es sich um eine »Versammlung ausrangierter Hinterbänkler« aus den alten Regierungsparteien Nea Dimokratia und Pasok, die aus ihren Fraktionen ausgeschlossen wurden oder sie unter Protest verließen, weil sie deren zaghaften und unvollständigen Reformkurs nicht mittragen wollten.

Das alles stört Tsipras offensichtlich nicht. Er hatte dieser »alt-neuen« Partei schon kurz nach ihrer Gründung im April 2012 eine Kooperation angeboten. Es scheint ihn auch nicht zu stören, dass Kammenos ein schwerreicher Politiker ist, der eng mit den Interessen der Athener verbandelt ist und fast zwanzig Jahre für die Nea Dimokratia im Parlament saß und als stellvertretender Minister für Handelsschifffahrt im Kabinett Karamanlis beste Beziehungen zu den griechischen Reedern unterhielt, einem »traditionellen Feindbild« von Syriza, und sich erst von seiner alten Partei lossagte, als deren Chef Samaras von seiner Fundamentalopposition gegen die Troika auf einen halbherzigen Reformkurs umschwenkte. Nun scheint sich dieser Bundesgenosse der »Linken« als xenophober und antisemitischer Demagoge weiterqualifiziert zu haben. Die abgewählte Regierung hat er immerhin zu einer Gegendarstellung zu seiner Behauptung genötigt, dass Juden in Griechenland Steuervorteile genössen. Kammenos hat sogar erkannt, dass die EU das »vierte Reich« der Deutschen ist. Das Zentralorgan der vermeintlich neuen Linken (*Neues Deutschland*) hat indessen ein enormes Maß an politischer Klugheit demonstriert und in der von Kammenos geführten Partei ein »notwendiges Übel« erkannt. Vor diesem Hintergrund ist der Wunsch »Glück auf, Europa!« mehr als angebracht.[38]

In Deutschland gab es indessen zumindest eine klare Reaktion auf die Äußerungen des griechischen Finanzministers. Sie kam nicht von der Bundesregierung, sondern von dem Vorsitzenden der AfD,[39] dem Wirtschaftsprofessor Bernd Lucke, der die Aussage, dass Deutschland letztlich zahlen müsse, als »Frechheit« bezeichnet, die aber zutreffend sei. Griechenland einen Schuldenerlass in Aussicht zu stellen und es weiterhin in der Währungsunion zu halten würde Begehrlichkeiten auch in anderen Krisenländern wie Portugal, Spanien oder Italien auf einen Schuldenschnitt wecken. Das dürfe nicht sein.[40]

Wie auch immer: Bis zur Drucklegung dieses Buches war es den sich immer wieder versammelnden Führungseliten der EU noch nicht einmal halbwegs gelungen, ein tragfähiges Zukunftskonzept für den Kontinent zu entwickeln. Die Sehnsucht nach einem Wiener Kongress (Schuldenkonferenz) könnte also weiterwachsen.

Eliten zwischen Verantwortung und Inkompetenz

Jenseits ökonomischer und finanzieller Aspekte stellt sich im Hinblick auf die Zukunft des Kontinents Europa und der EU noch eine Vielzahl anderer Fragen politischer und kultureller Relevanz. Sie sind mindestens so komplex und existentiell wichtig wie die überwiegend ungelösten wirtschaftlichen Probleme. Alle Lösungsversuche sollten sich daran orientieren, dass zum ersten Mal in der Nachkriegsgeschichte das Scheitern der EU ein realistisches Szenario ist.[1]

Umso mehr haben die Bürger einen Anspruch auf die Beantwortung der Frage, was mit ihrem Geld geschieht. Es geht im Kern um die ungeschriebenen Abmachungen, welche die Legitimität der Demokratie in Deutschland begründen: nie wieder Krieg, nie wieder Massenarbeitslosigkeit, nie wieder Inflation und staatlich verursachter Vermögensverlust. Alle diese Versprechungen wurden spätestens in den 1990er Jahren durch die Globalisierung und Internationalisierung von Wirtschaft und Politik stark aufgeweicht. Bislang blieben den Deutschen der Nachkriegszeit dramatische Verluste bei ihren Sparvermögen und Renten durch Währungsverfall erspart. Kein deutscher Politiker sollte dies für Europa ohne schärfste Garantien aufs Spiel setzen, wenn der ohnehin bröckelnde Konsens für die europäische Integration nicht noch weiter erodieren soll. Der europäische Prozess könnte insgesamt in Gefahr geraten, sollten die Bürger seines stärksten Mitgliedslands durch »Leichtfertigkeiten« wie denen Griechenlands den wichtigsten Beitrag zerstört sehen, den sie für Europa zu leisten hatten: ihre starke Währung.

Wenn Europa immer noch (nur) ein Elitenprojekt ist, dann ist damit das Dilemma einer politischen Großeinheit beschrieben, die nicht mehr nach dem Muster bürgerlicher Nationen erbaut werden kann. Weder ein gemeinsames Sprach- und Kulturbewusstsein noch die Fiktion historischer Schicksalsgemeinschaft lassen sich ohne weiteres von der nationalen auf die europäische Ebene projizieren. Die Konsequenz ist klar: Europa als »Projekt« muss sich, noch mehr als traditionell nationalstaatliche Demokratien, auf seinen materiellen Erfolg verlassen können. Ein domestizierter und politisierter »Euro-Nationalismus« könnte (und müsste) daher eine starke Triebkraft für Europa werden.[2] Die Zeiten Europas als »Elitenprojekt« sind jedenfalls vorbei. Vielleicht hat der Kontinent noch eine Chance als »Projekt der Massen«.[3] Aber auch damit sind gewaltige Herausforderungen verbunden. Man wird sehen, ob die jeweilige politische »Elite« ihnen gerecht werden kann.

Solange es den Vermögenden noch gelingt, einen Konsens über die zu treffenden Maßnahmen herzustellen, läuft jedes Desaster auf eine Schocktherapie zu. Wird das Desaster zu groß und bleibt ein Konsens aus, wird eine gewaltsame Aufteilung der Gewinne stattfinden müssen, um der Umverteilung von unten nach oben ein Ende zu bereiten. Es gibt zwei Optionen. Sie betreffen beide den Staat, der als Monopolist der Gewalt eingesetzt oder angegriffen werden wird. In dem einen Fall wird der Staat im Auftrag der Rendite instrumentalisiert. Im anderen zielt man gegen den instrumentalisierten Staat. Man mag darüber streiten, ob zwischen beiden Varianten ein Widerspruch besteht oder ob es fließende Übergänge gibt.[4] Je größer die drohenden Verluste sind, desto eher wird man Optionen erwägen, die dem Ausbruch der Gewalt zuneigen. Letztlich führen Krisen über Protektionismus zum Krieg.[5] Der Staat wird zu diesem Zweck die Zustimmung zum Ausbruch der Gewalt organisieren und dann handeln, jedenfalls solange er über das Gewaltmonopol verfügt.

Die andere Gewaltoption ist gegen den Staat gerichtet, wenn er in seiner selbst entfesselten Gewalt zugrunde geht oder wenn er sich zum Agenten einer Zwangsverwaltung seiner Bürger macht. Zwang und Ungleichheit gehören zu den Fermenten einer Revolution. Die Organisation der Kommunikationsmittel muss aber hinzutreten. Der Kauf eines Che-Guevara-T-Shirts, das im Pauschalurlaub getragen wird, reicht nicht. Das Schicksal eines Griechen (Solon) zeigt, dass ein Kompromiss in der Krise nur Verlierer hinterlässt: »Die Chancen, ohne Gewalt zu diesem Ergebnis zu gelangen, stehen heute schlecht.«[6] Es bleibt zu hoffen, dass die anhaltende Finanzkrise mit anderen Mitteln zu bewältigen sein wird. Diese Hoffnung entsteht nicht zwangsläufig aus der Amoralität von Gewaltausübung. Sie ist die analytische Konsequenz aus historischen Erfahrungen. Es trifft nämlich bedauerlicherweise auch in Bürgerkriegen zumeist die Falschen.

Dabei ist der Kampf der Politik mit spekulativen Kapitalbewegungen nichts Neues. Sie haben der europäischen Wirtschaft schon zwischen den beiden Weltkriegen große Probleme bereitet. Erst seit der Einführung des Euro war von Spekulanten in Europa wenig zu hören. Jetzt sind sie wieder im Herzen des Kontinents angelangt. In den 1920er Jahren hatten Spekulanten entdeckt, dass der Druck des Finanzmarkts den einen oder anderen wirtschaftspolitischen Kurs wahrscheinlicher machen kann. Hierfür gibt es insbesondere in Frankreich ein beeindruckendes Beispiel. Die Staatsschulden des Landes waren im Ersten Weltkrieg förmlich explodiert, und die Kosten für Wiederaufbau und die Versorgung der Veteranen waren gleichzeitig stark gestiegen. Zwischen 1923 und 1926 konnten sich die Politiker nicht entscheiden, entweder unter erheblichen politischen Kosten die Steuern zu erhöhen, den Haushalt zu sanieren oder zum Goldstandard zurückzukehren oder aber zu versuchen, durch Abwertung die Exporte anzukurbeln und über höhere Inflation die Schuldenlast zu verringern. Mal hatte die Reduzierung der Staatsschulden Vorrang, mal waren es zusätzliche Ausgaben, die mit erwarteten Reparationen aus Deutschland gerechtfertigt wurden. Wann immer seinerzeit Spekulanten den Franc verkauften, fiel der Wechselkurs und die Zinsen stiegen. Eine Haushaltssanierung und die Rückkehr zum Goldstandard wurden dadurch schwieriger. Das Geschehen auf den Märkten bestimmte die Gestaltungsmöglichkeiten der Politik. Der Finanzmarkt konnte Voraussagen machen, die sich selbst erfüllten.

Mittlerweile ist immerhin klar geworden, dass der Markt für Derivate dringend der Regulierung und der Transparenz bedarf. Wäre die Finanzreform, die auf dem Gipfel der G-20-Staaten im September 2009 in Pittsburgh beschlossen worden war, schon 2002 in Kraft gewesen, hätten sich Goldman Sachs und Athen für eine standardisierte Form des Swaps[7] entschieden, der dann über eine öffentliche Plattform abgewickelt worden und damit transparent gewesen wäre, oder sie hätten ein maßgeschneidertes »Over-the-counter«-Geschäft gewählt. Dies hätte aber mit deutlich mehr Eigenkapital unterlegt werden müssen, wäre also wesentlich teurer geworden und mithin womöglich unterblieben.

Auch der deutsche Fiskus ist übrigens schon in einem anderen Zusammenhang in Versuchung geraten, scheiterte aber an Eurostat. Im Jahre 2005 wollte der damalige Bundesminister der Finanzen (Hans Eichel) die Neuverschuldung auf 3,7 Prozent drücken. Dazu verkaufte er mit Hilfe von Morgan Stanley und der Deutschen Bank Forderungen des Bundes gegenüber den Nachfolgeunternehmen der Deutschen Bundespost an Investoren. Der Erlös belief sich auf 8 Milliarden Euro. Dabei handelte es sich um eine Verbriefung, mit der der Bund Einnahmen vorzog, die aus der Übernahme von Pensionsverpflichtungen resultierten. Eurostat akzeptierte die Forderungsverkäufe jedoch nicht als Verringerung der Staatsschulden, so dass die Defizitquote doch 4 Prozent erreichte. Eurostat entschied so, weil der Bund in den Folgejahren an die Postunterstützungskasse höhere Zuschüsse leisten musste. Über diese zahlte der Bund die Pensionen an die Ruhestandsbeamten der früheren Bundespost. Deren Nachfolgeunternehmen zahlen jährlich einen Teil der Lohnsumme der noch bei ihnen aktiven Beamten an diese Kasse. Die Pensionsverpflichtungen von Telekom, Post und Postbank hatte das Finanzministerium vorgezogen und an Investoren verkauft. Ein Jahr später platzierte die

Postunterstützungskasse eine zweite Verbriefung über 7,5 Milliarden Euro. Konsortialbanken waren ABN Amro, Morgan Stanley und Goldman Sachs. Alle diese Transaktionen zielten auf eine Verringerung der ausgewiesenen Schulden.

Im Hinblick auf die Ungleichgewichte der Handelsbilanz ist Deutschland übrigens ein »beliebter« Stein des Anstoßes geworden. Nach den Daten des Statistischen Bundesamts aus dem Oktober 2013 exportierten deutsche Unternehmen 99,1 Milliarden Euro ins Ausland, so viel wie in keinem Monat jemals zuvor. Der Schuldige an der europäischen Misere ist damit in den Augen etlicher Kritiker identifiziert. Die Auffassung, dass die deutschen Unternehmen dank zu niedriger Löhne kostengünstig produzieren, die Weltmärkte mit ihren Produkten überschwemmen, die Konkurrenz platt machen und sich auf Kosten anderer notleidender Volkswirtschaften sanieren, trifft dennoch nicht zu.[8] Im gleichen Zeitraum wuchsen in Deutschland die Importe stärker als die Exporte. Die Differenz zwischen Aus- und Einfuhren belief sich auf einen Überschuss von 17,9 Milliarden Euro, angesichts der Gesamtsumme der Im- und Exporte ein sehr überschaubarer Betrag.

Eine Sanierung Deutschlands auf Kosten anderer findet also nicht statt. Das Land hält vielmehr den Motor der Weltwirtschaft am Laufen. Es bietet seinen Nachbarn Waren an, die diese benötigen und vielfach mit Krediten bezahlen, die indirekt bei der EZB landen und deshalb auch wieder ein Problem für die Deutschen sein können. Die deutschen Ausfuhren in die Länder der EU stiegen im Vergleich zum Vorjahresmonat des Oktober 2013 um 2,1 Prozent (57,3 Milliarden Euro), die Einfuhren legten sogar um 3,1 Prozent (53,3 Milliarden Euro) zu und aus den Ländern der Währungsunion importierten die Deutschen 3,4 Prozent mehr Waren als im Vorjahresmonat. Damit ist allerdings der Vorwurf noch nicht entkräftet, dass die Deutschen zu wenig importieren, weil sie zu wenig investieren. Immerhin ist der Anteil der Bruttoanlageinvestitionen im vergangenen Jahrzehnt signifikant von 21,5 auf 17,4 Prozent gesunken und liegt damit sogar noch unter dem Durchschnitt der Euro-Zone von 18 Prozent.

Nach den Bundestagswahlen vom September 2013 hat man sich gleichwohl nicht auf die Priorisierung von Investitionsförderungen verständigt, sondern auf ein »Wohlfühlprogramm mit Ausgabenschwerpunkten«. Umverteilung statt Wachstum könnte aber nicht nur die deutsche Binnenwirtschaft schwächen, sondern auch die Euro-Krise verlängern. Der Ausweg für Europa liegt in einer vernünftigen Balance zwischen dem starken Deutschland und den schwächeren Staaten der Währungsunion.[9] Zwischenzeitlich ist es sicher ratsam, die drakonischen Vorgaben zur Verringerung des griechischen Budgetdefizits zu überdenken. Ihre Erfüllung mitten in der größten Wirtschaftskrise seit Jahrzehnten wäre wohl kontraproduktiv. Innerhalb von drei Jahren müsste ein Fünftel aller Staatsausgaben gestrichen werden. Das würde das Ende des Funktionierens des öffentlichen Gesundheits- und Bildungssystems bedeuten, schwere innenpolitische Konflikte auslösen und hätte wirtschaftlich und sozial verheerende Folgen. Der Ruin des Sozial- und Wirtschaftssystems wäre unvermeidlich. Es geht jetzt um Zeitgewinn. Notwendig wäre ein umfangreicher, langfristiger Kredit der EU an Griechenland, der kurzfristig die Zahlungsfähigkeit sicherstellt und langfristig wirkende, strenge Auflagen vorsieht. Die Erhöhung des notorisch niedrigen Pensionseintrittsalters und die Gewährung eines sachgerechten Einblicks in die griechischen Budgetzahlen für Eurostat könnten zu den ersten Schritten zählen. In der Tat war die bisherige Kompetenzlosigkeit der europäischen Statistikbehörde (Eurostat) ein Skandalon für sich. Daran hat Deutschland einen besonderen Anteil. Dort haben sich die Verantwortlichen in den vergangenen Jahren entschlossen gegen die Übertragung der notwendigen Kontrollrechte gestemmt.

Nach dem Inkrafttreten des Vertrags von Lissabon am 1. Dezember 2009 war die Hoffnung groß, dass sich die EU jetzt endlich auf das Wesentliche konzentrieren wird: die Stärkung ihrer wirtschaftlichen Grundlagen und die selbstbewusste Wahrnehmung europäischer Interessen in der Welt. Schon drei Monate später war offenkundig, dass die globalisierte Weltwirtschaft solchen Zielen oder Vertragsklauseln gegenüber weitgehend gleichgültig ist. Es ist unbestreitbar, dass die Währungsunion die bedeutendste Antwort auf das Ende des Kalten Krieges ist. Umso beunruhigender ist die Tatsache, dass Griechenland, das seinen Beitritt zu dieser Union nur mit »frisierten« Daten erreicht hat, zum Menetekel geworden ist. Zum ersten Mal seit seiner Einführung befindet sich der Euro in einer derart schwierigen Lage. Griechenland steht für die Beschädigung des Stabilitätsversprechens, für verantwortungslose, die eigene Wettbewerbsfähigkeit fahrlässig untergrabende Politik, aber auch für die Grenzen der Solidarität. Das »europäische Projekt« befindet sich auch deshalb in großer Gefahr. In dieser Lage wird sogar schon die Frage gestellt, ob der Vertrag von Lissabon vielleicht das Gegenteil von dem bewirkt, was er erreichen sollte, weil er die Führungsfrage nicht eindeutig beantwortet.

Es wird dabei bleiben: Die EU ist kein homogener Akteur, sondern ein hochkomplexes System, in dem die Nationalstaaten auf ihren Rechten beharren, vielleicht sogar wieder mehr als vor 25 Jahren. Das dürfte auch weiterhin bestimmte strategische Entscheidungen erschweren oder gar unmöglich machen. An einem darf aber kein Zweifel aufkommen. Die EU sollte unter keinen Umständen den wirtschaftlichen Anschluss verlieren. Sie darf nicht zulassen, dass die Währungsunion zerbröselt. Zur Politik dauerhafter Reformen und Haushaltskonsolidierung gibt es tatsächlich keine Alternative – nicht nur bei den aktuellen »Sorgenkindern«. Ohne starke wirtschaftliche Grundlagen ist eine »Weltmacht EU« nicht denkbar. Ein stabiler Euro ist und bleibt also unverzichtbar. Doch abschließend zurück zu den grundsätzlichen Aspekten, die in der aktuellen Diskussion aufscheinen.

Der seit vielen Jahren immer wieder mit unterschiedlichem Gewicht um die Verbesserung der Welt bemühte Bundesbürger Joseph (»Joschka«) Fischer, Bundesminister des Auswärtigen a. D., hält die große EU-Erweiterung von 2004 für richtig, weil es andernfalls ein gefährliches instabiles Zwischeneuropa gäbe. Gleichwohl bezeichnet er es als ausgeschlossen, dass die vielen Mitglieder der EU »im

Gleichschritt« zu einer vollen politischen Union gelangen. Dafür müssten die Länder der Euro-Zone als »Avantgarde« sorgen, weil sie nach seiner Einschätzung heute viel weiter integriert sind als der Rest der Welt. Er erklärt aber dem Rest der Welt auch, dass sich die »Renationalisierung« in der Krise durch »objektive« Tatsachen ergeben habe. Nur die nationalen Parlamente und Regierungen hätten die nötige Legitimation gehabt, um Hunderte Milliarden aus nationalen Staatshaushalten und Steuermitteln auszugeben.

Mit seiner Weltweisheit entdeckt Fischer sogar, dass wir derzeit einen Konflikt erleben, für den die EU nicht gebaut ist. Er diagnostiziert einen Verteilungskampf zwischen Arm und Reich in der EU, zwischen dem Norden und dem Süden. Im Zentrum des Szenarios einer bedrohten europäischen Solidarität sieht dieser außer Dienst gesetzte Politiker Deutschland. Ein »deutsches Europa« ist für ihn die größte Gefahr für das europäische Projekt. Die entscheidende Frage »Europäisches Deutschland oder deutsches Europa?« werde aber leider am wenigsten diskutiert. Das erfüllt Fischer mit Jammer. Er kommt zu der lange vermissten Einsicht, dass die meisten anderen EU-Staaten nicht bereit sein werden, ihre nationale Souveränität einzuschränken, um eine »deutsche Hegemonie« zu ermöglichen. Fischer kann auch in die Zukunft sehen und weiß deshalb, dass es ein deutsches Europa nicht geben wird, sondern sich alles um Deutschland und Frankreich dreht, wenn man eine volle politische Union anstrebt. Die »Euro-Krise« sei in Wahrheit die Frage nach der nationalen Souveränität, die ohne Deutschland und Frankreich nicht beantwortet werden könne. Die Trennung zwischen der abgegebenen Souveränität über die Währungen und der Souveränität über die nationalen Budgets empfindet Fischer als »Schön-Wetter-Lösung«. Soll das Überleben des Euro nicht auf ewig vom Präsidenten der EZB abhängen, dann werde es zu einer gemeinsamen Verwaltung der nationalen Defizite und der Neuaufnahme von Schulden kommen müssen.

Aufgrund seiner seherischen Begabung weiß Fischer auch, dass Frankreich auf seine und nicht auf die deutsche Art zu den nötigen Reformen finden, sich aber dabei »unendlich« schwer tun wird, weitere politische Souveränität abzugeben, während die Deutschen Angst um ihr Geld, also zum Beispiel die Euro-Bonds, hätten. Sollte sich daran nichts ändern, sagt der Weltökonom Fischer eine lange wirtschaftliche Stagnation wie in Japan voraus. Mittlerweile zersetze eine innere Krise die EU. Deshalb will Fischer mit der Welt darüber reden, wie die »volle« politische Union in Europa gebaut werden kann. Nun räche es sich, dass Bundeskanzlerin Merkel die dafür nötige Debatte während ihrer bisherigen Kanzlerschaft mied.

Auch nach seinem Abschied aus öffentlichen Ämtern und seiner Verwandlung in einen bezahlten Interessenvertreter privater Wirtschaftsunternehmen registriert Fischer Wahlergebnisse. Er hat verstanden, dass bei den Europa-Wahlen im Mai 2014 Parteien am »antieuropäischen Rand« gewonnen haben. Fischer sieht »sehr wohl«, dass eine volle politische Integration (»mehr Europa«) eine andere Legitimation braucht. Es werde aber kein »Pfingstwunder« geben, aufgrund dessen die Menschen auf einmal die Kommission als europäische Regierung akzeptieren. Der Nationalstaat bleibe der Bezugsrahmen der Bürger. Die damit verbundene Vielfalt müsse sich in einer politischen Union abbilden. Die Kommission und das Parlament könnten das als rein technokratische Institutionen nicht leisten.[10]

Das wäre in der Tat schlimm, wenn es denn stimmte, dass Europa es nach der Währungsunion versäumt hat, in Richtung politische Union voranzuschreiten, und sich die EU, Deutschland voran, nach dem Ende des Kalten Krieges in der Illusion einer angeblichen »Friedensdividende« gewiegt hat und nun ratlos vor der Rückkehr von Krieg und Großmachtpolitik im Osten Europas steht. Spätestens seit dem 15. September 2014 ist auch nach dem Empfinden von Fischer die scheinbar so unerschütterliche Gewissheit über den Erfolg des »Projekts EU« einer nagenden Ungewissheit über die Zukunft Europas und über die Rolle Deutschlands gewichen. Das bis dahin Undenkbare, die Gefahr des Scheiterns des gesamten europäischen Einigungsprojekts, sei sehr konkret geworden.[11]

Dieses Geraune hat ausgereicht, um bei dem ehemaligen EU-Kommissar Günter Verheugen den Eindruck hervorzurufen, dass es sich bei Fischer um einen »echten strategischen Denker« handelt. Verheugen scheint in die gleiche Liga aufsteigen zu wollen, hat er doch herausgefunden, dass das Scheitern des europäischen Einigungswerks eine realistische, aber nicht unabwendbare Möglichkeit geworden ist. Die Behauptung Fischers, dass es den Akteuren der Krisenbewältigung schlicht an Weitsicht und Mut gefehlt habe, die Legitimationsprobleme der EU und die Konstruktionsfehler der Währungsunion wegen egoistischer innenpolitischer Kalküle und aufgrund eines mangelnden Geschichtsverständnisses mit mehr Gemeinschaft und Solidarität anzugehen, hält Verheugen für zustimmungswürdig. Er hat auch herausgefunden, dass Deutschland in der EU die Führungsmacht geworden ist, ohne es zu wollen und ohne darauf vorbereitet zu sein. Verheugen attestiert Fischer die Überzeugung, dass Deutschland die Gemeinschaftswährung nicht aufgeben könne und dass Deutschland zum Teilen in der Lage sein müsse. Sein Ziel sei der europäische Bundesstaat. Andernfalls wachsen aufgrund des hybriden Charakters der EU die Legitimationsprobleme weiter an, und die Welt von morgen wird über die EU hinweggehen, wenn sie sich nicht zu einem außenpolitischen Akteur entwickelt. Günter Verheugen teilt Fischers Analyse im Hinblick auf die mittelfristige Neuorientierung der USA. Dessen apodiktische Sicht auf Russland stößt aber auf Widerspruch. Aus der Perspektive des ehemaligen Außenministers ist Russland erneut auf Ausdehnung seines Machtbereichs aus und schreckt dabei auch vor Rechtsbruch und Gewaltanwendung nicht zurück.

Diese Einschätzung löst bei Verheugen die Frage aus, ob »unserer« Politik in den vergangenen Jahren nicht die gesamteuropäische Perspektive gefehlt hat und ob Russland nicht begründete Zweifel daran haben kann, dass die strategische Partnerschaft mit der EU wirklich ernst gemeint war. Während Fischer die Verantwortung für die Ukraine-Krise Putin zuschiebt, lässt er nach dem Empfinden Verheugens die Fehleinschätzungen und Stümpereien auf der Seite der EU »gnädig« beiseite. Dafür stimmt er Fischer darin zu, dass Deutschland und Frankreich auf dem Weg zu einer EU – wenn auch mit unterschiedlicher Dichte der Integration – vorangehen müssen, auch wenn dies nur eine notwendige und keine hinreichende Bedingung sei. Die beiden strategischen Denker scheinen darin übereinzustimmen, dass diese Bedingung aber mit dem derzeitigen Führungspersonal in beiden Staaten ohnehin nicht erfüllbar ist. Auch wenn ein detaillierter konzeptioneller Entwurf wünschenswert gewesen wäre, sieht Verheugen anscheinend den Nachweis als erbracht an, dass es so wie bisher nicht weitergehen kann und dass eine »neue europäische Vision« notwendig ist.[12]

Die Präzision und die Praxistauglichkeit der Ausführungen dieser beiden abgehalfterten Politiker, die jetzt ihre »Expertise« für ihre Lobbyistentätigkeit einsetzen, sind überschaubar. Das ist nicht nur auf ihre analytische »Begabung« und wirtschaftlichen Interessen zurückzuführen. Man muss zwar einräumen, dass das dichte Nebeneinander von Arm und Reich, die unterschiedliche Entwicklung innerhalb der einzelnen Länder und der verschiedenen Teile Europas es schwer machen, eine Bilanz der neoliberalen Reformen und ihrer Folgen zu ziehen. Aber es gibt beeindruckendere Beispiele einer Bilanzierung als die zitierten publizistischen Strohfeuer.[13]

Die Gedankenschwere der beiden Fixsterne am Strategenhimmel, Joseph Fischer und Günter Verheugen, hat unterdessen nicht verhindert, dass rechtspopulistische Parteien in Europa beständig Wahlerfolge feiern und sich auf dem Kontinent fest als relevante politische Akteure etabliert haben. Ihre Erfolge entfalten eine erhebliche »Strahlungshitze« auf die europäische Politik. Neuere Studien belegen, dass die Rechtspopulisten im Zeichen der andauernden Währungskrise versuchen, mit einem »ausgeprägten Euro-Skeptizismus« Wähler zu gewinnen.[14] Brüssel gilt ihnen als der »bürgerferne Moloch« oder als ein »ineffizienter Himmel für Bürokraten«. Es ist nicht zu bestreiten, dass die Verfassung der europäischen Währungsunion und die Lage im Süden Europas für erheblichen Unmut innerhalb der europäischen Wählerschaft sorgen, gerade in den Ländern, deren Bürger die schwersten Lasten zu tragen haben. Eine solide europäische Gemeinschaftswährung reicht indessen weit über politische Symbolik hinaus: Der Euro dient als Friedensversicherung, die jeder Bürger in der Tasche mit sich trägt.[15] Von Fischer, Verheugen und Konsorten dürfen die Wähler Europas mit Fug und Recht erwarten, dass sie über den Beitrag unterrichtet werden, den diese Gestalten in der Zeit, in der sie Verantwortung für Europa getragen haben, dafür geleistet haben, dass der Kontinent jetzt im Schlamassel steckt. Einige Fragen hätten schon eine Antwort verdient:

- Wer ist eigentlich dafür verantwortlich, dass gegenwärtig in Europa eine »verlorene Generation« im Entstehen begriffen ist?!
- Wer hat dafür gesorgt, dass überall berechtigte Wut über die Ungerechtigkeit von Rettungsaktionen für reiche Bankiers und Kürzungen für arme Schulkinder aufkommen konnte?!
- Wer hat zugelassen, dass eine niederträchtige Stimmungsmache gegen Außenseiter und Einwanderer um sich gegriffen hat?!
- Wer hat es ermöglicht, dass die EU noch nie so unbeliebt war und der Euro als krönende Errungenschaft Europas heute als sadomasochistische Zwangsjacke gilt?!
- Wer hat dafür gesorgt, dass die anhaltende Finanzkrise das Vertrauen in die etablierte Politik, die EU-Technokraten und die »Eliten« zerstören konnte?!
- Wer hat dazu beigetragen, dass die meisten Europäer die EU inzwischen mit Austerität, Rezession und deutscher Dominanz gleichsetzen?!
- Wer hat es ermöglicht, dass die EU als Maschinerie zur Beschneidung von Lebenschancen wahrgenommen wird?!
- Wer war nicht in der Lage, die Krise zu beenden, und hat sich stattdessen darauf konzentriert, Banken zu retten, normale Menschen in Schwierigkeiten zu bringen und zahllose Kinder in Armut zu stürzen?!
- Wer hat dafür gesorgt, dass eine Stimmung gegen »die da oben«, gegen die EU und gegen Ausländer aufgekommen ist, die ein fruchtbarer Nährboden für Extremisten geworden ist,

die bei den Europa-Wahlen entsprechend glänzend abgeschnitten haben?!

- Wer hat bewirkt, dass die offenen Gesellschaften Europas von innen und außen großer Gefahr ausgesetzt sind?!

Fischer und Verheugen können es offensichtlich nicht gewesen sein. Sie dürften für die gesamte Dauer ihrer Amtszeit ein Alibi haben. Entweder haben sie sich in ihren Amtszimmern oder in Konferenzsälen oder in Flugzeugen aufgehalten, so dass sie kaum in der Lage gewesen sein dürften, das zu beobachten, was sich auf dem Erdboden so alles abspielt. Dennoch scheint sich immer mehr die Auffassung zu verbreiten, dass die Misere der Euro-Zone vor allem die Folge katastrophaler Fehler von Politikern ist. Besonders eindrucksvoll ist es in diesem Zusammenhang, wenn ein britischer Wirtschaftswissenschaftler, der bis 2014 als Berater des ehemaligen Kommissionspräsidenten José Manuel Barroso gewirkt hat, entdeckt, dass viele dieser Fehler von der deutschen Regierung unter Angela Merkel »diktiert« wurden und diese aus einer Finanzkrise eine weitaus tiefere wirtschaftliche und politische Krise gemacht haben. Dieses im Jahre 1973 geborene wissenschaftlich-politische Nachwuchstalent namens Philippe Legrain hat aber noch viel mehr herausgefunden:

- Die Banken wurden gerettet, aber nicht in Ordnung gebracht.
- Uneinbringbare öffentliche und private Schulden wurden nicht abgeschrieben.
- Übermäßige Austerität und Lohnkürzungen traten an die Stelle einer Wachstumspolitik.
- Tiefe Rezessionen lassen die öffentliche Verschuldung weiter steigen.
- Fortgesetzte Fehler der Politik in den Jahren 2010 bis 2012 lösten eine Panik an den Anleihemärkten aus, die die Euro-Zone fast zerstört hätte.
- Die EZB trat den deutschen Forderungen nach noch mehr Austerität entgegen und konnte so die Panik stoppen.

- Nach einer kurzen Erholungsphase verbreitet sich in der Euro-Zone wieder Stagnation.
- Unter dem Druck unbezahlbarer Schuldenlast droht Europa die Luft auszugehen, weil sich »Zombiebanken« weigern, ordentlichen Unternehmen zu vernünftigen Bedingungen Geld zu leihen.
- Wirtschaftliche Reformen ziehen kein Wachstum nach sich, weil die erforderlichen Investitionen ausbleiben.
- Es besteht die Gefahr, dass die Euro-Zone in einer deflationären Schuldenfalle versinkt – mit tragischen sozialen und politischen Folgen.

Der Berater des immerhin zehn Jahre amtierenden Kommissionspräsidenten Barroso bezeichnet die in Deutschland vorherrschende »Krisenerzählung« als ein großes Hindernis für die angeblich dringend benötigte Kursänderung in Europa. Die Deutschen seien der Überzeugung, dass sie für eine Krise zahlen, die sie nicht zu verantworten haben. Sie fordern in der Tat von den anderen Europäern, das zu tun, was sie um die Jahrhundertwende getan hatten: Konsolidierung der öffentlichen Finanzen und Absenkung des Lohnniveaus. Legrain hält es aber für eine »falsche Erzählung«, dass diese harten Reformen Deutschlands Volkswirtschaft zur erfolgreichsten in Europa gemacht hätten. Nach seiner Auffassung trägt Deutschland sehr wohl Verantwortung für die Krise, die durch die leichtfertige Kreditvergabe schlecht regulierter deutscher und französischer Banken in den Jahren vor 2008 verursacht worden sei. Aufgrund künstlich niedrig gehaltener Löhne hätten die Unternehmen gewaltige Überschüsse anhäufen können, die von deutschen Banken im Ausland größtenteils unbedacht angelegt worden seien, nachdem die Unternehmen und die deutsche Regierung ihre inländischen Investitionen eingeschränkt hatten.

Die Folge ist bekannt: Als die Blase platzte, wurde klar, dass insbesondere Griechenland seine Schulden nicht bedienen konnte, deutsche und französische Banken also vor der Pleite standen. Der Rechtsbruch geriet zum Regierungsprinzip. Entgegen der No-bail-out-Regel vergaben die Regierungen der Euro-Zone konditionierte Darlehen an Griechenland, um deutsche und französische Banken zu retten, und vergaben Kredite an Irland, Portugal und Spanien zur Rettung der dortigen Banken, die sonst ihren Zahlungsverpflichtungen gegenüber deutschen und französischen Banken nicht mehr hätten nachkommen können. Aus faulen Krediten zwischen Privaten wurden Verpflichtungen zwischen Regierungen.

Aus der Sicht von Legrain wurde die Gelegenheit verpasst, die für das Schlamassel verantwortlichen Banken einzuhegen. Statt einer entsprechenden gemeinsamen europäischen Anstrengung kam es zu neuem Streit: Gläubigerstaaten, vor allem Deutschland, stehen Schuldnerstaaten gegenüber, und die EU-Institutionen sind zu Instrumenten geworden, mit denen die Gläubiger den Schuldnern ihren Willen aufzwingen. Die Euro-Zone erscheint so als »Schuldnergefängnis«. Die Regierungen von Irland, Portugal und Spanien seien von der »Achse Berlin–Brüssel–Frankfurt« erpresst worden, so dass Deutschland und die EU-Institutionen »verhasst« seien. Merkel und andere Politiker der Euro-Zone hätten die Interessen der Banker den Interessen der Bürger vorgezogen und damit die Europäer gegeneinander aufgebracht. Für Legrain ist das Vermächtnis der Krise eine undemokratische fiskalische Zwangsjacke – von Berlin gefordert und von Brüssel durchgesetzt. Es bringe Menschen gegen Deutschland und die EU auf, dass ein deutscher Finanzminister und ungewählte Brüsseler Beamte den Wählern legitime demokratische Entscheidungen über Steuern und Ausgaben verweigern. Die gepriesenen Leistungsbilanzüberschüsse Deutschlands sind aus der Sicht dieses jungen Mannes aus England kein Ausdruck von Stärke, sondern das Symptom einer kranken Wirtschaft. Er offenbart den Deutschen, dass das »Modell Deutschland« dringend der »Runderneuerung« bedarf. Damit nicht genug: Auch Europa müsse sich ändern. Die Richtung wird mit angelsächsischer Klarheit und Objektivität gewiesen:

- Ersetzung der von engen deutschen Gläubigerinteressen geknebelten Euro-Zone durch eine Währungsunion, die allen Bürgern zugutekommt
- Neustrukturierung der Zombiebanken
- Abschreibung übermäßiger privater und öffentlicher Schulden
- Koppelung von Investitionen mit Reformen für mehr Produktivität (und damit steigende Löhne)
- Verbannung der fiskalischen Zwangsjacke in die Altkleidersammlung
- Schaffung einer gerechteren, freieren und reicheren Euro-Zone auch im deutschen Interesse
- Eröffnung eines europäischen Frühlings durch wirtschaftliche und politische Erneuerung[16]

Es ist ungewiss, ob Europa an diesen Vorschlägen genesen wird. Gewiss ist aber, dass die geballte Klugheit dieses jungen Mannes bei dem ehemaligen Kommissionspräsidenten Barroso keine nachhaltige Wirkung gehabt haben kann. Wie schade.

Der Bundeskanzler a. D. und Ehrenbürger Europas, Helmut Kohl, hat diese illustre Sorgengemeinschaft verstärkt und mitgeteilt, dass sich Europa seit dem Übergang vom 20. ins 21. Jahrhundert in keinem guten Zustand befindet, »um es sehr vorsichtig auszudrücken«.[17]

Er befürchtet, dass nationale Fragestellungen und europäische Fehlentwicklungen einschließlich einer mit voller Wucht auch Europa treffenden Finanz- und Wirtschaftskrise zunehmend die eigentliche Idee Europas verdrängen. In der Finanz- und Wirtschaftskrise seien alle Ressentiments in und gegen Europa wieder aufgebrochen. Für ihn stellt sich die Frage, ob wir alle verrückt geworden sind, den Verstand verloren haben – und unsere Verantwortung gleich mit? Kohl behauptet, dass wir Europa bräuchten, weil Europa eine Frage von Krieg und Frieden sei. Zudem habe er Europa immer auch als »Herzensangelegenheit« verstanden. Nach 1998 sei das »Projekt Europa« jedoch nicht mehr mit dem gebotenen Ernst und Schwung vorangetrieben worden. Man habe nationale Interessen wieder verstärkt in den Vordergrund gerückt und Europa zunehmend zum »Sündenbock« für nationale Reformanstrengungen gemacht. Aus der Sicht Kohls sind nicht das geeinte Europa und der Euro die Ursachen für manches Problem und manche Fehlentwicklung. Europa und der Euro seien für uns »schicksalsentscheidend und mithin Teil der Lösung«. Man habe aber nach der Einführung des Euro seine Stabilität »mehr als leichtfertig« aufs Spiel gesetzt.

Zu den wesentlichen Ursachen der erheblichen Fehlentwicklungen und Verunsicherungen zählt er zum einen die Aufnahme Griechenlands in den Euro-Raum, ohne dass es die Eingangskriterien zur Einführung des Euro bereits erfüllt gehabt hätte. In der damaligen konkreten Situation, die jedem hätte klar sein können, durfte man nach dem Urteil Kohls der Aufnahme dieses Landes nicht zustimmen. Vielmehr hätte man weiterhin zunächst auf notwendige durchgreifende strukturelle Veränderungen im Land bestehen müssen. So sei es aber für alle Seiten zu einer teuren Fehlentscheidung gekommen. Kohl betont, dass der Euro genau kein Patentrezept oder Allheilmittel sei, das notwendige Reformen eines Landes ersetzen könne. Er sei außerdem auch nicht die Ursache notwendiger oder gar überfälliger Reformen.

Zum anderen zählen für Kohl die Aufweichung und der Bruch des Stabilitätspakts zur Einhaltung der Haushaltsdisziplin in den Euro-Mitgliedstaaten zu den wichtigen Ursachen. Dies hält er für ein »Schandstück deutscher Politik« und zugleich für einen Verrat an der deutsch-französischen Zusammenarbeit, die sich – wie aber geschehen – niemals gegen den Stabilitätspakt hätte wenden dürfen. Mit Kohl als Bundeskanzler wäre dies angeblich niemals passiert. Die sanktionslose Verletzung des Pakts durch Frankreich und Deutschland sei ein »Rechts- und Vertrauensbruch« gewesen, der zugleich wie ein »Dammbruch«, wie eine Aufforderung zum Schuldenmachen gewirkt habe.

Im Rückblick auf die Geschichte der Einführung des Euro behauptet Kohl, dass es zu keinem Zeitpunkt ein Handels- oder Tauschgeschäft zwischen ihm und dem französischen Staatspräsidenten François Mitterrand gegeben habe nach dem Motto: »Bekommen wir, die Deutschen, die deutsche Einheit, geben wir dafür die D-Mark auf und kommt die gemeinsame europäische Währung.« Man sei sich vielmehr einig gewesen, dass zur politischen Einigung die gemeinsame Währung gehörte und dass die gemeinsame Währung zugleich die Voraussetzung sein würde, um die politische Union zu erreichen. Kohl war angeblich der Überzeugung, dass mit dem Fundament einer europäischen Wirtschafts- und Währungsunion die politische Union dann auch kommen würde. Die Einführung des Euro sei aber zu keinem Zeitpunkt eine Bedingung von Seiten Mitterrands oder anderer gewesen.

Kohl erinnert auch an die vertragliche Vereinbarung, dass es keine Haftung der Gemeinschaft für Verbindlichkeiten der Mitgliedstaaten und keine zusätzlichen Transfers geben sollte. Mit der Entscheidung für die gemeinsame Währung sei die deutsche Einheit »einmal mehr« zum Katalysator für die europäische Einigung geworden. Sie habe zu einer »wahrhaft tiefen Zäsur in der europäischen Geschichte« geführt. Der Euro habe die europäische Einigung »im Wortsinn« unumkehrbar gemacht und komme einem wichtigen Schritt zur dauerhaften Sicherung von Frieden und Freiheit auf dem Kontinent gleich. Aus dem Euro könne man nicht einfach wieder »aussteigen«. Die Entscheidung zu seiner Einführung sei »ganz und gar richtig« gewesen. Andernfalls hätte es sein können, dass Europa in der Finanz- und Wirtschaftskrise der vergangenen Jahre auseinandergebrochen wäre. Gleichwohl habe die Stabilität des Euro aufgrund der beiden zitierten Fehlentscheidungen gelitten, und ganz Europa habe Schaden genommen. Beide Entscheidungen seien von einer »rot-grünen« Bundesregierung getroffen worden und zu verantworten. Es habe schlicht an Redlichkeit und Rechtstreue zu den bestehenden europäischen Verträgen und Vereinbarungen gefehlt.

Kohl konstatiert auch einen Mangel an Einsicht und Verständnis dafür, was Europa für uns alle bedeutet. Für ihn ist es schwer nachvollziehbar, wie ein deutscher sozialdemokratischer Bundeskanzler und seine ganze Regierung gleich mit, »vor allem sein grüner

Außenminister«, mit solch schicksalhaften Fragen für unsere Zukunft umgegangen sind und wie leichtfertig tagespolitischem Opportunismus und parteipolitischen und wahltaktischen Erwägungen der Vorrang gegeben wurde vor der Zukunft unseres Landes wie ganz Europas und der Welt.

Für Kohl ist indessen klar: Der Weg muss nach vorne führen, das heißt nach Europa. Der Nationalstaat alter Prägung mit der Vorstellung eines nur losen Verbunds unabhängig handlungsfähiger Staaten in Europa, also ohne das Dach des politisch geeinten Europas, sei ein Rückgriff auf überholte Konzepte und keine Lösung. Der Kontinent habe lange genug unter den Rivalitäten der europäischen Nationen gelitten. Das »Gespenst des Nationalismus« und die Kriegsgefahr in Europa seien keineswegs für alle Zeit überwunden. Die »bösen Geister der Vergangenheit« könnten immer wiederkommen. Auf dem Weg zum geeinten Europa rechnet Kohl es zu den vordringlichsten Aufgaben der EU, im Euro-Raum schnellstmöglich wieder zu einer Gemeinschaft der Stabilität und der Rechtstreue zurückzukehren. Sowohl die übermäßige Verschuldung in einigen Mitgliedstaaten als auch die derzeit faktisch vorhandene Gemeinschaftshaftung müssen Schritt für Schritt, aber konsequent zurückgeführt werden. »Solidität und Solidarität« seien jetzt das Gebot der Stunde im Euro-Raum. Gemeint sind Eigenverantwortung und »Hilfe zur Selbsthilfe«. Der Wunsch nach »Flexibilität« bei der Einhaltung getroffener Vereinbarungen erfüllt Kohl mit Skepsis. Am Sparen führe bei übermäßiger Verschuldung kein Weg vorbei. Gesunde Staatsfinanzen und eine stabile Währung seien immer noch die beste Wachstums- und Sozialpolitik.[18]

In seinem »Appell« verbreitet Kohl keine wirklich neuen Einsichten. Er neigte immer schon dazu, Leute, die er missachtete, nicht beim Namen zu nennen. Unter den aus Kohls Sicht im Hinblick auf Deutschland »verantwortungslosen« und im Hinblick auf den Europa-Gedanken »verräterischen« Politikern der SPD und der Grünen ist Joseph Fischer der einzige, dem die Ehre zuteil wird, namentlich verteufelt zu werden, wie eine Kommentatorin nach ihrer Lektüre herausgefunden hat.[19] Im Übrigen hat Kohl nur wiederholt, was er immer schon verkündet hatte: Es muss nicht nur eine Währungsunion, sondern die politische Union zustande kommen, ohne Rücksicht auf die wirtschaftlichen Folgen, von denen er ohnehin nie irgendetwas verstanden hatte. Es kam, wie es kommen musste: Die wirtschaftlich weniger potenten Länder nutzen den Euro, um in einem Ausmaß Kredit aufzunehmen, wie sie es mit ihrer eigenen Währung nicht hätten machen können. Als 2007 die Bankenkrise hereinbrach, stellte sich schnell heraus, dass Griechenland so gut wie pleite war. Die Behauptung Kohls, er habe davor gewarnt, Griechenland in den Euro-Raum aufzunehmen, klingt wenig plausibel. Wer wie Kohl für ein geeintes Europa ist und die Politiker höher achtet als die wirtschaftlichen Belange, wird »die Wiege der abendländischen Kultur« wohl nicht haben ausschließen wollen.[20]

Europa scheint wieder einmal alle amtlich anerkannten Weltweisen auf den Plan zu rufen. Henry Kissinger hat in seinem wahrscheinlich unvermeidlichen Werk *Weltordnung* dem Kontinent gleich zwei Kapitel gewidmet. Er sieht ihn in Gefahr, sich von der gegenwärtigen Suche nach einer gemeinsamen Struktur abzukoppeln, wenn der innere Aufbau Europas, das vor knapp einem Jahrhundert noch ein Quasimonopol auf die Gestaltung der globalen Ordnung gehabt habe, letztendlich mit seinem geopolitischen Ziel gleichgesetzt wird. Für Europa stellt nach der Ansicht von Kissinger das Ergebnis allerdings die Erfüllung der Träume von Generationen dar. Der Kontinent scheint in Frieden vereint und hat dem militärischen Kräftemessen abgeschworen. Aber auch wenn die Werte, die Europas Ansatz der sanften Gewalt beinhaltet, vielfach Impulse setzten, fühlten sich nach der Erkenntnis Kissingers andere Regionen diesem einzigartigen Politikstil nur selten verpflichtet. Das erhöhe die Gefahren der Entstehung von Ungleichgewichten. Europa wendet sich nach seinem Empfinden just in dem Augenblick nach innen, da die Weltordnung, die es in bedeutendem Maße mit geschaffen hat, von zerstörerischen Entwicklungen bedroht wird, die alle Regionen, die ihre Mitgestaltung versäumen, am Ende in den Abgrund reißen könnte. Europa befinde sich daher in einer Schwebe zwischen einer Vergangenheit, die es überwinden will, und einer Zukunft, für die es noch keine Vision entwickelt hat.[21]

Protest und Provokation

An der Aktualität des Ausrufs »Ach Europa!« (Hans Magnus Enzensberger) aus dem Jahre 1991 hat sich nichts geändert. Europa steht als Kontinent und als politische Konstruktion (EU) womöglich vor seiner größten Bewährungsprobe seit 200 Jahren. Damals war in Europa unter der Wucht Napoleons nicht nur das System der Legitimität des 18. Jahrhunderts auseinandergebrochen, sondern mit ihm auch die physischen Bande, die zumindest den Zeitgenossen damals als Zubehör der Stabilität galten. Napoleon war es zwar gelungen, das alte Konzept der Legitimität zu stürzen. Er wusste aber keine Alternative anzubieten. Von der Memel bis zur Biskaya war Europa seinerzeit geeint. Doch war dabei Gewalt an die Stelle von Bindung getreten. Europa war nur im Negativen geeint. Mit ihrem materiellen Erfolg hatte die Französische Revolution ihre moralischen Grundlagen verloren. Der Kontinent hatte sich damals im Widerstand gegen eine Macht zusammengefunden, die als fremd empfunden wurde. Das ist typischerweise ein Hinweis auf einen Legitimitätsmangel. Das Bewusstsein des »Andersseins« füllte sich mit moralischen Forderungen. Es wurde zur Grundlage des Nationalismus.[1]

Es liegt im Wesen von Staatsmännern und Staatsfrauen, die sich der Politik der kleinen Gewinne verschrieben haben, in einem Hin- und-her-Schwanken einen Ersatz für Taten zu sehen. Wenn sich eine Politik von den Ereignissen treiben, die Ereignisse auf sich zukommen lässt, wird es oft so sein, dass man, falls sich eine Entscheidung als falsch erweist, zum extremen Gegenstück greift, ohne nach Mittelwegen zu suchen.[2] Der ehemalige Präsident der

Europäischen Kommission, José Manuel Barroso, behauptete, er habe die Lehren der anhaltenden Wirtschafts- und Finanzkrise verstanden. Wir müssten die Risiken künftiger Krisen dadurch vermindern, dass wir globale Ungleichgewichte angehen und die Reformen des Finanzsystems umsetzen. Man habe in einer beispiellosen Zusammenarbeit zwischen der EU und den »G 20« zwar die nötigen Lehren gezogen. Aber wir dürften uns durch die »derzeitigen Zeichen der Erholung« nicht verleiten lassen zu glauben, dass »unser Handeln« jetzt weniger dringend sei. Unser zukünftiger Wohlstand stehe auf dem Spiel.[3]

Europa ist aber nicht nur ein Thema volkswirtschaftlicher Gesamtrechnung. In Deutschland nimmt neuerdings eine wachsende Zahl von Menschen für sich in Anspruch, als »patriotische Europäer« das »Abendland« gegen die »Islamisierung« zu verteidigen (»Pegida«). Am 12. Januar 2015 sollen immerhin 25 000 Menschen durch Dresden gezogen sein, die nach dem Urteil eines Politikers der »Grünen« (Anton Hofreiter) letztlich Hass erzeugen wollten. Nach den Erkenntnissen mancher Forscher ist Pegida deutlich kleiner. An dem genannten Tag seien »nur« 18 000 Menschen auf den Straßen Dresdens unterwegs gewesen. Gleichzeitig wird von Politikern immer wieder gern darauf hingewiesen, dass die Zahl von Demonstranten, die sich öffentlich auf »Gegendemonstrationen« gegen die Anliegen von Pegida wenden, doch höher sei.

Während Vertreter der etablierten Politik die »Pegida«-Demonstrationen als eine »Schande für Deutschland« bezeichnen und für ein Werk von Demagogen halten, die sich gegen die angebliche wirtschaftliche und kulturelle Bereicherung Deutschlands durch den Zustrom von Hunderttausenden Einwanderern und Asylsuchenden pro Jahr wendeten, zeigen erste neuere Untersuchungen, dass der typische Pegida-Demonstrant 48 Jahre alt, männlich und konfessionslos ist. Er ist in Sachsen zu Hause, entstammt der Mittelschicht, ist gut ausgebildet, berufstätig und verdient etwas mehr als der Durchschnittssachse. Einer Partei ist er nicht verbunden – aber auch nicht so recht dem Motto dieser »Montagsmärsche«.

Nach den bisherigen Erkenntnissen ist es eben nicht die »Islamisierung des Abendlands«, die ihn auf die Straße bringt. Er ist vielmehr ganz allgemein unzufrieden mit der Politik. Vor allem dieses Motiv hat ihn in Bewegung gesetzt.

Diese Erkenntnisse sind nicht der Weisheit letzter Schluss. Es konnten bis dahin nur 400 Teilnehmer der Pegida-Kundgebungen befragt werden. Etwa zwei Drittel der ursprünglich von einem Forscherteam angesprochenen Demonstranten wollten überhaupt nicht antworten. Dennoch hält man die Aussagen der Auskunftswilligen für geeignet, um Rückschlüsse auf die politischen Motive der anderen vielen Tausend Teilnehmer zu ziehen. Nur ein knappes Viertel der Befragten nannte Islam, Islamismus und Islamisierung als Grund für ihre Beteiligung an den Protesten. Mehr als die Hälfte gab »Unzufriedenheit mit der Politik« als Motiv an. Für jeden Fünften waren die Medien Hauptzielpunkt ihrer Kritik. Erst danach folgten grundlegende Ressentiments gegen Asylbewerber, Ausländer und besonders gegen Muslime. Viele sind offensichtlich nicht mit der Asyl-, der Zuwanderungs- und der Integrationspolitik einverstanden und beklagen die Distanz zwischen Volk und Politikern. Jeder Fünfte empfindet dem politischen System der Bundesrepublik Deutschland gegenüber Unmut. 17 Prozent der Befragten erklärten sich der AfD verbunden, 4 Prozent den Neonazis von der NPD. Der CDU fühlen sich 9 Prozent nahe. Die Sympathiewerte für alle Parteien links davon liegen bei nahe null. Eine große Mehrheit von 62 Prozent sieht sich keiner Partei zugetan. Nach ersten Bewertungen scheint sich zu bestätigen, dass die unterschwellige und explizit ausgedrückte Wut aus der Mitte der Gesellschaft kommt. Drei Viertel der Befragten waren Männer, die im Beruf stehen. Vier Fünftel von ihnen stammen aus Sachsen. Jeder zweite Befrage ist Arbeiter oder Angestellter, jeder fünfte selbständig beschäftigt. Nahezu alle haben nach ihren Angaben mindestens die Realschule oder die polytechnische Oberschule abgeschlossen. Mehr als die Hälfte hat die Hochschulreifeprüfung (Abitur) oder einen gleichwertigen Schulabschluss oder gar einen Hochschultitel oder einen Meisterbrief vorzuweisen. Nach diesen

Ergebnissen sollte die Behauptung schwerfallen, dass es sich bei Pegida um eine Bewegung Rechtsextremer oder frustrierter Arbeitsloser handelt. Nach dem Urteil eines Protestforschers (Dieter Rucht) wäre es auch falsch, die Demonstranten »alle als Nazipack« zu bezeichnen.[4]

In einer anderen wenig später veröffentlichten Untersuchung haben Wissenschaftler des »Vereins für Protest- und Bewegungsforschung« 28 Personen engagiert, die am 12. Januar 2015 in Dresden 1800 Teilnehmer der Pegida-Demonstration angesprochen haben, von denen aber nur 670 Demonstranten einen Handzettel mit einem Code für eine Befragung im Internet überhaupt annahmen, von denen wiederum nur 123 Personen online antworteten. Die Antworten sind daher nicht repräsentativ und lassen sich auch nicht auf die Pegida-Bewegung verallgemeinern. Es kam natürlich auch zu Verzerrungen, weil gerade die radikaleren Demonstranten sich einer Befragung verweigert haben dürften. Anders als in der zuvor zitierten Studie der Technischen Universität Dresden zeigte sich dessen ungeachtet in der Befragung der 123 Demonstrationsteilnehmer, zu 80 Prozent Männer, dass sie sich in der Mitte oder rechts einordnen. Bei der letzten Landtagswahl in Sachsen hatte jeder Zweite von ihnen die AfD gewählt.

Sie dürften wohl auch nicht durch die Tatsache zu beeindrucken sein, dass die stellvertretende Landesvorsitzende der AfD in Rheinland-Pfalz am 21. Januar 2015 nicht nur von ihrem Amt zurückgetreten ist, sondern auch aus der Partei ausschied, weil sich die AfD immer mehr ins Emotionale und Populistische bewegt habe und von ihrem Ansatz abgerückt sei, die Partei der Vernunft zu sein. Für Beatrix Klingel war es unakzeptabel geworden, dass es keine klare Abgrenzung der AfD zu Pegida gebe und sich die Partei in diese Richtung immer weiter geöffnet habe. An der Basis werde fast nur noch über Flüchtlingspolitik und Zuwanderung diskutiert, und zwar auf »Stammtischniveau und oft ohne jede Sachkenntnis«. Wirtschaftsthemen und die Diskussion um den Euro spielten in der Partei kaum noch eine Rolle. In Flüchtlingsfragen spreche die AfD »niedere« Instinkte an. Offensichtlich wogt in der

Partei eine Auseinandersetzung zwischen dem wirtschaftsliberalen und dem zunehmend stärker werdenden nationalkonservativen Flügel.[5] Klingel will nach eigener Aussage nicht der »Steigbügelhalter eines deutschen Front National« sein. Das Problem für die AfD ist aber nicht, wer Klingel ist (war) und was sie will, sondern für was sie steht: »die alte AfD«. Klingel selbst gilt nicht als Islamkritikerin. Sie hat wohl auch keine Angst um das Abendland. Zu Pegida fällt ihr ein Satz von Alexander von Humboldt ein: »Die gefährlichste Weltanschauung ist die Weltanschauung derer, die die Welt nie angeschaut haben.« Klingel will angeblich lieber über Griechenland reden, den Euro-Kurs zum Dollar, Anleihekäufe, Draghi. Ihr Austritt aus der AfD wird als »stiller Schwund der Gemäßigten« empfunden.

Aber auch andere ehemalige Führungskräfte der Partei wollen zum Beispiel ein kompliziertes Thema wie die Einwanderung nicht auf hetzerische Parolen reduzieren. Sie wissen wohl, dass sie mit der Sorge vor einer Islamisierung des Abendlands keine Landtagskämpfe gewinnen können. Die wirtschaftsliberalen Themen (»Markenkern«) dürften nicht vergessen werden. Für Klingel war dagegen die Wucht radikaler Parteifreunde zu groß. Sie hat etwas getan, was vielen Vertretern der etablierten Politik fremd geworden ist oder aufgrund ihrer Charakters immer schon fremd war: für eigene Überzeugungen einstehen und persönliche Konsequenzen ziehen.[6]

In der AfD wird man jedenfalls nicht mehr wie am Anfang nur die »Professoren-Partei« sehen können. Immerhin entdeckte der Vizechef dieser Partei, Alexander Gauland, bei Pegida »natürliche Verbündete der AfD«, und die Vorsitzende Frauke Petry entdeckte bei einem Gespräch Gemeinsamkeiten mit den Organisatoren von Pegida, während der Parteichef Bernd Lucke Sympathie für die Demos äußerte. Diesen und anderen Parteigenossen war es zwischenzeitlich auch gut gelungen, die Eigenheiten der mehr als dubiosen Gestalt von Lutz Bachmann als Cheforganisator der Pegida zu übersehen beziehungsweise nicht darauf zu reagieren, obschon seine unerträglichen Äußerungen jeden hätten beschämen müssen, der mit ihm marschierte und meinte, so seinen bürgerlichen Unmut zu äußern. Manch einer hält die Sache für eine Blamage für die AfD, die sich zu spät von Bachmann distanziert habe. Mit der kritiklosen Anbiederung habe die Parteispitze offenbart, wie erschreckend weit sie für zusätzliche Stimmen zu gehen bereit ist und dabei alle nüchterne Urteilskraft, die doch das Credo der »Professoren-Partei« sein sollte, verloren hat.[7]

Auf die »Sonntagsfrage« antworteten 89 Prozent der Befragten, dass sie die AfD wählen würden. Bei diesem Wählerkreis hätte die NPD 5 Prozent bekommen. Das Vertrauen in Parteien, Bundestag, Bundesregierung oder Medien, also die »Pfeiler« der Demokratie, ist gering. 80 Prozent fürchten sich vor dem Verlust nationaler Identität und Kultur. 44,4 Prozent glauben, dass Deutschland »durch die vielen Ausländer in einem gefährlichen Maß überfremdet ist«. Gut neun von zehn finden, dass der Bau von öffentlich sichtbaren Moscheen eingeschränkt werden sollte. In der Gesamtbevölkerung sind diese Quoten deutlich geringer.[8]

Unbeschadet der rasch laut gewordenen Kritik an Methodik und Aussagekraft der Untersuchungen sind auch schon grundsätzliche Überlegungen angestellt worden. Der »Fall Dresden« gilt »glücklicherweise« nicht als typisch für Deutschland. In dieser Stadt gibt es in der Tat (noch) keine nennenswerte Erfahrung mit Einwanderung und kulturellen Unterschieden (»Tal der Ahnungslosen« in den Zeiten der DDR). Bisher werden die ermittelten Zahlen so interpretiert, dass die meisten Teilnehmer an den Pegida-Demonstrationen mittleren Alters sind und daher durch das abgeschirmte Leben im früheren Ostdeutschland geformt wurden. In der Tat zeichnet sich Sachsen seit der Wiedervereinigung durch ungewöhnlich hohe Stimmanteile für Parteien der äußersten Rechten aus. Einige glauben sogar, dass die anglo-amerikanischen Bombenangriffe im Februar 1945 dazu beigetragen haben, indem sie die Geschichte vom »Opfer Dresden« unterstützten. Der von den Pegida-Demonstranten skandierte Ruf »Wir sind das Volk« wird vor diesem Hintergrund von einem Beobachter so interpretiert, dass es bei »Volk« nicht mehr um demokratische Selbstbestimmung, sondern um eine ethnische Definition geht, so als komme es von Adolf Hitler.

Schon der Name (»Pegida«) strahlt nach dem Empfinden von Timothy Garton Ash Anachronismus aus. Aus seiner Sicht wurde die für den 19. Januar 2015 geplante Demonstration in Dresden »ironischerweise« wegen einer offenbar dschihadistischen Drohung gegen einen ihrer Führer abgesagt. Ash erinnert in diesem Zusammenhang daran, dass antisemitische Angriffe zu den Symptomen der Radikalisierung gehören, die heute allerdings mehr von extremen Muslimen als von den gewohnten hakenkreuzschmierenden Antisemiten kommen. Bei dem Versuch, den Teufelskreis zu stoppen, kommt es nach der Auffassung von Ash auf die Bürger an. Vielleicht ist »Nation« tatsächlich ein »tägliches Plebiszit« (Ernest Renan). Die große Demonstration nach den Anschlägen von Paris ist aber kein Alltag. Es war nur ein Sonntag. Ash hat sicher recht: »Der Kampf um ein ziviles, inklusives Europa wird an all den anderen Tagen, den Werktagen, den grauen Tagen gewonnen oder verloren werden.« Dieser Kampf könnte mit der Ergänzung manchen Plakats beginnen, das sich auf die Aufzählung »Je suis Charlie. Je suis flic. Je suis Juif« beschränkte. Es fehlte: »Je suis Ahmed.«[9]

Zustimmung verdient die Aussage, dass wir nicht-muslimische Europäer bei der Substanz der offenen Gesellschaft, etwa der Meinungsfreiheit, keine Kompromisse machen dürfen, aber kleine Signale schicken müssen – sowohl »online« als auch bei persönlichen Begegnungen im Alltag. So könnte man »Vampire wie Pegida« loswerden.[10]

Manche Probleme scheinen sich aber auch fast wie von selbst zu lösen. Der Mitgründer und eine Führungsfigur der Pegida-Bewegung, der mehrfach vorbestrafte Bundesbürger Lutz Bachmann, trat am 21. Januar 2015 von allen seinen Ämtern zurück, nachdem Facebook-Fotos bekanntgeworden waren, die ihn in Hitler-Pose zeigten, und die Dresdner Staatsanwaltschaft gegen ihn ein Ermittlungsverfahren wegen des Verdachts der Volksverhetzung eingeleitet hatte, da er ebenfalls auf Facebook Asylbewerber unter anderem als »Viehzeug«, »Dreckspack« und »Gelumpe« bezeichnet hatte, Äußerungen, die allerdings schon mehrere Wochen zuvor an die Öffentlichkeit gelangt waren und Ende Januar 2015 zu weiteren Rücktritten im Vereinsvorstand führten.

Anlässlich der Demonstrationen in Dresden und Leipzig[11] Ende Januar 2015 fand manch ein Kommentator heraus, dass Deutschland keine Hinwendung zu Pegida und Co. braucht, sondern eine Hinwendung der Politik zu den Menschen. Der »Souverän Bürger« soll nicht das Gefühl haben müssen, nur alle vier oder fünf Jahre einmal gefragt zu sein, aber ansonsten die Klappe halten zu sollen. Demokratie brauche das andauernde Gespräch mit dem Bürger, aber nicht das Gespräch mit dem Hitlerbärtchen, wie es sich Bachmann »aus Spaß« angeklebt hatte. Es wird befürchtet, dass Gespräche zwischen Delegationen »seriöser« politischer Parteien und der Pegida-Spitze zu einer »verfassungsgefährlichen Nobilitierung von rassistischen Gehässigkeiten« führen könnten. Eine an Grundrechten orientierte Politik dürfe sich nicht institutionalisiert mit den Anführern einer »völkisch grundierten« Bewegung treffen. Sie müsse um die Menschen werben, die sich von diesen Anführern rühren lassen.[12]

Das ist sicher richtig. Es reicht aber nicht. Auch die Muslime in Deutschland und die Deutschen muslimischen Glaubens sind mit Forderungen konfrontiert. Sie sollten sich nicht auf theologische Fragen und Argumente reduzieren lassen. Sie sind nicht nur Gläubige, sondern immer auch Frau, Mann, Bürgerin und Bürger und meistens auch Demokratin und Demokrat. Der religiöse Glaube mag ihnen Halt geben. Er ist aber nicht als Grundlage für jede Entscheidung geeignet. Auch Muslime sollten ein Glas Wein genießen können, wann immer ihnen danach ist. Die Kritik eindimensionaler Menschen oder blutdürstiger Terroristen oder gescheiterter Existenzen hat nicht über die Religionszugehörigkeit ihrer muslimischen, christlichen oder jüdischen Mitmenschen zu befinden. Und erst recht kann keine noch so misslungene Biographie Mord und Terror rechtfertigen.

Dennoch: Der Satz »Gewalt und Terror haben nichts mit dem Islam zu tun« ist mehr denn je fehl am Platz, weil diese Gewalt und dieser Terror im Namen des Islam verübt werden. Der Terror hat eben auch etwas mit dem Islam zu tun, wenn sich Attentäter auf ihn berufen. Diese Behauptung wird die meisten Muslime berechtigterweise schmerzen. Es besteht aber kein Zweifel daran, dass der Islam einen »Imagewechsel« braucht. Die führenden Muslime müssen selbst die dafür notwendigen Angebote und Lösungen vorbereiten. Das Argument, dass die meisten der vier Millionen Muslime in Deutschland friedlich sind, mag faktisch richtig sein. Es wird aber richtigerweise darauf hingewiesen, dass die Debatte schon lange nicht mehr tatsachenorientiert, sondern emotional geführt wird. Deshalb reicht dieses Argument nicht mehr. Die betroffenen Muslime müssten sich gemeinsam der Verantwortung stellen und die Deutungshoheit über Religion wiedererlangen. Das ist eine Verantwortung, die ihnen niemand abnehmen kann. Sie müssten also lauter werden als die lauten Extremisten. Sie müssten die Jugendlichen schützen und aufklären – nicht für die anderen, sondern für ihre Religion. Sie müssten sich der Auseinandersetzung stellen, weitergehen und sich intensiver der Frage zuwenden, ob sie nicht endlich reif für das Modell eines europäischen Islams sind.[13]

Ratlosigkeit

Unabhängig von der tatsächlichen Zahl der Teilnehmer an Pegida-Demonstrationen und dem zukünftigen Schicksal dieser »Bewegung« ist das unverändert große Bedürfnis der Politik erkennbar, einfache Erklärungen und polemische Kategorisierungen anzubieten. Manche der gewählten (und selbsternannten) Verteidiger der Demokratie könnten sich stattdessen erst einmal ein Beispiel am Ausbildungs- und Tätigkeitsprofil der befragten »Pegida-Demonstranten« nehmen, das jedenfalls in der erstgenannten Studie deutlich wurde. Das wird natürlich nicht geschehen, weil ein entsprechender Vergleich nicht in allen Fällen zu rühmlichen Ergebnissen führen würde und nicht belegen könnte, dass Bildung und Verstand bei etlichen Amtsträgern (soweit vorhanden) zwangsläufig zu einer qualifizierten politischen Analyse führen. Die Vertreter der im Bundestag anzutreffenden Parteien dürften gleichwohl verstanden haben, dass die Ergebnisse ihrer Politik gerade in europäischen Angelegenheiten ein Unbehagen erzeugt haben, das sich mittlerweile in politisch relevanten Größenordnungen artikuliert. Die bemerkenswerte Entwicklung der AfD mit ihrer Themenauswahl (»Euro« und »Europa«) zeigt zusammen mit der wachsenden Organisation gesellschaftlicher Interessen, dass die Behauptungen der konventionellen Politik zur angeblichen Erforderlichkeit des europäischen Integrationsprozesses als phantasielose Floskeln empfunden werden, die vor allem die Realitätsferne der derzeit politisch Verantwortlichen dokumentieren.

Das gilt vermutlich nicht für die derzeit amtierende Bundeskanzlerin Angela Merkel. Für sie war es nach den Anschlägen von

Paris »wunderbar«, sich mit den vielen Menschen auf den Straßen und Plätzen der französischen Hauptstadt einig zu fühlen. Sie hat bei ihrem kurzen Gang in der Pariser Innenstadt – obwohl deutlich abgesetzt von der Masse der Demonstranten(!) – gespürt, dass die Freiheit für die allermeisten Menschen ein »Lebensbedürfnis« ist. Merkel ist sich sogar bewusst geworden, dass die von früheren Generationen erkämpfte Religions-, Meinungs- und Pressefreiheit nicht für alle Zeiten garantiert ist, sondern dass jede Generation neu für diese Werte eintreten muss. Sie hat auch erkannt, dass es islamistische Kräfte überall auf der Welt gibt und dass von ihnen eine terroristische Bedrohung ausgeht. Merkel behauptet, dass sie (»wir«) »alles« tut, damit Anschläge wie in Paris in Deutschland nicht geschehen, räumt aber ein, dass vergleichbare Angriffe auch in Deutschland nicht völlig auszuschließen sind. Sie macht schon ermutigende konkrete Vorschläge: Ersatzpersonalausweise für potentielle Terrorkämpfer sollen deren Ausreise verhindern! Zudem sollen Reisen beziehungsweise Aufenthalte in »Terrorcamps« bestraft werden. Natürlich soll auch die europäische Zusammenarbeit noch intensiviert werden einschließlich eines umfassenden Informationsaustauschs im Hinblick auf die Nutzung von Flugpassagierdaten und die internationale Kooperation der Nachrichtendienste.

Die Bundeskanzlerin weiß inzwischen sogar auch, dass viele Menschen ein »Unbehagen« spüren, vielleicht auch weil »wir« zu wenig über den Islam wissen. Sie hat die Frage »der Menschen« vernommen, wie man dem so oft gesagten Satz noch folgen kann, dass Mörder, die sich für ihre Taten auf den Islam berufen, nichts mit dem Islam zu tun haben sollen. Die »wichtige und dringliche« Klärung dieser »berechtigten« Frage will Merkel der »Geistlichkeit« des Islam überlassen, hält sie sich als Bundeskanzlerin doch für die »falsche Ansprechpartnerin« für die Auslegung theologischer Fragen. Es ist sehr zu hoffen, dass es sich dabei um eine dauerhafte Erkenntnis handelt. Immerhin hat Merkel schon selbst herausgefunden, dass die sehr vielen Muslime, die in Deutschland leben, »ein Teil« des Landes sind. Der »Salafismus« gehöre aber nicht zu Deutschland. Gleichzeitig wird betont, dass wir (wer?) »natürlich« auf dem Fundament der christlich-jüdischen Traditionen aus den vergangenen Jahrhunderten stehen. Man sei durch eine »gemeinsame Geschichte in Europa« gegangen und habe die Aufklärung erlebt, aus der sich »unsere heutige Werteordnung und unser Verhältnis von Staat und Glauben« entwickelt haben. Die Zugehörigkeit des Islam zu Deutschland ist für Merkel eine Realität unserer heutigen Gesellschaft. Dies schließe alle Menschen mitsamt ihrer Religion ein, die unsere Werteordnung teilen. Die Furcht vor einer Islamisierung Deutschlands hält sie jedenfalls nicht für berechtigt. Es bestehe eher für Christen die Notwendigkeit, noch mehr und selbstbewusst über ihre christlichen Werte zu sprechen und die eigenen Kenntnisse ihrer Religion zu vertiefen, zumal wegen der fortschreitenden Säkularisierung die Kenntnisse über das Christentum immer mehr zu wünschen übrig ließen. Für die Bundeskanzlerin geht es dabei um die Stärkung der eigenen Identität, zu der bei der Mehrheit immer auch noch die christliche Religion gehöre. Aber auch das sei keine klassische Aufgabe der Politik.

Etwas entschiedener wirkt diese Amtsträgerin bei der Beurteilung von Pegida. Merkel besitzt die seltene Fähigkeit, in die Herzen der Menschen zu blicken. Vor dieser Begabung sind auch die Personen nicht sicher, die zu diesen Demonstrationen aufgerufen haben. Dort hat sie »oft Vorurteile, Kälte, sogar Hass« entdeckt. Die Bundeskanzlerin empfiehlt den Menschen, »dem« nicht zu folgen. Sie enthüllt auch, dass es nicht zu ihren Amtspflichten gehört, Verständnis für jede Form von Demonstrationen zu haben. Merkel behauptet gleichzeitig, dass sie viele Probleme verstünde, die viele Menschen umtreiben, etwa die unbestreitbaren Fragen, die die Zuwanderung aufwirft, die »ansonsten« für »unser« Land ein Gewinn und im Übrigen unverzichtbar sei. Sie nimmt zur Kenntnis, dass es Kriminalität in den Großstädten und in bestimmten Grenzgebieten gibt, immerhin. Angeblich arbeitet die Bundesregierung systematisch an Lösungen. Aber bei den Pegida-Demonstrationen seien auch »andere Motive im Spiel«. Die in diesen Zusammenhängen im Internet anzutreffende hasserfüllte Sprache empfindet Merkel als abstoßend. Sie sei glücklicherweise nicht repräsentativ für unser Land.

Die gegenwärtig amtierende Bundeskanzlerin scheint ernsthaft zu glauben dass sie die Bürger und Bürgerinnen, die sich Pegida und AfD zugewandt haben, durch konkrete Politik und durch ernsthafte und beständige Arbeit an den Problemen, die die Menschen belasten, zurückgewinnen kann. Die Abwanderung von früheren CDU-Mitgliedern scheint sie nicht besonders zu beeindrucken, da alle Parteien Wählerinnen und Wähler an die AfD verloren hätten, dadurch der »Volksparteicharakter« der CDU aber nicht sehr geschwächt worden sei.

Den wachsenden Erfolg populistischer und radikaler Parteien und Bewegungen in Europa, die vor Überfremdung warnen, erklärt die Bundeskanzlerin mit den Auswirkungen der zunehmenden Globalisierung, auf die »manche« Menschen mit einem Rückzug ins Nationale reagierten in der trügerischen Annahme, jeder Staat für sich könne die Probleme besser lösen. Sie ist davon überzeugt, dass es uns nicht hilft, uns von anderen abzuwenden. Das schade vielmehr. Ohne die EU, ohne das transatlantische Bündnis und ohne eine enge »Zusammenarbeit« mit den ärmeren Länder der Welt seien die Probleme unserer Zeit nicht lösbar. Abschottung sei kein Konzept, um der Globalisierung zu begegnen, und schon gar keines, um unseren Idealen und auch der Intention unseres Grundgesetzes, dass die Würde des Menschen unantastbar ist, gerecht zu werden.

Im Januar 2015 sah Merkel keine Chance für Russland, an dem für Juni 2015 vorgesehenen »G-7-Gipfel« (früher G 8) teilzunehmen. In den Teilnehmern an dieser Veranstaltung sieht sie eine »Wertegemeinschaft«. Die »Annexion« der Krim stelle eine »eklatante« Verletzung des Völkerrechts dar, und das Geschehen in der Ostukraine beinhalte schwerwiegende Verstöße gegen die gemeinsamen Werte. Letztlich muss man sich darüber aber nicht allzu große Sorgen machen, arbeitet Merkel nach ihrer Selbstauskunft doch »beinahe täglich« daran, gemeinsam mit Russland alle

Möglichkeiten einer politischen Lösung des Konflikts auszuloten. Unterdessen hat sich aber an ihrer Überzeugung, dass die Sanktionen gegen Russland fortgesetzt werden müssen, nichts geändert, da es sich dabei nicht um einen Selbstzweck handele und die Gründe, die zu ihrem Beschluss führten, noch nicht entfallen seien. Man wolle sich im Frühjahr 2015 mit der Frage beschäftigen, wie es mit den Sanktionen der EU weitergehen soll. Nach heutigem Stand (Januar 2015) werden sie weiter in Kraft bleiben. Immerhin hat die verfassungsmäßige Oberbefehlshaberin erkannt, dass der Konflikt mit Russland militärisch nicht lösbar ist.

Die wirtschaftliche Destabilisierung Russlands liege aber auch nicht in ihrem Interesse und sei auch kein Ziel. Auf die angeblich »spekulative« Frage, ob, wann und wie die Sanktionen wirken und was passiert wäre, wenn es sie nicht gegeben hätte, seien ebenfalls nur spekulative Antworten möglich. Es bestehe jedenfalls eine Eintrittsverpflichtung im Hinblick auf das Selbstbestimmungsrecht der Länder und Völker. Es liege auch im Interesse der deutschen Wirtschaft, deutlich zu machen, dass man reagieren muss, wenn das »einst gemeinsame Verständnis« von territorialer Integrität nicht mehr von allen beachtet wird. Die Bundeskanzlerin hat sich jedenfalls die Wiederherstellung der territorialen Unversehrtheit der Ukraine zum Ziel gesetzt.

Im Übrigen ist Merkel davon überzeugt, dass die »übergroße« Mehrheit der Deutschen weiß, dass viele Probleme allein nicht mehr zu bewältigen sind und dass uns eine Gemeinsamkeit, wie wir sie in der EU haben, hilft, unsere Werte zu wahren und unsere Interessen durchzusetzen, ob im Handel oder bei den Klimaverhandlungen oder der Terrorismusbekämpfung. Die EU sei innerhalb weniger Jahre richtigerweise stark erweitert worden. Sie müsse immer wieder die Balance finden zwischen dem, was auf europäischer Ebene zu regeln ist, und dem, wofür besser weiterhin der Nationalstaat zuständig ist. Es habe »ohne Zweifel« einige Maßnahmen gegeben, die sicherlich nicht in Brüssel hätten geregelt werden müssen und die Menschen als ungerechtfertigte Einmischung in ihren Alltag empfunden hätten. Die Bundeskanzlerin glaubt, dass das europäische Projekt auch wieder stärker akzeptiert werde, wenn man sich darauf konzentrierte, nur Dinge gemeinschaftlich zu regeln, die anders nicht erfolgversprechend zu regeln sind. Die Briten müssten allerdings selbst davon überzeugt sein, dass die EU auch für sie ein wichtiges Projekt ist. Merkel ist angeblich nicht bereit, Europas Grundprinzipien in Frage zu stellen, zu denen auch die Freizügigkeit gehöre, zu deren Missbrauch es gemeinsame Auffassungen mit den Briten gebe.

Schließlich offenbart Merkel noch, dass ihre »ganze Arbeit im Zusammenhang mit der Euro-Krise« darauf abzielt, die Euro-Zone als Ganzes zu stärken, mit all ihren Mitgliedern, also einschließlich Griechenlands. Dabei sei man »weit fortgeschritten«. Griechenland habe sehr große Anstrengungen unternommen, die für viele Griechen erhebliche Opfer und Einschnitte bedeuten. Grundlage aller europäischen Bemühungen um Griechenland sei immer das »Prinzip Solidarität gegen Eigenanstrengung und Eigenverantwortung« gewesen. Dieses Prinzip gelte weiter in der Zusammenarbeit mit jeder griechischen Regierung. Die Bundeskanzlerin möchte, dass Griechenland in der Euro-Zone bleibt.[1]

Ihr Finanzminister, Wolfgang Schäuble, ist der Auffassung, dass sich Deutschland an die Regeln hält, die dem Euro Halt geben, räumt aber gleichzeitig ein, dass die Bundesregierung die 60-Prozent-Grenze (Schuldenstand) nicht beachtet hat, sondern Deutschland angeblich erst Ende 2017 unter 70 Prozent liegt. Die Politiker in Griechenland mahnt er gleichwohl unverzagt, dass sie nicht vor der Wahl mehr versprechen, als sie hinterher halten können. Dem Land attestiert er wie seine Chefin große Fortschritte. Die griechische Wirtschaft wachse schneller als die in vielen anderen Euro-Staaten. Griechenland habe mit seinen Schulden derzeit kein Problem, weil die Zinsen für »unsere« Kredite bis 2020, im Fall der EFSF-Kredite sogar bis 2023 gestundet werden. Das inzwischen wieder angesprungene Wachstum in Griechenland in Verbindung mit einer soliden Haushaltslage könne die Schuldenquote rasch sinken lassen. Der IWF sehe Griechenland bis Ende des Jahrzehnts bei einem Schuldenstand von 112 Prozent der Wirtschaftsleistung. Auch die nächste griechische Regierung müsse auf dem eingeschlagenen Weg weitergehen und sich an die Vereinbarungen halten.

Schäuble hat sogar registriert, dass die Griechen »ihren« Wahlkampf geführt haben. Er behauptet, dass »wir« das Ergebnis respektieren. Europa beruhe auf dem Prinzip der Freiheit, »auch der Freiheit, Mitglied zu werden, zu sein und zu bleiben«. Es beruhe auf dem Respekt vor den anderen, aber auch auf dem Respekt vor Regeln und getroffenen Absprachen, die wir alle einhalten sollten. Dessen ungeachtet sind nach den Erkenntnissen von Schäuble die griechischen Wähler frei, und ihre Politiker wissen angeblich um die Verantwortung, die sie für ihr Land tragen. Er hält es für ein Ergebnis der »Globalisierung«, dass die europäischen Staaten viel enger zusammengeführt wurden, als man sich dies vor 25 oder 30 Jahren hätte denken können. Der amtierende Finanzminister Deutschlands glaubt, dass kein Land dem Wettbewerbs- und Problemdruck allein noch standhalten kann. Der Euro sei der sichtbarste Ausdruck dafür. Nur wenn wir unseren Rang in der Welt halten, könnten die europäischen Staaten finanzieren, was ihren Bürgern wichtig ist. Das verdrängten jene, die in dieser Lage die Stabilitätsregeln für den Euro einfach abschütteln wollen, weil sie innenpolitisch unangenehm oder umstritten sind. Für Schäuble stellt sich daher auch die Frage nach der Rolle nationaler Regierungen und Parlamente. Er hat schon ganz allein herausgefunden, dass jeder in Europa von den Entscheidungen der anderen direkt betroffen ist. In diesem Sinne finde eine legitime europäische Debatte statt, die letztlich Teil einer europäischen Innenpolitik sei.

Den Islam in Europa hält Schäuble für eine Herausforderung, für den Islam selbst und für die europäischen Gesellschaften. Der freiheitliche Staat beruhe in Deutschland und in Europa auf dem Prinzip der weltanschaulichen Neutralität, also einer »abendländischen Errungenschaft«. Der Finanzminister meint, man müsse dem Islam helfen, sich diese Errungenschaft zu eigen zu machen. Dies gilt ihm als Schlüssel für die hier lebenden Muslime, um sich besser einzupassen in die Maßstäbe der hiesigen Gesellschaften.

Die Menschen, die nach den Anschlägen von Paris für Freiheit und Offenheit auf die Straße gehen, rechnet Schäuble zur oft zitierten »schweigenden Mehrheit«, die gegen Pegida und AfD eingestellt sei. Er versteht offensichtlich auch etwas von Psychologie und ist zu dem Ergebnis gekommen, dass immer dann, wenn es den Menschen gut geht, sie festhalten wollen, was ihnen so gefällt. Sie seien dann auch leichter ansprechbar für Populisten, die ihnen versprechen, alles könnte so bleiben, wie es ist. Neu ist für Schäuble, dass solche Gruppen viel härter für ihre Interessen kämpfen und sich manchmal dabei auch nicht um demokratische Mehrheitsentscheidungen oder Gerichtsurteile scheren. Da müssten die Mehrheit und die Politik dann Grenzen setzen. Er bietet zu alledem eine interessante Erklärung an. Es habe auch mit der Alterung unserer Gesellschaft zu tun. Eine wachsende Zahl der Älteren sei heute mehr oder weniger frei von materiellen Sorgen, und darum machten sich manche eben andere Sorgen. So sind nach der Wahrnehmung dieses Amtsträgers »die Menschen und die menschliche Existenz«. Seine Botschaft ist aber eine frohe: Es gebe keinen Grund, darüber zu verzweifeln.[2]

Man sollte ein wenig Geduld entwickeln, bis der eine oder andere Verantwortungsträger sein mehr oder weniger wichtiges Amt verloren hat und dann neben einer lukrativen »Anschlussverwendung« Zeit findet, sich mit den politischen Problemen zu beschäftigen, die er während seiner Amtszeit entweder selbst mitverursacht hat oder zumindest nicht lösen konnte. So verdankt die (Nach-)Welt erneut dem ehemaligen Bundesminister des Auswärtigen Joseph Fischer die ahnungsvolle Andeutung, dass die Euro-Krise vorbei zu sein scheint. Zumindest hätten sich die Finanzmärkte beruhigt, auch wenn der Wechselkurs gesunken ist und die Wirtschaft in den südlichen Krisenländern der EU nach wie vor darnieder liegt.

Wohl nicht zuletzt dank seiner mehr oder minder abgeschlossenen Berufsausbildungen, seiner wissenschaftlichen Vorbildung und seiner professionellen Erfahrungen auch jenseits der Politik ist diesem vormaligen Amtsträger die Erkenntnis zuteil geworden, dass die gesamte Euro-Zone unter mangelndem Wachstum und latenter Deflation leidet. Er scheint, wie so mancher Zeitungsleser auch, wahrgenommen zu haben, dass die Krisenländer von einer sehr hohen und anhaltenden Arbeitslosigkeit heimgesucht werden. Aber nicht nur diese Lesefrüchte werden in Tageszeitungen angeboten. Alle Europäer können dort erfahren, was der Außenminister a. D. Fischer noch so alles weiß. Bei seiner Wissensbasis ist er kaum verwundert darüber, dass angesichts der »offensichtlichen Unfähigkeit der Euro-Gruppe, die jahrelange Krise zu beenden oder den betroffenen Ländern wenigstens jenseits ritueller Sparappelle und einer harten Austeritätspolitik so etwas wie eine Wachstumsperspektive zu eröffnen, in vielen Mitgliedstaaten der EU die Geduld mit der Austeritätspolitik zu Ende geht«.

Dank der nacheilenden analytischen Kompetenz dieses ehemaligen Entscheidungsträgers kann jetzt jeder in Europa endlich auch wissen, dass dem europäischen Projekt aus dem politischen Raum »großes Unheil« droht. Der Bundesbürger Fischer weiß sogar, dass der Auslöser erneut Griechenland werden könnte. Die Wahlen vom 25. Januar 2015 verknüpfte er mit dem »hohen Risiko, dass die Linkssozialisten von der Partei Syriza gewählt werden«.

Fischer wusste sogar schon vorher, dass Syriza (nach einem Sieg) mindestens auf einer Neuverhandlung der Bedingungen für eine Rückzahlung der Finanzhilfen bestehen muss. Ihm ist auch klar, dass eine Syriza-Regierung nach einem eventuellen Scheitern der Verhandlungen »einseitige« Konsequenzen ziehen müsste, wollte sie nicht einen »gigantischen Betrug an ihren Wählern« begehen.

Fischer hat auch sonst vielen anderen Europäern etwas voraus. Er kann absehen, dass Neuverhandlungen nach einem Wahlsieg von Syriza und Zugeständnisse zu einem Schneeballeffekt im südlichen Krisengürtel der EU und in Frankreich führen werden, der die bisherige Austeritätspolitik »hinwegfegen« und die Krise in der Euro-Zone wieder »voll entflammen« lassen wird. Immerhin ist es selbst diesem anscheinend auch wirtschaftswissenschaftlich gebildeten ehemaligen Politiker nicht ohne weiteres möglich, die Reaktionen der Finanzmärkte auf eine solche Krise vorherzusagen. Er weiß aber, dass Griechenland selbst zu klein ist, um eine »echte Gefahr« für die Euro-Zone darzustellen. Mehr noch: In seinem wohlverdienten Ruhestand ist bei Joseph Fischer die Erkenntnis gereift, dass die Wahlentscheidung in Athen der Auslöser für eine »große politische Krise« werden kann, die dann auf Italien und – mit Verzögerung – auf Frankreich überspringt, die zweit- und drittgrößten Volkswirtschaften in der Euro-Zone.

Eine Wahlniederlage der Syriza hätte für ihn an ein »Wunder« gegrenzt. Sie hätte die Gefahr einer durch die Politik ausgelösten Krise nur in die Zukunft verlagert. Fischer hatte übrigens schon Mitte Januar 2015 herausgefunden, dass in Italien die Zeichen auf Sturm stehen und sich der Unmut der Italiener zunehmend nicht mehr nur gegen die Austeritätspolitik, sondern auch gegen den Euro als solchen richtet. Und wenn Italien erst einmal erfasst würde, drohe eine »französische Krise«. Zudem zeichne sich ein Grundsatzkonflikt mit Deutschland ab. Dies geschieht nach der Wahrnehmung von Fischer zu einem Zeitpunkt, wo sich in diesem Land ebenfalls eine rechte antieuropäische und deutschnationale Kraft in den Parlamenten und auf der Straße formiere, welche die Spielräume Berlins für einen Kompromiss erheblich einschränken werde. Dieser Grundsatzkonflikt sei dabei, zu einem deutsch-italienischen und, schlimmer noch, zu einem deutsch-französischen Konflikt zu werden. Das sei deshalb so riskant, weil damit die Grundkonstruktion nicht nur der Euro-Zone, sondern der gesamten EU gefährdet werde, es also um sehr viel »politischen Sprengstoff« gehe. Die Krise der Euro-Zone und die von Beginn an stattfindende Verweigerung »echter europäischer Lösungen« in Richtung auf mehr Wirtschaftswachstum haben nach den neuesten Erkenntnissen von Fischer in ganz erheblichem Maße zu einer Wiedergeburt des Nationalismus innerhalb der EU beigetragen. Diese »Tendenz zur Renationalisierung« habe sich bereits im Ergebnis der Europa-Wahlen im Frühjahr 2014 gezeigt, bei der »fremdenfeindliche, antieuropäische und nationalistische Parteien« sehr gut abschnitten.

Fischer teilt mit, dass dieser Trend ungebrochen anhält. Er empfindet die Entwicklung als »besonders bizarr«, weil kein Problem, vor dem Europa heute steht oder morgen stehen wird, allein und national besser zu lösen sein werde, als dies innerhalb der EU und innerhalb eines festen politischen Gemeinschaftsrahmens der Fall sei, eine Einsicht mit äußerst überschaubarem Originalitätsgrad. Als »besonders absurd« gilt ihm angesichts der europäischen Demographie die in Europa grassierende Fremdenfeindlichkeit, »ja der Hass auf Zuwanderer«, die ein immer älter werdendes Europa dringend und in immer größerer Zahl benötigen werde.

Fischer ist auch erstaunt darüber, wie wenig es in Europa zum Skandal wurde, dass »Wladimir Putins Russland« ganz offensichtlich auf die neuen und alten Nationalisten in der EU setzt und über einen Millionenkredit einer russischen Bank für den französischen Front National sogar zu deren Finanzierung beitrage, also autoritäre Weltbilder, nationalistische Werte und eine kräftige Dosis Antiamerikanismus sich offensichtlich doch sehr verbinden. Die EU sehe sich deswegen gegenwärtig durch einen »reaktionären Nationalismus« sowohl von außen als auch innen bedroht, dessen sie sich dringend erwehren müsse. Nach der Vorstellung von Fischer kann diese Gegenwehr nicht Anpassung an die neuen oder alten Nationalisten heißen.

Er lässt das deutsche Volk sogar noch wissen, dass die Auswirkungen schon länger den politischen Raum erreicht haben. Dort laden sie sich angeblich gefährlich auf. Deswegen, so seine Prophezeiung, werde die nächste Krise des Euro auch in Gestalt einer politischen Krise daherkommen. Man müsse daher die Frage aufwerfen, worauf die Verantwortlichen in Berlin, Brüssel und in den anderen Hauptstädten der EU eigentlich noch warten wollen, ehe sie ihre Politik zu ändern bereit sind. Diese Politik habe die absehbaren und gefährlichen Entwicklungen »ganz offensichtlich« mit verursacht und bis heute verstärkt. Fischer wird von dem Gefühl beschlichen, Zeuge eines Zusammenstoßes zweier Züge in Zeitlupe und mit Ankündigung zu sein.

Leider erfährt man nichts darüber, ob dieser jetzt außenstehende Beobachter in der Zeit seiner Verantwortlichkeit an maßgeblicher Stelle daran beteiligt war, dass die Weichen falsch gestellt wurden. Für solche Kleinigkeiten hat Fischer aber jetzt keinen Blick mehr. In seinem derzeitigen Horizont liegt dafür Großbritannien, das sich »stetig und scheinbar entschlossen« in Richtung Ausstieg aus der EU bewegt. Er zählt die Gefahr eines »Brexit« jedenfalls auch schon zum aktuellen Gesamtbild der Krisengefahr für die EU, ein Szenario, das in der Tat dafür spricht, dass 2015 ein spannendes Jahr für Europa wird.[3]

Neben diesen termingerechten Unkenrufen, die sich angesichts der allgemein bekannten tatsächlichen Umstände sehr scharf an der Grenze zur Banalität bewegen, hätte man sich im Hinblick auf die Zukunft der EU von der amtierenden und der »pensionierten« politischen Elite des immerhin stärksten Mitgliedstaats auch differenziertere und präzisere Ausführungen über strategische Risiken und konkrete Gefährdungen für den Zusammenhalt in Europa vorstellen können.

Schlussbemerkungen

Am Horizont Europas ziehen dunkle Wolken auf. An den östlichen Grenzen der EU finden militärische Auseinandersetzungen in und zwischen Nachbarstaaten statt. Nach den Ergebnissen der europäischen Wahlen im Mai 2014 scheint das Gespenst des Nationalismus jeden Tag stärker zu werden. Die anhaltende globale Finanzkrise, Turbulenzen innerhalb der Europäischen Währungsunion, eine obszön hohe Arbeitslosquote insbesondere unter den Jugendlichen in Europa und wachsende Zuwanderung stellen den Gemeinsinn in Europa auf die bislang größte und schwierigste Probe. Die Politik scheint aber weder in der EU noch in den Mitgliedstaaten auf die damit verbundenen Bedrohungen des Zusammenhalts und des Friedens angemessen vorbereitet zu sein. Die Skepsis gegenüber den Institutionen Europas und staatlicher Autorität in den Mitgliedsländern dürfte deshalb weiter wachsen.

Schon nach einem kurzen Blick auf Russland und die Ukraine sollte jedem klar sein, dass in mancher Hinsicht für regierungsamtliche Nabelschau keine Zeit mehr ist. Im Januar 2015 verfügte die Regierung der Ukraine immerhin schon eine Teilmobilmachung. Die separatistischen Kräfte erklärten wenig später, dass sie auf ihrer Seite 100 000 Mann mobilisieren würden. Der zu dieser Zeit von Russlands Präsident Putin vorgelegte »Friedensplan« für die Ostukraine besteht vor allem aus dem Vorschlag, schwere Waffen mit Kalibern von mehr als hundert Millimetern hinter bestimmte Linien zurückzuziehen, ein Vorschlag, den Kiew angeblich abgelehnt hat. Die Aufforderung zum Rückzug schwerer Artillerie erging zwar auch an die prorussischen Separatisten – mit der Einschränkung, dass Moskau auf sie keinen Einfluss habe und Russland auch keine Kriegspartei sei.

Es gehört wohl zu der in der Politik verbreiteten »Logik«, dass die Separatisten von Russland anstelle von Kritik gleichzeitig Verständnis ernteten. Die Selbststilisierung Putins als »Friedensfürst« wird von Beobachtern jedoch als zynisch empfunden.[1]

Auf der Gegenseite sind für den ukrainischen Präsidenten Petro Poroschenko die Ablehnung seines Friedensplans und die bisherige Weigerung Russlands, das Minsker Abkommen zu unterschreiben, Belege dafür, dass Moskau sehr wohl Kriegspartei ist. Aus dieser Sicht werden die martialischen Töne aus der Ukraine teilweise nachvollziehbar. Es geht wieder einmal um das Übliche, wenn der Verstand, soweit überhaupt vorhanden, bei Politikern aussetzt: »Blut, Schweiß, Tränen, Heldentum, Patriotismus und Mut«. Die Konsequenzen des immer wieder evident werdenden Intelligenzmangels müssen jetzt schon Jugendliche in der Ukraine ausbaden. Sie sind zu den Waffen gerufen, um die mehr oder minder glorreiche ukrainische Armee zu unterstützen. Das ist nicht nur eine Tragödie. Es ist ein Versagen, das mit seinen ethischen Implikationen weit unter der miesesten Ebene üblicher Politpornographie liegt. Es bleibt abzuwarten, ob die Außenminister der EU daran etwas zu ändern vermögen.

In den letzten Tagen des Januar 2015 bestritt der russische Außenminister Sergei Lawrow, dass auch reguläre russische Truppen in der Ostukraine kämpfen. Dem »Westen« warf er Waffenlieferungen vor. Demgegenüber forderte der ukrainische Präsident Petro Poroschenko Russland auf dem Weltwirtschaftsforum in Davos 2015 auf, sofort die Waffen niederzulegen und seine Truppen sowie militärisches Gerät aus der Ukraine abzuziehen. Ihm lägen Erkenntnisse vor, nach denen sich 9 000 russische Soldaten, 500 Panzer und andere schwere Geräte auf ukrainischem Boden befänden. Er betonte, dass die Bevölkerung in der Ukraine noch nie so einig und noch nie so »proeuropäisch« gewesen sei.[2]

Zur gleichen Zeit hat die Bundesregierung Putin Gespräche zwischen der EU und der Eurasischen Union über Möglichkeiten einer gemeinsamen Kooperation in einem gemeinsamen Handelsraum in Aussicht gestellt. Dieses »dezente« Angebot verknüpfte die Bundeskanzlerin auf dem Wirtschaftsgipfel in Davos 2015 allerdings mit der Bedingung beziehungsweise Voraussetzung einer umfassenden Friedenslösung in der Ukraine. Sie wurde von ihrem Vizekanzler Gabriel überboten, der eine Diskussion in der EU darüber anregte, was man Russland für die Zeit nach dem Krieg anbieten könnte. Bei allem war die Rede von einem »Handelsraum zwischen Lissabon und Wladiwostok«, eine Formel, die von Putin stammt. Sie wird aber erst dann Wirklichkeit werden können, wenn sich die dauerhafte Wirkung des Minsker Abkommens, also eines Waffenstillstands, abzeichnet. Ein erster Schritt in diese Richtung könnte darin liegen, dass der vereinbarte Abzug schwerer Waffen aus einer Pufferzone ebenfalls erfolgt und nicht rückgängig gemacht wird. Das war aber zum Zeitpunkt der Drucklegung dieses Buches nicht seriös zu beurteilen.

Für Skepsis gab es auch deshalb Anlass, weil in jenen Tagen 13, nach anderen Meldungen acht Menschen (Zivilisten) beim Einschlag einer Granate an einer Bushaltestelle in Donezk starben. Nur wenige Tage später erfolgte aus einem von Separatisten gehaltenen Bereich ein weiterer schwerer Granatenangriff, auf die Stadt Mariupol, bei dem mehr als dreißig Menschen gestorben sein sollen. Daraus hat der amtierende deutsche Außenminister, dem es zuvor seit Monaten mit seinen Kollegen nicht gelungen war, einen Waffenstillstand zwischen den prorussischen Kräften und der ukrainischen Armee zu vermitteln, geschlossen, dass in der Ostukraine wieder die Kriegstreiber den Ton angeben.[3]

Das war eine Lektion aus dem »Lehrbuch der schwarzen Kriegsführung«: Kaum hatten die Außenminister Russlands, der Ukraine, Deutschlands und Frankreichs am 21. Januar 2015 in der »Villa Borsig« in Berlin bei einem Zusammentreffen etwas erreicht, was der deutsche Außenminister immerhin schon als einen »wahrnehmbaren Fortschritt« bezeichnete, kam die »Granate aus dem Nichts«. Der diplomatische Sachverstand reichte nicht aus, das alte Muster des »Spiels« zu ändern: Zivilisten sterben im

Bombenhagel, und jede Seite beschuldigt die andere. Aus der Sicht der Separatisten haben die »Faschisten« aus Kiew die »friedliche Bevölkerung« bombardiert. In Kiew behauptet man dagegen, dass die »Terroristen« ins eigene Gebiet schössen, um die Menschen gegen die angeblich illegitime Führung aufzubringen. Für Moskau und die Separatisten kam die Attacke natürlich gelegen. Sie wären aufgrund von Versprechungen des russischen Außenministers wenige Stunden zuvor nämlich zum Rückzug verpflichtet gewesen, eine Maßnahme, über die man dann nicht mehr reden musste, hat Putin den erstgenannten Granateneinsatz doch als »Verbrechen« bezeichnet.

Die Kämpfe gehen trotz der Berliner Vereinbarungen weiter. Ende Januar 2015 fiel nach 242 Tagen pausenloser Angriffe der Flughafen von Donezk weitgehend zerstört in die Hände der Separatisten. Gleichzeitig starben in den neun blutigsten Tagen dieses Monats seit dem Beginn des »Waffenstillstands« im September 2014 nach Angaben der Vereinten Nationen 262 Menschen – ohne Berücksichtigung der möglichen russischen Verluste, die nach anderen Quellen allein für die Tage des Sturms auf den Flughafen mit 382 beziffert werden. Die Vereinten Nationen haben Ende Januar 2015 die Verluste mit 5 086 seit Beginn des Konflikts im Frühjahr 2014 beziffert. Nach Schätzungen anderer Beobachter kommen die Verluste der »nicht anwesenden« russischen Armee hinzu: 5 500 Menschen.[4] Es bleibt abzuwarten, welche klugen Bemerkungen den amtierenden Außenministern von ihren Mitarbeitern zu dieser vermutlich fortzuschreibenden »Leistungsbilanz« vorgelegt werden und wie beeindruckend die in den TV-Nachrichtenspots dargestellte unvermeidliche und tief empfundene allseitige und jeweils aktualisierte »Betroffenheit« sein wird.

Es ist eine immer wieder gern zitierte Binsenweisheit, dass in einem Krieg die Wahrheit das erste Opfer ist. Das gilt auch aktuell in Kiew wie in Moskau, in Brüssel wie in Berlin. Während Poroschenko eine Stärkung der ukrainischen Streitmacht durch Einberufung von Jugendlichen anstrebt, angeblich auch immer mehr

Freiwillige registriert und vollmundig erklärt, dass er jeden Flecken der Ukraine zurückholen wird, ermöglicht Russland den Anmarsch von Panzern und Bewaffneten mit ungeklärtem Rechtsstatus in Richtung Westen.

Politiker rechtfertigen nicht immer (fast nie) das Vertrauen, das ihnen erstaunlicherweise (das heißt unverständlicherweise) immer wieder entgegengebracht wird. Wenn es um bestimmte Zusagen, etwa den Rückzug schwerer Waffen geht, ist ausgeprägtes Misstrauen immer angebracht.

Außenpolitisch Interessierte glauben aber tatsächlich, dass man den Außenministern Russlands und der Ukraine trauen sollte, weil es gegenwärtig (zu Beginn des Jahres 2015) keine andere Option gäbe. Gleichzeitig wird allerdings auch behauptet, dass Deutschland als Vermittler »gebetsmühlenartig« versuche, die beiden Parteien zur Räson zu bringen. Dabei werde auch eine »andere Wahrheit« deutlich: Weder Russland noch die Ukraine hätten ein Interesse an einer Beruhigung. Beide zerstörten lieber die Glaubwürdigkeit des Vermittlers Deutschland, der außer »warmen Worten« wenig zu bieten habe. Man schließt aber nicht aus, dass sich dies ändern könnte, wenn Putin den Verlockungen einer neuen ökonomischen Kooperation erliegt und den »zarten Lockrufen etwa aus Davos« lauscht. Aber die Problematik liegt auf der Hand: Wer will heute über eine Kooperation mit Russland nachdenken, solange die Waffen des Landes im Donbass aufkreuzen? In der Tat: »Der Weg zurück zur Wahrheit ist lang und mühsam.«[5]

Die folgenden Thesen sind ein unvollkommener Versuch, die bisherigen Erfolge und die fortbestehenden Herausforderungen der europäischen Einigung jenseits des derzeitigen Ukraine-Konflikts grundsätzlich und in wenigen anderen Teilbereichen abschließend anzudeuten:

- Die EU ist nach wie vor das erfolgversprechendste Format zur Verwirklichung all der politischen und humanistischen Ideale, die sich im Laufe einer bewegten und oft schwierigen Geschichte auf dem europäischen Kontinent entwickelt haben.

- Die Einhaltung der gemeinschaftsrechtlichen vertraglichen Verpflichtungen der Mitgliedstaaten der EU bietet die beste Gewähr für ein friedliches Zusammenleben und für den weiteren Ausbau des bereits im europäischen Binnenmarkt entstandenen Wohlstands.

- Unter dem Druck der anhaltenden Finanzkrise wird der integrationspolitische Fortschritt in Europa ernsthaft bedroht.

- Die bisherigen Anstrengungen zur Festigung der Europäischen Währungsunion haben noch nicht zu einem hinreichenden und nachhaltigen Schutz des Euro geführt.

- Die Staatsverschuldung in großen Mitgliedstaaten der EU hat auch im Hinblick auf das Zusammengehörigkeitsgefühl ihrer Bürger eine zersetzende Wirkung.

- Die unterschiedliche Entwicklung nationaler Volkswirtschaften innerhalb der EU hat zur gemeinschaftsschädlichen Politisierung wirtschaftlicher Konkurrenz geführt.

- Die Wahlen zum Europäischen Parlament im Jahre 2014 haben signalisiert, dass nationales Denken wieder eine reaktionäre Kraft erlangt hat.

- Wegen der aktuellen wirtschaftspolitisch begründeten divergenten Interessen zwischen großen Mitgliedstaaten der EU werden Nationalismen auch im Zuge währungspolitischer Prozesse nicht abgeschliffen, sondern zugespitzt.

- Die Eindämmung eines aufkommenden nationalstaatlichen Egoismus stößt auch deshalb auf Schwierigkeiten, weil innerhalb der EU das Dilemma zwischen Eliten- und Basisdemokratie nicht aufgelöst ist.

- Die Krise der Staatsfinanzen in den Mitgliedstaaten der EU und der Ausbau der Europäischen Währungsunion sind zur Nagelprobe für Solidarität in Europa geworden.

- Der europäischen Währung wird fälschlicherweise eine kausale Wirkung dafür zugeschrieben, dass fast alle Staaten der westlichen Welt über Jahrzehnte über ihre Verhältnisse gelebt und gigantische Schuldenberge angehäuft haben, weshalb auch der Begriff »Euro-Krise« unangebracht ist.

- Das für die Europäische Währungsunion bestehende Risiko rührt auch daher, dass in den Büchern europäischer Banken nach wie vor eine unüberschaubar große Menge »fauler« Kredite steckt und die bisherigen Absicherungsmaßnahmen nur den Charakter einer Symptombehandlung haben.
- Die Erfolge von Währungsabsicherungen bleiben so lange begrenzt, bis sich die EU auch und gerade in diesem Bereich nicht zu einer echten politischen Union fortentwickelt hat.
- Die Europäische Zentralbank bewegt sich mit ihren Beiträgen zur Sicherung der Geldwertstabilität hart an den Grenzen ihres Mandats und ist jetzt schon zu einem politischen Akteur geworden, dessen demokratische Legitimation noch nicht hinreichend präzise geklärt ist.
- Im Zuge der Euro-Rettungspolitik ist insbesondere im Streit mit Großbritannien und der Tschechischen Republik die eigentliche Bruchstelle des europäischen Institutionengefüges offengelegt worden, zumal zwischenstaatliche Notmaßnahmen schon sehr früh das EU-Gemeinschaftssystem geschwächt hatten.
- Bedauerlicherweise ist die wirtschaftliche Vorteilhaftigkeit der Mitgliedschaft in der Europäischen Union und in der Währungsunion immer noch umstritten, so dass sich auch die politischen Hoffnungen und Erwartungen in ihre Kraft zur integrationspolitischen Förderung noch nicht erfüllt haben.
- Man scheint immer noch nicht begriffen zu haben, dass die offensichtlichen Probleme der Gemeinschaftswährung in einem disparaten Wirtschaftsraum nicht dadurch zu lösen sind, dass man mal eben den Klub verkleinert oder gar auflöst oder einen »Nord-Euro« und einen »Süd-Euro« bastelt.
- In Europa stellt sich die vorrangige Herausforderung einer Haushaltskonsolidierung und einer Angleichung der Wettbewerbsfähigkeit in und zwischen den Mitgliedstaaten der EU.
- Jenseits wirtschaftlicher Rationalität wird man sich auch mit dem historischen Auftrag Europas beschäftigen müssen, zu dem nicht nur Wohlstandsmehrung, sondern auch soziale Gerechtigkeit und Friedenssicherung gehören.

- Europa ist und bleibt zu wichtig, um es Politikern, Bürokraten, Experten und Gerichten zu überlassen. Die EU kann nur dann ein weltweit respektiertes Zukunftsmodell werden, wenn es sich in eine »Herzensangelegenheit« der großen Mehrheit von 500 Millionen Bürgern verwandelt hat.

Abkürzungen

ABS	Asset Backed Securities
AEUV	Vertrag über die Arbeitsweise der Europäischen Union
AfD	Alternative für Deutschland
BIP	Bruttoinlandsprodukt
DGB	Deutscher Gewerkschaftsbund
EFSF	European Financial Stability Facility
EIB	Europäische Investitionsbank
ESM	European Stability Mechanism/Europäischer Stabilitäts-mechanismus
EU	Europäische Union
Eurostat	Europäische Statistikbehörde
EZB	Europäische Zentralbank
Fed	Federal Reserve System
FN	Front National
IWF	Internationaler Währungsfonds
Nato	North Atlantic Treaty Organisation
OMT	Outright Monetary Transactions
PD	Partito Democratico
Pegida	Patriotische Europäer gegen die Islamisierung des Abendlands
UK	United Kingdom
Ukip	United Kingdom Independence Party
UMP	Union pour un mouvement populaire

Anmerkungen

VORWORT

1 Einführend: Hartan 1977; Bernard 1993; Auernheimer 1981; Kissinger 1986; Fink 1989; Siemann 2010; Williams 2011; Müchler 2012; Duchhardt 2013; Krause 2013; Platthaus 2013; King 2014; Lentz 2014; Straub 2014; Zamoyski 2015.

2 Jewgenij Buschinski, »Dann muss man einen Dritten Weltkrieg beginnen«, in: *Süddeutsche Zeitung*, 31. Januar 2015, S. 8.

3 http://www.t-online.de/nachrichten/ausland/eu/id 72417850/in-europa-wächst-die-skepsis-gegenüber-gegenueber-der-eu.html (9. Januar 2015).

EINLEITUNG

1 Philipp Blom, »Wir sind nur eine Affenart«, in: *Wiener Zeitung*, extra, 21./22. Juni 2014, S. 38 f.

2 Zum Versagen eines Teils der in der deutschen Öffentlichkeit auftretenden »Meinungselite« im Hinblick auf die Erklärung der Kapitalismuskrise: Krüger 2013.

3 Grundsätzlich über »Herrschaft durch Geldpolitik«: Gebauer 2015, S. 58 ff.

4 Günther Nonnenmacher, Der Weg ist das Ziel, in: *Frankfurter Allgemeine Zeitung*, 23. Juni 2014, S. 8.

5 In diesem Sinne: Reinhard Müller, Europa an der Grenze, in: *Frankfurter Allgemeine Zeitung*, 23. Juni 2014, S. 1.

6 Brunkhorst 2014, S. 7.

SPALTPILZE

1 Giacché 2013, S. 103 ff.

2 So sieht das Trojanow 2013, S. 80.

3 Gerhard Wegner, Moralische Ökonomien und die Anerkennung von Vielfalt – Das Problem der europäischen Solidarität, in: Schoenauer (Hg.) 2014, S. 164.

4 Dieses und die folgenden Zitate: Sloterdijk 2013, S. 49–53.

5 Insgesamt: Karl Heinz Bohrer, Vergesst die Utopie!, in: *Die Zeit*, 10. Juli 2014.

6 So Paul Michael Lützeler, Europa ist eine uralte Tatsache, in: *Die Zeit*, 24. Juli 2014.

7 Wulff 2014, S. 138. Ausführlich: Huntington 1998, passim. Grundsätzlich und instruktiv: Roy 2011.

8 Zitiert nach: Jochen Buchsteiner, Angriff auf »britische Werte«, in: *Frankfurter Allgemeine Zeitung*, 16. Juni 2014, S. 1.

9 Zur ungebrochenen Macht der Public-School- und Oxbridge-Absolventen: Hartmann 2007, S. 33.

10 Vgl. insgesamt: Henning Klodt, Warum die EU im Stimmungstief ist, in: *Frankfurter Allgemeine Zeitung*, 24. Februar 2014, S. 18.

11 Über Europas Zukunft und die »deutsche Hegemonie«: Bolaffi 2014, S. 229.

12 So wörtlich Geppert 2013, S. 160.

13 So insgesamt: Ludger Kühnhardt, Die Europa-Rettung, in: *Frankfurter Allgemeine Zeitung*, 7. März 2014.

MARSCH DURCH DIE INSTITUTIONEN

1 Grundsätzlich über die Macht der Finanzmärkte: Schick 2014, S. 65 ff.

2 Hayek 1977, passim.

3 So interpretiert Hennecke (2010, S. 43) die Perspektive von Hayek.

4 So schon: Hetzer 2014, S. 381 f.

5 In diesem Sinne: Marc Beise, Was Europa braucht, in: *Süddeutsche Zeitung*, 27. Mai 2014, S. 11.

6 Dazu: Herzog 2014, S. 38 ff.

ZUMUTUNG UND ZUTRAUEN

1 Unter Autoritatismus versteht man in der Politikwissenschaft eine diktatorische Form der Herrschaft, die zwar zwischen Demokratie und dem diktatorischen Totalitarismus liegt, sich von diesem aber klar unterscheidet.

2 So wörtlich und insgesamt: Bernd Ulrich, Trotzdem eine gute Wahl, in: *Die Zeit*, 28. Mai 2014, S. 1.

3 So Robert Rossmann, Das Merkelsche Paradox, in: *Süddeutsche Zeitung*, 27. Mai 2014, S. 2.

4 Christoph Hickmann, Gabriels Partnerwahl, in: *Süddeutsche Zeitung*, 27. Mai 2014, S. 2.

5 Werner Mussler, Europas Herz schlägt anderswo, in: *Frankfurter Allgemeine Zeitung*, 2. Juni 2014, S. 15.

6 Insgesamt: Jürgen Habermas, Europa wird direkt ins Herz getroffen, in: *Frankfurter Allgemeine Zeitung*, 30. Mai 2014, S. 9.

7 Werner Mussler, Europas Herz schlägt anderswo, in: *Frankfurter Allgemeine Zeitung*, 2. Juni 2014, S. 15.

8 Trilog-Verhandlungen sind in den EU-Verträgen dann vorgesehen, wenn der Rat den Änderungsvorschlägen des Parlaments aus zweiter Lesung nicht zustimmt. In diesem Fall erfolgen formelle Trilog-Verhandlungen im Rahmen eines Vermittlungsausschusses. Unter einem Trilog versteht man also paritätisch zusammengesetzte Dreiertreffen zwischen den in den gesetzgebenden Prozessen der EU involvierten Institutionen – der Europäischen Kommission, dem Rat der Europäischen Union und dem Europäischen Parlament.

9 Udo Di Fabio, Eine demokratische Zäsur?, in: *Frankfurter Allgemeine Zeitung*, 10. Juni 2014, S. 7.

ERDBEBEN UND ABSCHIED

1 Vgl. Christian Wernicke, Frontgedanken, in: *Süddeutsche Zeitung*, 27. Mai 2014, S. 2.

2 So Nils Minkmar, Der Camembert-Faschismus, in: *Frankfurter Allgemeine Zeitung*, 27. Mai 2014, S. 11.

3 Zu den Einzelheiten: Stefan Ulrich/Christian Wernicke, Zerfallserscheinungen, in: *Süddeutsche Zeitung*, 28. Mai 2014, S. 6.

4 So insgesamt: Michaela Wiegel, Frankreich in der Krise, in: *Frankfurter Allgemeine Zeitung*, 30. Mai 2014, S. 1.

5 Marine Le Pen, Achtung Frau Merkel, in: *Der Spiegel*, 2. Juni 2014.

6 So Günther Nonnenmacher, Die französische Depression, in: *Frankfurter Allgemeine Zeitung*, 4. Januar 2014.

7 Nachweise bei Christian Zaschke, Big Bang, in: *Süddeutsche Zeitung*, 27. Mai 2014, S. 3.

8 Vgl. insgesamt: Mitziehen oder ausscheiden – Die Europäische Union sollte sich von Großbritannien nicht länger erpressen lassen, in: *Der Spiegel*, 2. Juni 2014.

9 In verschiedenen Verträgen der Europäischen Gemeinschaft und der Europäischen Union sind einzelnen Mitgliedstaaten Ausnahmeregelungen (Opt-out) zugestanden worden. Bei der Überführung des »Schengenrechts« in das EU-Recht haben zum Beispiel Großbritannien und Irland Ausnahmeklauseln durchgesetzt, wonach dieses Recht bis auf geringe Ausnahmen auf die beiden Staaten so lange keine Anwendung findet, bis diese einen gesonderten Anwendungsantrag stellen.

10 Vgl. dazu: Thomas Mayer, Camerons Doppelspiel mit EU-Austritt, in: *Der Standard*, 3. Juni 2014, S. 4.

11 Zu weiteren Einzelheiten: Nico Fried, Christian Zaschke, Edelmänner gegen Juncker, in: *Süddeutsche Zeitung*, 3. Juni 2014, S. 6.

12 So auch Christian Zaschke, Ein europäischer Staat, in: *Süddeutsche Zeitung*, 4. Juni 2014, S. 4.

13 Zitiert nach: *Frankfurter Allgemeine Zeitung*, 1. Juli 2014, S. 18 (Der Albtraum vom »Brexit«).

14 Jochen Bittner, Schön gestört, in: *Die Zeit*, 5. Juni 2014, S. 1.

15 *Frankfurter Allgemeine Zeitung*, 11. Juni 2014, S. 18 (»EU-Austritt würde vor allem den Briten schaden«).

16 Zitiert nach Scharnagl 2014, S. 161.

17 Sinngemäß auch: Cerstin Gammelin, Europas Demokratie, in: *Süddeutsche Zeitung*, 11. Juni 2014, S. 4.

18 So Matthias Krupa, Der falsche Mann, in: *Die Zeit*, 12. Juni 2014.

19 David Cameron, Nichts gegen Herrn Juncker, in: *Süddeutsche Zeitung*, 13. Juni 2014, S. 4.

20 So Cerstin Gammelin, Das Problem Juncker, in: *Süddeutsche Zeitung*, 18. Juni 2014, S. 4.

21 Thomas Avenarius, Ende einer Ordnung, in: *Süddeutsche Zeitung*, 13. Juni 2014, S. 4.

22 Es handelt sich um eine Zeile aus einem patriotischen Lied des englischen Komponisten Thomas Augustine Arne (1710–1778) und der Texter James Thomson und David Mallet. Das Lied galt und gilt als »inoffizielle Nationalhymne von Großbritannien«. Gelegentlich wird dieser Textteil mit »Waive Britannia, Britannia waives the rules« (Ignoriere, Britannia, Britannia ignoriere die Regeln) persifliert (vgl. de.wikipedia.org).

23 Vgl. dazu: Nikolaus Blome, Horand Knaup, Peter Müller, Christoph Schermann, Gregor Peter Schmitz, Severin Weiland, Zu viele eckige Kreise, in: *Der Spiegel*, 7. Juni 2014.

24 Daniel Brössler, Doppelte Mission, in: *Süddeutsche Zeitung*, 13. Juni 2014, S. 6.

PÖBELPOLITIKER

1 Zitiert nach: Christian Zaschke, Ein bisschen siegen, in: *Süddeutsche Zeitung*, 1. Juli 2014, S. 3.

2 Zitiert nach: Daniel Brössler, Eine Verbeugung mit Machtanspruch, in: *Süddeutsche Zeitung*, 16. Juli 2014, S. 6.

3 So Werner Mussler, Zustimmen leicht gemacht, in: *Frankfurter Allgemeine Zeitung*, 16. Juli 2014, S. 2.

4 Cerstin Gammelin, Ein liebenswertes Europa, in: *Süddeutsche Zeitung*, 16. Juli 2014, S. 6.

5 Nikolaus Busse, Europäischer Präzedenzfall, in: *Frankfurter Allgemeine Zeitung*, 30. Juni 2014, S. 1.
6 So die Einschätzung von Stefan Ulrich, Neustart des Altmeisters, in: *Süddeutsche Zeitung*, 16. Juli 2014, S. 4.
7 So Christian Zaschke, Der neue Klang der Tories, in: *Süddeutsche Zeitung*, 16. Juli 2014, S. 4.

FEUILLETONISTISCHE VERIRRUNGEN

1 Wer sich einer Lektüre dennoch nicht entziehen will: John F. Jungclaussen, Ein Pfund für Europa!, in: *Die Zeit*, 18. Juni 2014.
2 Wehler 2014, S. 20–23.
3 Ebd., S. 27 ff., 31 ff.
4 Insgesamt: Meinhard Miegel, Die unerwiderte Liebe der Menschen zum Kapitalismus, in: *Frankfurter Allgemeine Zeitung*, 18. August 2014, S. 13.
5 So Rietzschel 2014, S. 34 f.
6 So insgesamt: Holger Steltzner, Der Alleingang des Vizekanzlers, in: *Frankfurter Allgemeine Zeitung*, 20. Juni 2014, S. 17.
7 Karl-Peter Schwarz, Attraktives Europa, in: *Frankfurter Allgemeine Zeitung*, 30. April 2014, S. 8.
8 Vgl. insgesamt: Marcus Theurer, Eine Brücke für die Briten, in: *Frankfurter Allgemeine Zeitung*, 25. Juni 2014, S. 19.
9 Hanno Mußler, Der Osten hat zu wenig daraus gemacht, in: *Frankfurter Allgemeine Zeitung*, 29. April 2014, S. 15.

AUF DIE BARRIKADEN!

1 So insgesamt: Andreas Zielcke, Union ohne Bürger, in: *Süddeutsche Zeitung*, 20. Juni 2014, S. 8.
2 Rosenkranz 2014, passim.
3 Zutreffend: Encke 2014, S. 21 f.
4 Vgl. insgesamt: Hardy Bouillon, Das gespaltene Bild von Europa, in: *Frankfurter Allgemeine Zeitung*, 30. Juni 2014, S. 16.

SÜDLICHE SEHNSÜCHTE

1 Tobias Piller, Italiens Verrat, in: *Frankfurter Allgemeine Zeitung*, 27. Juni 2014, S. 17.
2 Vgl. Andrea Bachstein, »Wir haben keinen Tag gefeiert«, in: *Süddeutsche Zeitung*, 2. Juni 2014, S. 6.

3 A. Bachstein, J. Cáceres, C. Gammelin, Italien: Sparkurs beenden, in: *Süddeutsche Zeitung*, 2. Juni 2014, S. 1.

4 Zitiert nach: Thomas Steinfeld, Ganz bei sich selbst, in: *Süddeutsche Zeitung*, 4. Juni 2014, S. 8.

5 Franz Kössler, Italien: Nach seinem großen Sieg steht Renzi auf dünnem Eis, in: *Falter*, 11. Juni 2014, S. 7.

6 So Birgit Schönau, Das Gesicht des Südens, in: *Die Zeit*, 12. Juni 2012.

7 Zu konkreten Einzelheiten: Marco Travaglio, Darf ich vorstellen? Gustav Gans, in: *Die Zeit*, 21. August 2014.

8 Insgesamt: Tobias Piller, Der Hindernislauf des Matteo Renzi, in: *Frankfurter Allgemeine Zeitung*, 20. August 2014, S. 6.

9 So ebenfalls: Tobias Piller, Renzi vor einem schwierigen Herbst, in: *Frankfurter Allgemeine Zeitung*, 14. August 2014, S. 15.

10 Thomas Steinfeld, Ganz bei sich selbst, in: *Süddeutsche Zeitung*, 4. Juni 2014, S. 8.

11 So Stefan Kornelius, Ein sensibles Monster, in: *Süddeutsche Zeitung*, 2. Juni 2014, S. 4.

12 Vgl. Karl-Josef Pazzini, »Exquisit depressiv«, in: *Der Spiegel*, 2. Juni 2014 (*Spiegel*-Gespräch).

LEKTIONEN

1 So etwa Günther Nonnenmacher, Im europäischen Unwetter, in: *Frankfurter Allgemeine Zeitung*, 27. Mai 2014, S. 1.

2 Vgl. Holger Steltzner, Warnschuss für Europas Elite, in: *Frankfurter Allgemeine Zeitung*, 27. Mai 2014, S. 17.

3 Schmidt 2013, S. 281. Über Einzelheiten: Hetzer 2013, passim.

4 So im Wesentlichen: Herzog 2014, S. 41–44.

5 Vgl. die Vorschläge von Herzog, ebd., S. 143 f.

6 Im Bewusstsein seiner Verantwortung vor Gott und den Menschen, von dem Willen beseelt, als gleichberechtigtes Glied in einem vereinten Europa dem Frieden der Welt zu dienen, hat sich das Deutsche Volk kraft seiner verfassungsgebenden Gewalt dieses Grundgesetz gegeben.

7 Artikel 23: (1) Zur Verwirklichung eines vereinten Europas wirkt die Bundesrepublik Deutschland bei der Entwicklung der Europäischen Union mit, die demokratischen, rechtsstaatlichen, sozialen und föderativen Grundsätzen und dem Grundsatz der Subsidiarität verpflichtet ist und einen diesem Grundgesetz im wesentlichen vergleichbaren Grundrechtsschutz gewährleistet. Der Bund kann hierzu durch Gesetz mit Zustimmung des Bundesrates Hoheitsrechte übertragen. Für die Begründung der Europäischen Union sowie für Änderungen ihrer vertraglichen Grundlagen und vergleichbare Regelungen, durch die dieses Grundgesetz seinem In-

halt nach geändert oder ergänzt wird oder solche Änderungen oder Ergänzungen ermöglicht werden, gilt Artikel 79 Absatz 2 und 3.

8 Artikel 24: (1) Der Bund kann durch Gesetz Hoheitsrechte auf zwischenstaatliche Einrichtungen übertragen.

(1a) Soweit die Länder für die Ausübung der staatlichen Befugnisse und die Erfüllung der staatlichen Aufgaben zuständig sind, können sie mit Zustimmung der Bundesregierung Hoheitsrechte auf grenznachbarschaftliche Einrichtungen übertragen.

(2) Der Bund kann sich zur Wahrung des Friedens einem System gegenseitiger kollektiver Sicherheit einordnen; er wird hierbei in die Beschränkungen seiner Hoheitsrechte einwilligen, die eine friedliche und dauerhafte Ordnung in Europa und zwischen den Völkern der Welt herbeiführen und sichern.

(3) Zur Regelung zwischenstaatlicher Streitigkeiten wird der Bund Vereinbarungen über eine allgemeine, umfassende, obligatorische, internationale Schiedsgerichtsbarkeit beitreten.

9 Artikel 79 Absatz 3 Grundgesetz: Eine Änderung dieses Grundgesetzes, durch welche die Gliederung des Bundes in Länder, die grundsätzliche Mitwirkung der Länder bei der Gesetzgebung oder die in den Artikeln 1 und 20 niedergelegten Grundsätze berührt werden, ist unzulässig.

10 BVerfGE 123, 267 (347 f.).

11 BVerfGE 123, 267 (400).

12 BVerfGE 123, 267 (350).

13 Artikel 3 Absatz 1 Buchstabe C) AEUV.

14 BVerfGE 89, 155 (205).

15 So auch Ulrich Häde, Das Verständnis des Bundesverfassungsgerichts vom Kompetenzgefüge zwischen der EU und den Mitgliedstaaten, in: Möllers/Zeitler (Hg.) 2013, S. 252.

16 BVerfGE 89, 155 (206).

17 Ulrich Häde, Das Verständnis des Bundesverfassungsgerichts vom Kompetenzgefüge zwischen der EU und den Mitgliedstaaten, in: Möllers/Zeitler (Hg.) 2013, S. 253.

18 BVerfGE 123, 267 (357).

19 Das »Europäische Semester« ist ein Zyklus, in dessen Verlauf die EU-Mitgliedstaaten ihre Wirtschafts- und Fiskalpolitik aufeinander abstimmen. Es gehört zum Rahmenwerk für die wirtschaftspolitische Steuerung der Europäischen Union und erstreckt sich im Wesentlichen über die ersten sechs Monate eines Jahres – daher die Bezeichnung Semester.

20 Ulrich Häde, Das Verständnis des Bundesverfassungsgerichts vom Kompetenzgefüge zwischen der EU und den Mitgliedstaaten, in: Möllers/Zeitler (Hg.) 2013, S. 254.

21 Ebd., S. 259.

22 Scharnagl 2014, S. 158.

23 Ebd., S. 159.

24 Brunkhorst 2014, S. 11–16.
25 Insgesamt: ebd., S. 153 ff.
26 Ausführlich: ebd., S. 157–179.

GESCHICHTSKLITTERUNG

1 Giacché 2013.
2 Zum europäischen Bezug: Kohtamäki 2012, passim.
3 Vgl. dazu: Burkhard Müller, Der Anschluss-Trick, in: *Süddeutsche Zeitung*, 22. Oktober 2013, S. 8.
4 Insgesamt kritisch zu den Eliten in Europa: Roth 2014, passim.
5 Zur neueren Debatte über theoretische und praktische Probleme der bestehenden und einer zukünftigen Geldordnung: Felber 2014; Mayer/Huber 2014; Forbes 2014; Hörmann/Pregetter 2011.
6 So insgesamt: Stephan Schulmeister, Ändert die Spielregeln für den Euro!, in: *Die Zeit*, 13. Februar 2014.
7 So sieht das Ulrich Brand, Das borniertes Streben nach Profit, in: *Frankfurter Allgemeine Zeitung*, 16. Juli 2014, S. 14.

MELKKUH

1 Dazu insgesamt: Wirsching 2012, S. 394–397.
2 http://epp.eurostat.ec.europa.eu/cache/ITY_PUBLIC/GREECE/EN/ GREECE-EN.PDF (Abruf am 16.6.2011)
3 So Wirsching 2012, S. 397 f.
4 Zu den weiteren Konsequenzen und zu detaillierten Vorschlägen: Clemens Fuest, Friedrich Heinemann, Christoph Schröder, Geregelt in die Staats-Insolvenz, in: *Frankfurter Allgemeine Zeitung*, 18. Juli 2014, S. 16.
5 So und insgesamt: Wirsching 2012, S. 398–401.
6 Holger Steltzner, Der Euro – eine Ehe, in: *Frankfurter Allgemeine Zeitung*, 21. September 2013, S. 13.

RECHENFEHLER

1 Insgesamt: Markus Zydra, Draghis Optionen, in: *Süddeutsche Zeitung*, 6. März 2014, S. 12.
2 So wiederum Markus Zydra, Angst vor fallenden Preisen, in: *Süddeutsche Zeitung*, 25. Februar 2014, S. 12.
3 Grundsätzlich über die Zusammenhänge zwischen Demokratie und Kapitalismus vor dem Hintergrund der Finanzkrisen: Blätter für deutsche und internationale Politik (Hg.) 2013.

4 Insgesamt: Mark Blyth, »Deutschland schafft das nicht!«, in: *Der Spiegel*, 14. Oktober 2013.

5 Admati/Hellwig 2013, S. 299.

6 Ebd., S. 300, mit detaillierten Nachweisen.

7 Ebd., S. 301.

8 Ebd., S. 313.

9 Zu beeindruckenden Beispielen: ebd., S. 316 f.

10 Dazu auch: ebd., S. 318 ff.

11 Zutreffend: ebd., S. 322.

12 Ebd., S. 354.

13 Zutreffend: Cerstin Gammelin, Mehr Verbindlichkeit, in: *Süddeutsche Zeitung*, 18. Dezember 2013, S. 4.

14 Vgl. auch: *Frankfurter Allgemeine Zeitung*, 19. Dezember 2013, S. 2 (Merkel plädiert für Änderung der EU-Verträge).

15 Cerstin Gammelin, Zwei vor Mitternacht, in: *Süddeutsche Zeitung*, 20. Dezember 2013, S. 2.

16 Sloterdijk 2013, S. 56–59. Es ist inzwischen sogar von einer »Weltnachbarschaftsordnung« die Rede: Genscher/Winkler 2013, S. 73.

17 Vgl. Daniel Brössler, Die gefesselte Kanzlerin, in: *Süddeutsche Zeitung*, 2. Oktober 2013, S. 5.

18 Zimmer 2013, S. 121.

19 Ebd., S. 125.

20 So Genscher/Winkler 2013., S. 64 f.

21 Dirk Kurbjuweit, Das Gewerbegebiet der Welt, in: *Der Spiegel*, 21. Dezember 2013, S. 30 ff.

22 So insgesamt: Ulrich Ladurner, Warum steht Italien am Rand des Abgrunds?, in: *Die Zeit*, 4. Oktober 2013.

23 Jörg Bremer, Gegen die alten Eliten, in: *Frankfurter Allgemeine Zeitung*, 24. Februar 2014, S. 10.

24 So (hoffentlich nicht) zutreffend: Alexander Hagelüken, Gesucht: Architektin, in: *Süddeutsche Zeitung*, 2. Oktober 2013, S. 12.

25 Geppert 2013, S. 16 f.

26 Ebd., S. 18.

27 Ebd., S. 20.

28 Ebd., S. 25.

29 Dazu insgesamt: ebd., S. 35, 37 f., 47, 49, 55, 58, 61–65.

RISIKOFAKTOR WÄHRUNGSUNION

1 Zu diesen und weiteren Zahlenangaben: Loth 2014, S. 401 f.

2 Zitiert nach: Cerstin Gammelin, Claus Hulverscheidt, Angriff auf den Stabilitätspakt, in: *Süddeutsche Zeitung*, 18. Juni 2014, S. 1.

3 Nikolaus Piper, Rationalität und Wahnsinn, in: *Süddeutsche Zeitung*, 23. Mai 2011, S. 2.

4 Ausführlich über Austrittsszenarien für Griechenland und Deutschland: Meyer 2012, S. 25 ff.

5 Zitiert nach: Michael Martens, Die Angst vor dem Athen-Effekt, in: *Frankfurter Allgemeine Zeitung*, 3. Mai 2010, S. 2.

6 Leo Wieland, Kein Silberstreifen im Südwesten, in: *Frankfurter Allgemeine Zeitung*, 22. Januar 2011, S. 1.

7 So Stefan Ruhkamp, Biegsame Notenbank, in: *Frankfurter Allgemeine Zeitung*, 4. Mai 2010, S. 9. Ausführlich über Portugal als nächsten »Wackelkandidaten« in Europa: Karin Finkenzeller, »Zeit zu beten«, in: *Die Zeit*, 6. Mai 2010, S. 25.

8 Gustav Seibt, Der Euro-Nationalismus, in: *Süddeutsche Zeitung*, 4. Mai 2011, S. 4.

9 Markus Frühauf, Politische Banken, in: *Frankfurter Allgemeine Zeitung*, 9. April 2014.

10 Zu den Folgen im Alltag vieler Menschen in Irland: Andreas Oldag, Abgebrannt, in: *Süddeutsche Zeitung*, 20./21. November 2010, S. 34.

11 So Jochen Bittner, Krisenfall Irland, in: *Die Zeit*, 25. November 2010, S. 4.

12 Vgl. insgesamt: Hans-Werner Sinn, Vampir Deutschland?, in: *Frankfurter Allgemeine Zeitung*, 7. April 2014.

13 Zutreffend: Philip Plickert, Wer vom Euro profitiert, in: *Frankfurter Allgemeine Zeitung*, 4. Dezember 2010, S. 13.

KEINE MARKTKONFORME DEMOKRATIE

1 Vgl. Nikolaus Blome, Giorgos Christides, Christian Reiermann, Gregor Peter Schmitz, Kalte Schulter, in: *Der Spiegel*, 5. Januar 2015.

2 Zitiert nach: Christiane Schlötzer, Spaltung nach Höllensturz, in: *Süddeutsche Zeitung*, 5. Januar 2015, S. 6.

3 Zitiert nach: Michael Bauchmüller, Mike Szymanski, »Es wird keine Lex Griechenland geben«, in: *Süddeutsche Zeitung*, 5. Januar 2015, S. 1.

4 Vgl. Lothar Müller, Ach, Athen, in: *Süddeutsche Zeitung*, 7. Januar 2015, S. 8.

5 Stefan Kornelius, Des Strebers Einsamkeit, in: *Süddeutsche Zeitung*, 7. Januar 2015, S. 4.

6 Ebd.

7 Zu weiteren Einzelheiten: Christiane Schlötzer, Athener Ammenmärchen, in: *Süddeutsche Zeitung*, 7. Januar 2015, S. 2.

8 Claus Hulverscheidt, Kein Entkommen, in: *Süddeutsche Zeitung*, 7. Januar 2015, S. 2.

9 Zitiert nach: Claus Hulverscheidt, Javier Cáceres, Berlin offen für Dialog mit Linken in Athen, in: *Süddeutsche Zeitung*, 7. Januar 2015, S. 1.

10 Vgl. Michael Martens, Der Geldregenmacher, in: *Frankfurter Allgemeine Zeitung*, 8. Januar 2015, S. 4.

11 So auch Markus Benrath, Griechen brauchen neue Europäer, in: *Der Standard*, 7. Januar 2015, S. 28.

12 Vgl. auch Claus Hulverscheidt, Logisch – und doch Unsinn, in: *Süddeutsche Zeitung*, 9. Januar 2015, S. 4.

13 So Heike Göbel, Die Zwickmühle der Griechen-Gläubiger, in: *Frankfurter Allgemeine Zeitung*, 9. Januar 2015, S. 15.

14 http://www.spiegel.de/wirtschaft/soziales/griechenland-dgb-chef-hoffmann-kritisiert-einmischung-in-wahl-a-1011635.html (9. Januar 2015).

15 Zitiert nach: http://spiegel.de/politik/ausland/griechenland-raus-aus-dem-euro-eu-parlamentschef-schulz-warnt-a-1011600-druck.html (9. Januar 2015).

16 Vgl. Ulrich Brand, Syriza könnte ganz Europa verändern, in: *Der Standard*, 12. Januar, 2015, S. 19.

17 Das glaubt Franz Kössler, Wie die Wahlen in Griechenland Europa voranbringen könnten, in: *Falter*, 14. Januar 2015, S. 7.

18 Vgl. insgesamt: Clemens Fuest, Friedrich Heinemann, Gegen die griechische Erpressung, in: *Frankfurter Allgemeine Zeitung*, 22. Januar 2015, S. 18.

19 Zitiert nach: *Frankfurter Allgemeine Zeitung*, 22. Januar 2015, S. 18.

20 Das ist der Eindruck von Christiane Schlötzer, Nach der Wahl, in: *Süddeutsche Zeitung*, 23. Januar 2015, S. 4.

21 Ebd.

22 Vgl. Philipp Plickert, Herr des Geldes, in: *Frankfurter Allgemeine Zeitung*, 23. Januar 2015, S. 8.

23 So insgesamt: Holger Steltzner, Wie die EZB Vertrauen zerstört, in: *Frankfurter Allgemeine Zeitung*, 23. Januar 2015, S. 1.

24 Vgl. auch hierzu: *Frankfurter Allgemeine Zeitung*, 24. Januar 2015, S. 20 (Griechengläubiger zwischen Hoffen und Bangen).

25 So und grundsätzlich: Kelpanides 2013, passim.

26 Zitiert nach: *Frankfurter Allgemeine Zeitung*, 28. Januar 2015, S. 5 (»Tsipras bildet Kabinett in Rekordzeit«).

27 Michael Stabenow, Wie viel Griechenland gibt es noch in Europa?, in: *Frankfurter Allgemeine Zeitung*, 28. Januar 2015, S. 5.

28 Zitiert nach: Christiane Schlötzer, Die Stunde der Wahrheit, in: *Süddeutsche Zeitung*, 27. Januar 2015, S. 2.

29 Vgl. Cerstin Gammelin, Halb so wild, in: *Süddeutsche Zeitung*, 27. Januar 2015, S. 2.

30 Vgl. auch: Claus Hulverscheidt, Leben und beben lassen, in: *Süddeutsche Zeitung*, 27. Januar 2014, S. 2.

31 Cerstin Gammelin, Armer Tropf, in: *Süddeutsche Zeitung*, 27. Januar 2015, S. 2.

32 Vgl. dazu insgesamt: Stefan Ulrich, Kompromiss für Europa, in: Süddeutsche Zeitung, 27. Januar 2015, S. 4.

33 So auch zutreffend: Holger Steltzner, Die Furcht vor dem »Grexit«, in: *Frankfurter Allgemeine Zeitung*, 28. Januar 2015, S. 15.

34 Die Regierungsbildung erfolgte damit in Rekordzeit. Zur Zusammensetzung: *Frankfurter Allgemeine Zeitung*, 28. Januar 2015, S. 5 (»Tsipras bildet Kabinett in Rekordzeit«).

35 Insgesamt zitiert nach: *Frankfurter Allgemeine Zeitung*, 28. Januar 2015, S. 17 (»Griechen haben Geschenke schon vorweggenommen«).

36 Vgl. das Kurzporträt von Michael Martens, Selbstbewusst, in: *Frankfurter Allgemeine Zeitung*, 28. Januar 2015, S. 8.

37 Varoufakis 2012.

38 Vgl. insgesamt: Michael Martens, Der Kammenos-Tsipras-Pakt, in: *Frankfurter Allgemeine Zeitung*, 28. Januar 2015, S. 1.

39 Die in der deutschen Öffentlichkeit übliche Kurzschlussautomatik verlangt den vorsorglichen Hinweis, dass der Verfasser dieser Partei nicht angehört und auch an keinen Pegida-Demonstrationen teilgenommen hat.

40 Insgesamt zitiert nach: *Frankfurter Allgemeine Zeitung*, 28. Januar 2015, S. 17 (»Griechenland und das schwarze Loch der Schulden«).

ELITEN ZWISCHEN VERANTWORTUNG UND INKOMPETENZ

1 Schulz 2013, S. 7.

2 Grundsätzlich zur Frage eines europäischen Nationalismus: Laqueur 2011, S. 105 ff.

3 Vgl. insgesamt: Gustav Seibt, Der Euro-Nationalismus, in: *Süddeutsche Zeitung*, 4. Mai 2011, S. 4.

4 Dazu: Heidenreich/Heidenreich 2008, S. 139.

5 Über die Sinnhaftigkeit von Kriegen grundsätzlich: Morris 2013, passim.

6 Heidenreich/Heidenreich, 2008, S. 143.

7 Swap: Eine Vereinbarung zwischen zwei Vertragspartnern, an zukünftigen Zeitpunkten vertraglich definierte Zahlungsströme (»Cash-Flows«) auszutauschen. Die Vereinbarung definiert, wie die Zahlungen berechnet und wann sie fällig werden. Mit Swaps können Zahlungsströme fast beliebiger Natur getauscht werden. Dadurch können gezielt finanzielle Risiken in der Finanzierung, in der Bilanzstruktur oder in der Absicherung eines Portfolios optimiert werden. Die beiden Vertragspartner eines Swaps sollten unterschiedliche Bonität, entgegengesetzte Finanzierungsinteressen und unterschiedliche Zinsrisikoprämien haben.

8 Deutschland ist übrigens eines der wenigen Länder in der EU, in denen sich die Kaufkraft der Arbeitnehmer 2013 erhöht hat. In zwölf von 28 Staaten der EU sind die Löhne nach Abzug der Inflation geschrumpft: Thomas Öchsner, Im Zwischenhoch, in: *Süddeutsche Zeitung*, 10. Dezember 2013, S. 11.

9 Marc Beise, Es lebe die Importnation, in: *Süddeutsche Zeitung*, 10. Dezember 2013, S. 11.

10 Joseph Fischer, Ein bisschen frustriert, ja, in: *Der Spiegel*, 13. Oktober 2014.

11 Fischer 2014, S. 11 f.

12 Günter Verheugen, Das drohende Fiasko, in: *Süddeutsche Zeitung*, 28. Oktober 2014, S. 17.

13 Vgl. etwa Ther 2014, S. 226 ff.

14 Karsten Grabow, Florian Hartleb (Hg.), *Exposing the Demagogues. Right Wing and National Populist Parties in Europe*. Konrad-Adenauer-Stiftung und Centre for European Studies, Berlin 2013, www.kas.de/wf/en/33.35420.

15 So Helge F. Jani, Ausgeprägter Euroskeptizismus, in: *Frankfurter Allgemeine Zeitung*, 28. Oktober 2014, S. 6.

16 Philippe Legrain, Europas Krise und die Schuld der Deutschen, in: *Berliner Republik* 5/2014, S. 50 ff. Ausführlich: ders., 2014.

17 Kohl 2014, S. 8.

18 Ebd., S. 9 ff., 14 f., 17, 50 f., 53 f., 56–60, 67–70, 73 f., 76 f., 79–85, 95, 110 ff., 114.

19 Franziska Augstein, Unnötige Spannungen, in: *Süddeutsche Zeitung*, 11. November 2014, S. 17.

20 Ebd.

21 Kissinger 2014, S. 111.

PROTEST UND PROVOKATION

1 Kissinger 1986, S. 13.

2 So wörtlich ebd., S. 34.

3 Zitiert nach: Kopeinig/Petritsch 2010, S. 145.

4 Insgesamt zitiert nach: Antonie Rietzschel/Jan Bielicki, Mittelschicht marschiert, in: *Süddeutsche Zeitung*, 15. Januar 2015, S. 5.

5 Zitiert nach: Jens Schneider, AfD-Politikerin beklagt Populismus und tritt aus, in: *Süddeutsche Zeitung*, 22. Januar 2015, S. 5.

6 Zu weiteren Einzelheiten: Justus Bender, Angst vor dem Exodus, in: *Frankfurter Allgemeine Zeitung*, 24. Januar 2015, S. 4.

7 In diesem Sinne: Jens Schneider, Beschämend, in: *Süddeutsche Zeitung*, 24. Januar 2015, S. 4.

8 Zitiert nach: Thomas Öchsner, 89 Prozent für die AfD, in: *Süddeutsche Zeitung*, 20. Januar 2015, S. 5.

9 Das ist der Name des Polizisten, der ein muslimischer Franzose war und bei dem Anschlag in Paris von seinen terroristischen Glaubensbrüdern Kouachi ermordet wurde.

10 So insgesamt: Timothy Garton Ash, Die Hass-Spirale stoppen, in: *Süddeutsche Zeitung*, 21. Januar 2014, S. 4.

11 Über die Unterschiede zwischen beiden Städten: Hannah Beitzer, Jan Bielicki, Ulrike Nimz, Leipzig ist nicht Dresden, in: *Süddeutsche Zeitung*, 22. Januar 2015, S. 5.

12 Heribert Prantl, Sprich nicht mit dem Hitlerbärtchen, in: *Süddeutsche Zeitung*, 22. Januar 2015, S. 4.

13 So überzeugend: Serap Güler, Die Muslime müssen selbst Lösungen finden, in: *Frankfurter Allgemeine Zeitung*, 22. Januar 2015, S. 8.

RATLOSIGKEIT

1 Angela Merkel, »Eine Islamisierung Deutschlands sehe ich nicht«, in: *Frankfurter Allgemeine Zeitung*, 16. Januar 2015, S. 3.

2 Insgesamt: Wolfgang Schäuble, »So sind die Menschen«, in: *Der Spiegel*, 16. Januar 2015.

3 Vgl. insgesamt: Joseph Fischer, Krise nach der Krise, in: *Süddeutsche Zeitung*, 15. Januar 2015, S. 4.

SCHLUSSBEMERKUNGEN

1 Cathrin Kahlweit, Blut und Tränen in Donezk, in: *Süddeutsche Zeitung*, 20. Januar 2015, S. 4.

2 Zitiert nach: *Frankfurter Allgemeine Zeitung*, 22. Januar 2015, S. 4 (Heftige Kämpfe in Donezk).

3 Zitiert nach: Cathrin Kahlweit, Westen erhebt schwere Vorwürfe gegen Russland, in: *Süddeutsche Zeitung*, 26. Januar 2015, S. 1.

4 Zitiert nach: Konrad Schuller, Die Granate aus dem Nichts, in: *Frankfurter Allgemeine Zeitung*, 24. Januar 2015, S. 5.

5 Zutreffend: Stefan Kornelius, Krieg und Wahrheit, in: *Süddeutsche Zeitung*, 23. Januar 2015, S. 4.

Literatur

Abdel-Samad, Hamed, *Der islamische Faschismus – Eine Analyse*, München 2014

Admati, Anat, Martin Hellwig, *Des Bankers neue Kleider – Was bei Banken wirklich schiefläuft und was sich ändern muss*, München 2013

Altvater, Elmar, Birgit Mahnkopf, *Konkurrenz für das Empire – Die Zukunft der Europäischen Union in der globalisierten Welt*, Münster 2007

Anderegg, Ralph, *Grundzüge der Geldtheorie und Geldpolitik*, München 2007

Auernheimer, Raoul, *Metternich – Staatsmann und Kavalier*, 3. Aufl. Wien 1981

Beck, Hanno, Aloys Prinz, *Die große Geldschmelze – Wie Politik und Notenbanken unser Geld ruinieren*, München 2014

Beck, Ulrich, *Macht und Gegenmacht im globalen Zeitalter – Neue weltpolitische Ökonomie*, Frankfurt am Main 2002

Beck, Ulrich, *Was ist Globalisierung? – Irrtümer des Globalismus – Antworten auf Globalisierung*, Frankfurt am Main 2007

Beck, Ulrich, *Weltrisikogesellschaft – Auf der Suche nach der verlorenen Sicherheit*, Frankfurt am Main 2007

Beck, Ulrich, *Das deutsche Europa – Neue Machtlandschaften im Zeichen der Krise*, Frankfurt am Main 2012

Ben Hamida, Kerim, *Geldpolitik der Fed und der EZB in der Krise*, München 2010

Bernard, J. F., *Talleyrand – Diplomat – Staatsmann – Opportunist*, München 1993

Bischoff, Joachim, *finanzgetriebener kapitalismus – entstehung – krise – entwicklungstendenzen – eine flugschrift zur einführung*, Hamburg 2014

Blätter für deutsche und internationale Politik (Hg.), *Demokratie oder Kapitalismus? – Europa in der Krise*, Berlin 2013

Blom, Philipp, *Der taumelnde Kontinent – Europa 1900–1914*, München 2009

Blyth, Mark, *Wie Europa sich kaputtspart – Die gescheiterte Idee der Austeritätspolitik*, Bonn 2014

Bolaffi, Angelo, *Deutsches Herz – Das Modell Deutschland und die europäische Krise*, Stuttgart 2014

Bontrup, Heinz-J., *Krisenkapitalismus und EU-Verfall*, Köln 2013

Brichta, Raimund, Anton Voglmaier, *Die Wahrheit über Geld – Wie kommt unser Geld in die Welt – und wie wird aus einem Kleinkredit ein großer Finanzcrash?*, Kulmbach 2013

Brunkhorst, Hauke, *Das doppelte Gesicht Europas – Zwischen Kapitalismus und Demokratie*, Berlin 2014

Bruns, Tissy, *Republik der Wichtigtuer – Ein Bericht aus Berlin*, Freiburg im Breisgau 2007

Busse, Nikolas, *Entmachtung des Westens – Die neue Ordnung der Welt*, Berlin 2009

Cohn-Bendit, Daniel, Guy Verhofstadt, *Für Europa! – Ein Manifest*, München 2012

Cohrs, Julia, Wibke Pendse, *Die Europäische Zentralbank und das Federal Reserve System – Aufbau, Struktur und geldpolitische Strategien der beiden bedeutendsten Zentralbanken*, Saarbrücken 2008

Collet, Stefan, Hartmut Rosa, *Weil Kapitalismus sich ändern muss – Im Gespräch mit Hartmut Rosa, Stephan Lessenich, Margrit Kennedy, Theo Waigel*, Wiesbaden 2014

Corneo, Giacomo, *Bessere Welt – Hat der Kapitalismus ausgedient? – Eine Reise durch alternative Wirtschaftssysteme*, Berlin 2014

Crouch, Colin, *Markt und Moral – Im Gespräch mit Peter Engelmann*, Wien 2014

Crusius, Reinhard, *Rettet Europa, nicht nur die Banken!*, Marburg 2014

Dahlhoff, Günther, *Banken in der Krise – Niedergang mit System*, Marburg 2014

Di Fabio, Udo, *Die Kultur der Freiheit*, München 2005

Di Fabio, Udo, *Wachsende Wirtschaft und steuernder Staat*, Berlin 2010

Dimou, Nikos, *Die Deutschen sind an allem schuld*, 2. Aufl. München 2014

Douzinas, Costas, *Philosophie und Widerstand in der Krise –Griechenland und die Zukunft Europas*, Hamburg 2014

Duchhardt, Heinz, *Der Wiener Kongress – Die Neugestaltung Europas 1814/15*, München 2013

Encke, Julia, *Charisma und Politik – Warum unsere Demokratie mehr Leidenschaft braucht*, München 2014

Engels, David, *Auf dem Weg ins Imperium – Die Krise der Europäischen Union und der Untergang der römischen Republik. Historische Parallelen*, Berlin 2014

Felber, Christian, *Geld – Die neuen Spielregeln*, Wien 2014

Fink, Humbert, *Metternich: Staatsmann, Spieler, Kavalier*, München 1989

Fischer, Joschka, *Scheitert Europa?*, Köln 2014

Flassbeck, Heiner, Paul Davidson, James K. Galbraith, Richard Koo, Jayati Ghosh, *Handelt jetzt! – Das globale Manifest zur Rettung der Weltwirtschaft*, Frankfurt am Main 2013

Flassbeck, Heiner, *66 starke Thesen zum Euro, zur Wirtschaftspolitik und zum deutschen Wesen*, Frankfurt am Main 2014

Forbes, Steve, Elizabeth Ames, *Geld – Die nächsten 5000 Jahre*, München 2014

Freeland, Chrystia, *Die Superreichen – Aufstieg und Herrschaft einer neuen globalen Geldelite*, Frankfurt am Main 2013

Fricke, Thomas, *Wie viel Bank braucht der Mensch? – Raus aus der verrückten Bankwelt*, Frankfurt am Main 2013

Fricke, Thomas, Sven Giegold (Hg.), *Hochzeit für Geldverbesserer – Vollgeld, Freigeld, Free Banking und andere Radikalvorschläge – brauchen wir nach der großen Finanzkrise eine völlig neue Geldordnung?*, Studie vom 30. April 2014, https://www.sven-giegold.de/2014/kurzstudie-hochzeit-fuer-geldverbesserer

Friedrichs, Julia, *Gestatten: Elite – Auf den Spuren der Mächtigen von morgen*, 3. Aufl. Hamburg 2008

Friedrichs, Julia, *Ideale – Auf der Suche nach dem, was zählt*, Hamburg 2011

Gammelin, Cerstin/Götz Hamann, *Die Strippenzieher – Manager, Minister, Medien – Wie Deutschland regiert wird*, 4. Aufl. Berlin 2005

Gebauer, Carlos A., *Rettet Europa vor der EU – Wie ein Traum an der Gier nach Macht zerbricht*, München 2014

Gehler, Michael, *Europa: Ideen – Institutionen – Vereinigung*, München 2010

Gehler, Michael, *Europa – Von der Utopie zur Realität*, Innsbruck, Wien 2014

Genscher, Hans-Dietrich, Heinrich August Winkler, *Europas Zukunft – In bester Verfassung?*, Freiburg im Breisgau 2013

Geppert, Dominik, *Ein Europa, das es nicht gibt – Die fatale Sprengkraft des Euro*, Wien, Berlin, München 2013

Gersemann, Olaf, *Die Deutschlandblase – Das letzte Hurra einer großen Wirtschaftsnation*, München 2014

Giacché, Vladimiro, *Titanic Europa – Geschichte einer Krise*, Frankfurt am Main 2013

Görgens, Egon, Karlheinz Ruckriegel, Franz Seitz, *Europäische Geldpolitik – Theorie, Empirie und Praxis*, 6. Aufl. Konstanz, München 2014

Greenspan, Alan, *The Map and the Territory – Risk, Human Nature, and the Future of Forecasting*, New York 2013

Habermas, Jürgen, *Staatsbürgerschaft und nationale Identität – Überlegungen zur europäischen Zukunft*, St. Gallen 1991

Habermas, Jürgen, *Die postnationale Konstellation – Politische Essays*, Frankfurt am Main 1998

Habermas, Jürgen, *Ach, Europa – Kleine politische Schriften XI*, Frankfurt am Main 2008

Habermas, Jürgen, *Zur Verfassung Europas – Ein Essay*, Berlin 2011

Hartmann, Michael, *Eliten und Macht in Europa – Ein internationaler Vergleich*, Frankfurt am Main 2007

Hayek, Friedrich August von, *Entnationalisierung des Geldes – Eine Analyse der Theorie und Praxis konkurrierender Umlaufsmittel*, Tübingen 1977

Hebel, Stephan, *Deutschland im Tiefschlaf – Wie wir unsere Zukunft verspielen*, Frankfurt am Main 2014

Heine, Michael, Hansjörg Herr, *Die Europäische Zentralbank –Eine kritische Einführung in die Strategie und Politik der EZB und die Probleme in der EWU*, 3. Aufl. Marburg 2008

Hennecke, Hans Jörg, *Friedrich August von Hayek – Zur Einführung*, 2. Aufl. Hamburg 2010

Herrmann, Ulrike, *Der Sieg des Kapitals – Wie der Reichtum in die Welt kam – Die Geschichte von Wachstum, Geld und Krisen*, Frankfurt am Main 2013

Herzog, Lisa, *Freiheit gehört nicht nur den Reichen – Plädoyer für einen zeitgemäßen Liberalismus*, München 2014

Herzog, Lisa, Axel Honneth (Hg.), *Der Wert des Marktes – Ein* ökonomisch-philosophischer Diskurs vom 18. Jahrhundert bis zur Gegenwart, Berlin 2014

Herzog, Roman, *Europa neu erfinden – Vom Überstaat zur Bürgerdemokratie*, München 2014

Hetzer, Wolfgang, *Tatort Finanzmarkt – Geldwäsche zwischen Kriminalität, Wirtschaft und Politik*, Hamburg 2003

Hetzer, Wolfgang, *Sicherheit durch Angriffskriege? – Terrorabwehr: Militärische Herausforderung oder rechtsstaatliche Bewährungsprobe?*, Institut für Rechtspolitik an der Universität Trier (Hg.), Rechtspolitisches Forum Band 38, Trier 2007

Hetzer, Wolfgang, *Rechtsstaat oder Ausnahmezustand? – Souveränität und Terror*, Berlin 2008

Hetzer, Wolfgang, *Finanzmafia – Wieso Banker und Banditen ohne Strafe davonkommen*, Frankfurt am Main 2011

Hetzer, Wolfgang, *Demokratie in Europa – Demokratie zwischen Euro-Manie und Re-Nationalisierung*, Institut für Rechtspolitik an der Universität Trier (Hg.), Rechtspolitisches Forum Band 59, Trier 2012

Hetzer, Wolfgang, *Finanzkrieg – Angriff auf den sozialen Frieden in Europa*, Frankfurt am Main 2013

Hetzer, Wolfgang, *Die Euro-Party ist vorbei – Wer bezahlt die Rechnung?*, Frankfurt am Main 2014

Hetzer, Wolfgang, *Finanzen und organisierte Kriminalität in Russland*, Institut für Rechtspolitik an der Universität Trier (Hg.), Rechtspolitisches Forum, Band 72, Trier 2015

Honneth, Axel, *Das Recht der Freiheit – Grundriß einer demokratischen Sittlichkeit*, Berlin 2013

Hörmann, Franz, Otmar Pregetter, *Das Ende des Geldes – Wegweiser in eine ökosoziale Gesellschaft*, Etsdorf am Kamp 2011

Horstmann, Ulrich, *Alles, was Sie über »Das Kapital im 21. Jahrhundert« von Thomas Piketty wissen müssen*, München 2014

Horvat, Srećko, Slavoj Žižek, *Was will Europa? – Rettet uns vor den Rettern*, Hamburg 2013

Houellebecq, Michel, *Unterwerfung*, Köln 2015

Huntington, Samuel P., *Kampf der Kulturen – Die Neugestaltung der Weltpolitik im 21. Jahrhundert*, 7. Aufl. München, Wien 1998

Hüther, Michael, *Die junge Nation – Deutschlands neue Rolle in Europa*, Hamburg 2014

Illing, Falk, *Die Euro-Krise – Analyse der europäischen Strukturkrise*, Wiesbaden 2013

Irwin, Neil, *Die Alchemisten – Die geheime Welt der Zentralbanker*, Berlin 2013

Issing, Otmar, *Einführung in die Geldtheorie*, 15. Aufl. München 2011

Jarchow, Hans-Joachim, *Grundriss der Geldpolitik*, 9. Aufl. Stuttgart 2010

Jarchow, Hans-Joachim, *Grundriss der Geldtheorie*, 12. Aufl. Stuttgart 2010

Jäger, Johannes, Elisabeth Springler, *Ökonomie der internationalen Entwicklung – Eine kritische Einführung in die Volkswirtschaftslehre*, Wien 2012

Judt, Tony, *Das vergessene 20. Jahrhundert – Die Rückkehr des politischen Intellektuellen*, München 2010

Judt, Tony, *Geschichte Europas von 1945 bis zur Gegenwart*, 3. Aufl. Frankfurt am Main 2011

Kaufhold, Martin, *Europas Werte – Wie wir zu unseren Vorstellungen von richtig und falsch kamen*, Paderborn, München, Wien, Zürich 2013

Kelpanides, Michael, *Politische Union ohne europäischen Demos? – Die fehlende Gemeinschaft der Europäer als Hindernis der politischen Integration*, Baden-Baden 2013

King, David, *Wien 1814 – Von Kaisern, Königen und dem Kongress, der Europa neu erfand*, München 2014

Kissinger, Henry A., *Das Gleichgewicht der Großmächte – Metternich, Castlereagh und die Neuordnung Europas 1812-1822*, Zürich 1986

Kissinger, Henry A., *Weltordnung*, München 2014

Kocka, Jürgen, *Geschichte des Kapitalismus*, 2. Aufl. München 2014

Kohtamäki, Natalia, *Die Reform der Bankenaufsicht in der Europäischen Union*, Tübingen 2012

Kopeinig, Margaretha, Wolfgang Petritsch, *Die europäische Chance – Neustart nach der Krise*, Wien 2010

Korte, Jens, *Rettet die Wall Street – Warum wir die Zocker brauchen*, Zürich 2014

Kraemer, Klaus, Sebastian Nessel (Hg.), *Entfesselte Finanzmärkte – Soziologische Analysen des modernen Kapitalismus*, Frankfurt am Main, New York 2012

Krause, Arnulf, *Der Kampf um Freiheit – Die napoleonischen Befreiungskriege in Deutschland*, Darmstadt 2013

Krüger, Malte, *Die Vermessung der Elite – Warum Deutschlands Vorzeigedenker die Kapitalismuskrise nicht erklären können*, Norderstedt 2013

Krugman, Paul, *Vergesst die Krise! – Warum wir jetzt Geld ausgeben müssen*, Frankfurt am Main, New York 2012

Kurbjuweit, Dirk, *Alternativlos – Merkel, die Deutschen und das Ende der Politik*, München 2014

Lachmann, Günther, *Verfallssymptome – Wenn eine Gesellschaft ihren inneren Kompass verliert*, Wien, Berlin, München 2014

Laqueur, Walter, *Europa nach dem Fall*, München 2012

Le Bret, Hugues, *Die Woche, in der Jérôme Kerviel beinahe das Weltfinanzsystem gesprengt hätte – Ein Insiderbericht*, München 2011

Legrain, Philippe, *European Spring: Why Our Economies and Politics are in a Mess – and How to Put Them Right*, CB Creative Books 2014

Lentz, Thierry, *1815 – Der Wiener Kongress und die Neugründung Europas*, München 2014

Lewis, Michael, *Flash Boys – Revolte an der Wall Street*, Frankfurt am Main, New York 2014

Lingnau, Guido, *Auch die sicheren Häfen sind in Gefahr – Schützen Sie Ihr Vermögen vor der demografischen Katastrophe*, München 2014

Loth, Wilfried, *Europas Einigung – Eine unvollendete Geschichte*, Frankfurt am Main, New York 2014

Lowe, Keith, *Der wilde Kontinent – Europa in den Jahren der Anarchie 1943–1950*, Stuttgart 2014

Luksic, Oliver, *Ist der Euro noch zu retten? – Zwischen Finanzmarktkrise und Staatsbankrott*, Baden-Baden 2011

Machts, Sabrina, *Der Europäische Stabilitätsmechanismus und die Fiskalunion – Positive und negative Auswirkungen für Deutschland und Europa*, Stuttgart 2012

Maier, Michael, *Die Plünderung der Welt – Wie die Finanz-Eliten unsere Enteignung planen*, München 2014

Mak, Geert, *In Europa – Eine Reise durch das 20. Jahrhundert*, München 2005

Marterbauer, Markus, *Zahlen bitte! – Die Kosten der Krise tragen wir alle*, Wien 2011

Martin, Felix, *Geld, die wahre Geschichte – Über den blinden Fleck des Kapitalismus*, München 2014

Mayer, Thomas, *Europas unvollendete Währung – Wie geht es weiter mit dem Euro?*, Weinheim 2013

Mayer, Thomas, Roman Huber, *Vollgeld – Das Geldsystem der Zukunft – Unser Weg aus der Finanzkrise*, Marburg 2014

Mayer, Thomas, *Die neue Ordnung des Geldes – Warum wir eine Geldreform brauchen*, München 2014

Mazzucato, Mariana, *Das Kapital des Staates – Eine andere Geschichte von Innovation und Wachstum*, München 2014

Misik, Robert, Michel Reimon, *Supermarkt Europa – Vom Ausverkauf unserer Demokratie*, Wien 2014

Möllers, Thomas M. J., Franz-Christoph Zeitler (Hg.), *Europa als Rechtsgemeinschaft – Währungsunion und Schuldenkrise*, Tübingen 2013

Müchler, Günter, *Napoleon, Metternich und das weltgeschichtliche Duell von Dresden*, Darmstadt 2012

Müller, Albrecht, Wolfgang Lieb, *Nachdenken über Deutschland – Das kritische Jahrbuch 2014/2015*, Frankfurt am Main 2014

Pelinka, Anton, *Europa – Ein Plädoyer*, Wien 2011

Piketty, Thomas, *Das Kapital im 21. Jahrhundert*, München 2014

Platthaus, Andreas, *1813 – Die Völkerschlacht und das Ende der alten Welt*, Berlin 2013

Polleit, Thorsten (Hg.), *Ludwig von Mises – Leben und Werk für Einsteiger*, 2. Aufl. München 2014

Prantl, Heribert, *Glanz und Elend der Grundrechte – Zwölf Sterne für das Grundgesetz*, München 2014

Rant, Diogenes, *Verzockte Freiheit – Wehrt euch! Politiker und Finanz-Eliten setzen unsere Zukunft aufs Spiel*, München 2014

Reinhart, Carmen M., Kenneth S. Rogoff, *Dieses Mal ist alles anders – Acht Jahrhunderte Finanzkrisen*, 5. Aufl. München 2011

Riedel, Frank, *Die Schuld der Ökonomen – Was Mathematik und Ökonomie zur Krise beitrugen*, Berlin 2013

Rietzschel, Thomas, *Geplünderte Demokratie – Die Geschäfte des politischen Kartells*, Wien 2014

Rifkin, Jeremy, *Der europäische Traum – Die Vision einer leisen Supermacht*, Frankfurt am Main, New York 2004

Rosenkranz, Barbara, *Wie das Projekt EU Europa zerstört – Eine überzeugte Europäerin rechnet ab …*, Graz 2014

Roth, Karl Heinz, Zissis Papadimitriou, *Die Katastrophe verhindern – Manifest für ein egalitäres Europa*, Hamburg 2013

Rothbard, Murray Newton, *Das Schein-Geld-System – Wie der Staat unser Geld zerstört*, Gräfelfing 2005

Roy, Olivier, *Heilige Einfalt – Über die politischen Gefahren entwurzelter Religionen*, München 2011

Saglam, Osman, *Die geldpolitischen Maßnahmen der europäischen Zentralbank – Die EZB und Ihre Instrumente*, Saarbrücken 2009

Sarrazin, Thilo, *Europa braucht den Euro nicht – Wie uns politisches Wunschdenken in die Krise geführt hat*, München 2012

Sarrazin, Thilo, *Deutschland schafft sich ab – Wie wir unser Land aufs Spiel setzen*, München 2010

Satz, Debra, *Von Waren und Werten – Die Macht der Märkte und warum manche Dinge nicht zum Verkauf stehen sollten*, Hamburg 2013

Schäffler, Frank, *Nicht mit unserem Geld! – Die Krise unseres Geldsystems und die Folgen für uns alle*, München 2014

Scharnagl, Wilfried, *Versagen in Brüssel – Plädoyer für ein besseres Europa*, München, Berlin 2014

Schick, Gerhard, *Machtwirtschaft – Nein Danke! – Für eine Wirtschaft, die uns allen dient*, Frankfurt am Main, New York 2014

Schlögel, Karl, *Grenzland Europa – Unterwegs auf einem neuen Kontinent*, München 2013

Schmale, Wolfgang, *Mein Europa – Reisetagebücher eines Historikers*, Wien, Köln, Weimar 2013

Schmidt, Helmut, *Die Selbstbehauptung Europas – Perspektiven für das 21. Jahrhundert*, Stuttgart, München 2000

Schmidt, Helmut, *Mein Europa – Reden und Aufsätze*, Hamburg 2013

Schmitz, Gregor Peter, George Soros, *Wetten auf Europa – Warum Deutschland* den Euro retten muss, um sich selbst zu retten – George Soros im Gespräch mit Gregor Peter Schmitz, 2. Aufl. München 2014

Schoenauer, Hermann (Hg.), *Sozialethische Dimensionen in Europa – Von einer Wirtschaftsunion zu einer Wertegemeinschaft*, Stuttgart 2014

Schoepp, Sebastian, *Mehr Süden wagen – Oder wie wir Europäer wieder zueinander finden*, Frankfurt am Main 2014

Schorlemmer, Friedrich, *Die Gier und das Glück – Wir zerstören, wonach wir uns sehnen*, Freiburg im Breisgau, Basel, Wien 2014

Schui, Florian, *Politik der Sparsamkeit: Die kurze Geschichte eines großen Fehlers*, München 2014

Schulmeister, Stephan, *Mitten in der großen Krise – Ein »New Deal« für Europa*, 3. Aufl. Wien 2012

Schulz, Martin, *Der gefesselte Riese – Europas letzte Chance*, Berlin 2013

Schuppan, Norbert, *Die Euro-Krise – Ursachen, Verlauf, makroökonomische und europarechtliche Aspekte und Lösungen*, München 2014

Schwan, Heribert, Tilman Jens, *Vermächtnis – Die Kohl-Protokolle*, 3. Aufl. München 2014

Siemann, Wolfram, *Metternich – Staatsmann zwischen Restauration und Moderne*, München 2010

Simon, Klaus, *Zwickmühle des Kapitalismus – Auswüchse und Auswege*, Marburg 2014

Skidelsky, Robert, Edward Skidelsky, *Wie viel ist genug? – Vom Wachstumswahn zu einer Ökonomie des guten Lebens*, München 2013

Sloterdijk, Peter, *Falls Europa erwacht – Gedanken zum Programm einer Weltmacht am Ende des Zeitalters ihrer politischen Absence*, Frankfurt am Main 2002

Sloterdijk, Peter, *Reflexionen eines nicht mehr Unpolitischen*, Berlin 2013

Stelter, Daniel, *Die Schulden im 21. Jahrhundert – Was ist drin, was ist dran und was fehlt in Thomas Pikettys »Das Kapital im 21. Jahrhundert«*, Frankfurt am Main 2014

Stiglitz, Joseph E., *Der Preis der Ungleichheit – Wie die Spaltung der Gesellschaft unsere Zukunft bedroht*, München 2012

Straub, Eberhard, *Der Wiener Kongress – Das große Fest und die Neuordnung Europas*, Stuttgart 2014

Streeck, Wolfgang, *Gekaufte Zeit – Die vertagte Krise des demokratischen Kapitalismus*, Berlin 2013

Ther, Philipp, *Die neue Ordnung auf dem alten Kontinent – Eine Geschichte des neoliberalen Europa*, Berlin 2014

Thiele, Alexander, *Das Mandat der EZB und die Krise des Euro*, Tübingen 2013

Thiemeyer, Guido, *Europäische Integration – Motive – Prozesse – Strukturen*, Köln, Weimar, Wien 2010

Trabold, Harald, *Kapital Macht Politik – Die Zerstörung der Demokratie*, Marburg 2014

Trojanow, Ilija, *Der überflüssige Mensch*, 3. Aufl. St. Pölten, Salzburg, Wien 2013

Varoufakis, Yanis, *Der globale Minotaurus – Amerika und die Zukunft der Weltwirtschaft*, München 2012

Verfürth, Heinz, *Die Arroganz der Eliten*, Gütersloh 2008

Vogel, Steffen, *Europas Revolution von oben – Sparpolitik und Demokratie in der Eurokrise*, Hamburg 2013

Wagener, Andreas, *Die Europäische Zentralbank*, Wiesbaden 2001

Wallerstein, Immanuel, Randall Collins, Michael Mann, Georgi Derluguian, Craig Calhoun, *Stirbt der Kapitalismus? – Fünf Szenarien für das 21. Jahrhundert*, Frankfurt, New York 2014

Wallwitz, Georg von, *Mr. Smith und das Paradies – Die Erfindung der Wohlstands*, Berlin 2013

Walter, Philipp, *Die Organisation der Europäischen Zentralbank – Geldpolitische Instrumente und deren Nutzung in der Vergangenheit und während der Finanzkrise*, München 2010

Walther, Dietrich (Hg.), Walter Stock, Wolf D. Hartmann, *Die Euro-Vision – Szenarien einer Rettung*, Frankfurt am Main 2013

Wehler, Hans-Ulrich, *Die Deutschen und der Kapitalismus – Essays zur Geschichte*, München 2014

Wehr, Andreas, *Europa ohne Demokratie? – Die europäische Verfassungsdebatte – Bilanz, Kritik und Alternativen*, Köln 2004

Wehr, Andreas, *Die Europäische Union*, Köln 2012

Wehr, Andreas, *Der europäische Traum und die Wirklichkeit – Über Habermas, Rifkin, Cohn-Bendit, Beck und die anderen*, Köln 2013

Weidenfeld, Werner, *Europa – Eine Strategie*, München 2014

Weik, Matthias, Marc Friedrich, *Der Crash ist die Lösung – Warum der finale Kollaps kommt und wie Sie Ihr Vermögen retten*, Köln 2014

Wilkinson, Richard G., Kate Pickett, *Gleichheit ist Glück – Warum gerechte Gesellschaften für alle besser sind,* Hamburg 2010

Willms, Johannes, *Talleyrand – Virtuose der Macht 1754–1838*, München 2011

Wulff, Christian, *Ganz oben, ganz unten*, München 2014

Yay, Mehmet, *Die geldpolitischen Instrumente der Europäischen Zentralbank – Übersicht über die Ziele, Aufgaben und Instrumente der EZB*, München 2009

Zamoyski, Adam, *1815 – Napoleons Sturz und der Wiener Kongress*, München 2014

Zimmer, Daniel, *Weniger Politik! – Plädoyer für eine freiheitsorientierte Konzeption von Staat und Recht*, München 2013

Zucman, Gabriel, *Steueroasen – Wo der Wohlstand der Nationen versteckt wird*, Berlin 2014

192 Seiten
ISBN 978-3-86489-096-3
€ 14,99
Auch als eBook erhältlich

Was jetzt zu tun ist!

Deutschland kommt seit einigen Jahren in Europa eine enorme
Macht zu. Eine Macht, die vor allem durch Lohnsenkungen im
eigenen Land erkauft wurde und die letztlich zu der großen
Krise des Euro führte, die auch heute nicht überwunden ist.
Sparpolitik und Lohnkürzungen, die den Schuldnerländern
vom Gläubigerland Deutschland aufgezwungen wurden, haben
in ganz Südeuropa und insbesondere in Griechenland eine
große Rezession ausgelöst und die Idee eines gemeinsamen
»europäischen Projekts« ausgelöscht. Angesichts des deutschen
Widerstandes gegen jede Änderung des Kurses sowie der
nationalistischen Gefahren, die diese Haltung in vielen
europäischen Ländern provoziert, dürfen die Warnungen von
Heiner Flassbeck und Costas Lapavitsas nicht ignoriert werden.